KB011962

아이의 자존감을 키우는 따뜻한 방관

이 도서의 국립중앙도서관 출판예정도서목록(CIP)은 서지정보유통지원시스템 홈페이지(http://seoji.nl.go.kr)와 국가자료공동목록시스템(http://www.nl.go.kr/kolisnet)에서 이용하실 수 있습니다.
CIP제어번호: CIP2016007825(양장), CIP2016007826(반양장)

집착하는 부모가 의존적인 아이를 만든다

아이의 자존감을 키우는 따뜻한 방관

조지 글래스,
데이비드 타바츠키 지음

김윤희 옮김

한울
아카데미

The Overparenting Epidemic
by Geroge S. Galss and David Tabatsky

Copyright © Geroge S. Galss and David Tabatsky, 2014
Korean translation copyright © HanulMPlus Inc., 2016 All rights reserved.
This Korean edition was published by arrangement with Skyhorse Publishing Inc.

이 책의 한국어판 저작권은 Skyhorse Publishing Inc.와의 독점계약으로 한울엠플러스(주)에 있습니다.
저작권법에 의해 보호를 받는 저작물이므로 무단전재 및 무단복제를 금합니다.

옮긴이의 말

'타이거 맘', '헬리콥터 맘', '잔디 깎기 맘', '돼지엄마', 그 외에 아직 이름은 없지만, 자녀 교육 문제라면 자다가도 벌떡 일어나는 엄마, 아빠들 모두 모이세요. 물론 여러분이 이 책을 펼쳤을 확률은 매우 낮지만, 혹시라도 이 책을 골랐다면 정말 잘하신 겁니다. 이 책은 여러분의 순수한 열정을 폄하하거나, 자녀 교육에 관심을 두지 말라는 등의 허무맹랑한 내용을 다루고 있지 않습니다. 여러분이 그토록 원하고 바라는 '자녀의 성공'에 대한 이야기를 하고 있습니다.

개천에서 용이 나올 수 없는 사회 현실 때문에 조급해진 여러분의 마음을 충분히 이해합니다. 그래서 아이들의 뒤꽁무니를 졸졸 따라다니며 모든 필요를 채워주고 그들의 미래를 디자인해주는 일종의 매니저 역할을 자처한 여러분의 입장을 비난할 생각은 추호도 없습니다. 그러나 문제는 이렇게 열심을 내면 자녀의 성공을 보장할 수 있는가 하는 것입니다. 만약 여러분의 교육 목표가 자녀의 성공이라면 이제 전략을 바꿀 때가 됐습니다.

'서울대 병'이라는 말을 들어보셨을 겁니다. 항상 1등만 하던 서울대

생들이 완벽하지 못한 자신의 성적을 비관해 우울증에 시달리고 있고, 심지어 자살이라는 극단적 선택까지 하고 있습니다. 미국의 상황도 크게 다르지 않습니다. 한국보다 학생들이 받는 스트레스가 덜 하다고 알려진 미국에서도 명문대 재학생들의 자살률 증가로 학교가 여러 가지 대책을 마련하고 있는 실정입니다. 인생에서 수많은 우여곡절을 겪어온 어른들의 눈으로 보면 성적이 떨어졌다고 목숨을 끊는 것은 정말 이해가 안 되는 행동일 것입니다. 그러나 20여 년 동안 실패를 모르고 살았던 아이들, 특히 항상 완벽함을 요구받았던 학생들의 입장에선 성적 부진은 아마도 자신의 삶을 송두리째 뒤흔드는 엄청난 위협이었을 겁니다. 자살이 어쩔 수 없는 선택이었다고 말하려는 것이 아닙니다. 그들이 어떤 심정으로 그런 극단적인 선택을 했을지 먼저 들여다봐야 한다는 것입니다.

우리는 지금까지 자녀를 어떤 위치에 올려놓으면, 예를 들어 좋은 대학에 보내고, 잘나가는 직장에 취직시키고, 화려한 스펙을 쌓아주면 자녀를 성공시킨 것이라 생각했습니다. 그렇게 하면 아이가 행복해질 거라 믿었습니다. 그런데 뚜껑을 열어보니, 스펙과 자존감이 비례할 것이라는 바람은 그저 환상에 불과했던 모양입니다. 완벽한 스펙을 만들기 위해 그 어떤 시행착오도 용납하지 않았던 부모의 강박이 아이들의 자존감에 생채기를 냈고, '무한경쟁에서 한 번이라도 삐끗하면 내 인생은 끝이다'라는 두려움 때문에 아이들은 매순간 긴장 속에서 살았던 겁니다. 우리는 사회가 만들어낸 조그만 틀 안에 아이를 자꾸 가두려 했고, 아이는 거기에 맞지 않는 자신을 미워하고 원망하며 움츠러들었던 것입니다.

자, 이제 이 책이 여러분께만 알려드리는 '자녀의 성공' 전략에 대해 이야기해보죠. 정신과 전문의인 조지 글래스뿐만 아니라 많은 학자들은 이른바 성공한 사람들의 공통된 정서적 특징으로 '건강한 자존감'을 꼽았습니다. 아이의 자존감을 높여야 한다는 이야기는 어디선가 한 번쯤 들어보셨을 겁니다. 여러분이 알고 계신 그 방법을 사용해도 좋습니다. 다만, 한 가지 명심해야 할 것은 무조건 칭찬을 많이 한다고 해서 아이의 자존감이 높아지는 것이 아니라는 점입니다. 아이로 하여금 스스로 도전하게 하고 실패와 시행착오를 겪어보게 하는 것이 자존감 형성에 가장 중요한 역할을 한다는 것을 잊지 마십시오. 시행착오를 통해 아이 스스로 자신만의 해결 방법을 찾고, 거기서 오는 짜릿한 성취감을 맛보고, 또 다른 시행착오를 경험하는 사이클 속에서 자존감은 자연스럽게 생겨나는 것입니다. 이 책을 읽고 '자존감 향상 캠프에 보내야지'라고 생각하는 분들이 있을지도 모르겠네요. 그러지 않아도 됩니다. 자존감이란 마치 마술처럼 없었던 것이 '뿅' 하고 나타나는 것이 아니라, 여러분과 자녀가 함께 오랜 시간 숙성시켜가는 마음의 보물이니까요.

이 책에선 아이를 성공시키기 위해 부모가 정말로 컨트롤해야 하는 것은 아이의 스케줄이 아니라 부모의 강박, 지나친 욕심, 불필요한 걱정이라고 조언합니다. 왜냐면 이런 것들이 아이의 자존감 형성에 가장 큰 장애가 되기 때문입니다. 여러분이 가진 정보력, 열정, 추진력이라면 충분히 자존감이 강한 아이로 키울 수 있습니다. 자녀를 적극적으로 실패에 노출시키고, 더 넓고 다양한 세상을 경험하게 하십시오. '실패 제로'의 대세를 따르지 말고 '실패 오케이'라는 새로운 대안을 만드십시오. 그리고 이제 아이들의 시간표에 너무 얽매이지 말고 여러분 자신의 꿈이 뭔지 들여다보십시오. 아이는 여러분의 '말'이 아니라 여러분의 '행동'을 보고 배웁니다.

"너의 꿈을 위해 끊임없이 노력하라"라는 말을 백 번 건네는 것보다 여러분이 그렇게 사는 모습을 보여주는 것이 진짜 교육 아닐까요?

차례

/미리 보기/

오늘날 부모는 시간이 없다(사실 우리 모두가 그렇다). 아예 어떤 일에 몰두할 수 없는 상황에 처해 있는 부모도 있다(아마 과잉 양육 때문인지도 모른다). 그래서 우리는 이 책의 요지를 축약해서 읽을 수 있는 방법을 제시하려 한다. 시간에 쫓기거나 결론을 모르면 참을 수 없는 독자를 위해 '미리 보기'를 마련했다. 여기 적힌 순서대로 책을 읽는다면 빠른 시간 내에 책의 요지를 파악할 수 있을 것이다.

12쪽　책을 읽기 전 주의사항이다. 실제로 시중에 나온 그 어떤 책도 모든 아이들의 특별한 욕구를 다 만족시키고 각 가정이 처한 개별 환경에 정확하게 딱 맞아떨어지는 처방을 내려주진 않는다는 사실을 기억하길 바란다.

14쪽　간단한 용어 설명이다. 용어를 전체적으로 훑어보고 자신의 양육 방식에 해당하는 용어가 있거나 그 용어를 인정할 수밖에 없는 상황이라면 '미리 보기'는 잊어라. 그리고 반드시 이 책 전체를 꼼꼼히 읽어보길 바란다.

22쪽 “아이들에게 실패할 기회를 주지 않는다면 그들은 성공하는 방법을 영원히 깨닫지 못할 것이다”라는 내용으로 시작한다. 어느 정도 공감이 되는가?

31쪽 “과잉 양육은 부모의 기대를 자녀에게 주입해서 자녀의 삶을 조정하려는 것이다. 자녀가 무엇을 원하는지 어떤 능력을 가지고 있는지와 상관없이 말이다.”

33쪽 “과잉 양육을 하고 있다는 것을 어떻게 알 수 있는가?”라는 질문에 많은 부분 당신의 양육 태도가 묘사되어 있다면 이제 편안한 의자에 앉아서 꼼꼼히 메모를 해가며 이 책을 읽어보길 바란다. 당신이 반드시 알아야 할 내용이 매우 많을 것이다.

96쪽 “유심有心 양육” — 이것이 모든 것의 핵심이다.

107쪽 “기대치를 조절할 줄 아는 부모가 되자” — 이건 정말이지 부모인 우리 모두에게 필요한 부분이지 않은가?

125쪽 “부모 적성 검사” — 의자를 끌어당겨 앉아 진지하게 검사에 임하길 바란다.

189쪽 “과잉 양육이 자녀의 삶에 미치는 영향” — 이 주제에 대해 궁금증을 느끼는 부모가 많을 것이다.

247쪽 “과잉 양육이 부모에게 미치는 영향” — 드디어 부모인 당신에 대한 이야기를 할 차례가 되었다. 그러나 이것이 당신에 대한 이야기라고 생각한다면 큰 오산이다. 이것은 당신 때문에 생겨난 일에 관한 이야기다. 부모인 당신이 원인을 제공하지 않았다면 이 책은 존재하지도 않았을 것이다. 마음의 준비가 되어 있든 그렇지 않든, 우선 진도를 나가보자.

/이 책을 읽기 전 기억해야 할 몇 가지/

만약 여러분 중 전문가의 치료나 관리가 필요한 상황에 놓인 자녀를 둔 부모가 있다면 이 책의 조언이나 처방이 적절치 않을 수도 있음을 미리 알린다. 그러나 이와는 별개로, 자녀가 처한 상황이 특별한 보살핌이 요구된다고 생각하는 부모가 있는데, 이는 경계해야 할 판단이다. 이러한 부모는 의사나 학교로부터 개별 조치까지는 받지 않더라도 자기 자녀의 독특한 상황을 인정받고 싶어 한다. 자신의 자녀는 다른 아이들과 완전히 다른 욕구를 가지고 있으므로 이에 상응하는 특별한 대우를 받아야 한다고 믿는 것이다.

예를 들어, 어떤 부모는 자녀가 주의력결핍 및 과잉행동장애ADHD를 안고 있으니 다른 아이들보다 시험 시간이 더 길어야 한다고 주장한다. 또 다른 부모는 단순히 수줍음이 많은 아이를 아스퍼거 증후군을 앓고 있는 것으로 둔갑시켜 자녀에게 야외활동을 하거나 친구들과 어울리는 데 너무 큰 부담감을 주어선 안 된다고 당부한다. 자녀를 이렇게 특별한 보살핌이 필요한 아이로 판단하기 전에는 반드시 전문가의 상담을 받아야 한다. 자녀에게 이런저런 병이 있다고 진단해줄 사람은 당신이 아니라 그 분야의 전문가여야 한다. 그래야 자녀에게 무슨 일이 벌어지고 있는지, 또 어떤 도움이 필요한지 정확한 판단을 내릴 수 있다.

일러두기

이 책에 등장하는 이름, 직업, 지명 등은 사생활 보호 차원에서 사실과 동일하게 표기하지 않았다. 책에 나오는 일화들은 필자가 직접 인터뷰한 것이거나, 동호회, 전문가 그룹, 그리고 의사와 환자 간의 대화에서 발췌한 것이다. 어떤 사람은 필명을 사용하기도 했고, 인터뷰 내용에 따라 단어를 조합한 경우도 있다. 인터뷰에 응해준 사람들과 개인적으로 질문에 답변해준 사람들은 '감사의 말'에 이름을 밝혔다.

용어 정리

부모의 양육 태도와 자녀의 성격을 표현한 용어를 정리했다. 한 가지 미리 알려둘 것은, 필자들도 여러분처럼 실수투성이인 부모라는 점이다. 용어는 우리의 과거 양육 방법이 드러나지 않게 하기 위해 알파벳 순으로 나열했다.

블랙호크 맘(blackhawk mom)

공격성을 제대로 갖춘 헬리콥터 부모라고 보면 된다. 이들은 자녀의 성공을 보장하기 위해서라면 다른 사람들에게 어떤 결과를 가져다주든 상관없이 돌진하는 스타일이다(이 책 64쪽에 나오는 '치어리더형 부모'의 사촌쯤이라고 생각하면 된다).

크리스피 키드(crispy kid)

대학에 진학할 무렵 에너지가 완전히 소진되어버린 아이들을 가리킨다.

컬링 부모(curling parent, 스칸디나비아와 몇몇 유럽 지역에서 사용되는 말)

자녀가 가는 길에 방해가 될 만한 요소를 모두 쓸어버리는 부모를 일컫는다.

헬리콥터 부모(helicopter parent)

자녀의 나이에 상관없이 자녀의 주위를 맴돌며 지켜보지 않으면 견딜 수 없는 부모를 말한다.

하이퍼 부모(hyper parent)

자녀에게 지나친 과외활동을 시키려는 부모다.

잔디 깎기 부모(lawn mower parent, 제설차 부모라고 부르기도 한다)

자녀가 잘되게 하기 위해 전체적인 지형이나 환경을 다시 바꾸려고 시도하는 부모다.

부모 통제 경비원(parent bouncer)

성인이 된 자녀의 수업이나 활동에 참여하려는 부모를 집으로 돌려보내는 일을 담당하는 아르바이트 대학생을 가리키는 말이다.

인공위성 부모(satellite parent)

헬리콥터 부모와 비슷하다. 다만 이들은 일정한 거리를 두고 휴대전화나 영상을 통해 자녀를 살펴보려 한다.

스토커 맘(smothering mothering)

이걸 굳이 설명할 필요가 있을까?

사커 맘(soccer mom)

자녀 일에 너무 깊이 몰두한 나머지 자신의 삶을 잃어버린 부모를 말한다.

잠행 부모(stealth parent)

사람들이 눈치 채지 못하지만 자녀의 모든 일에 개입하는 부모를 말한다.

서브머린 부모(submarine parent)

자녀의 자신감이나 자존감을 약화시키는 부모를 말한다.

티컵 키드(teacup kid)

부모의 도움 없이는 제대로 할 수 있는 것이 거의 없는 아이를 말한다.

•• 여는 말

자녀를 사랑하지 않는 부모가 어디 있겠는가? 자녀를 위해서라면 무엇이든 해주고 싶은 것이 부모의 마음이다. 자녀가 성공할 수 있다면(물론 성공의 개념은 각자 다르겠지만) 천리 길도 마다하지 않는 것이 부모다. 더 적나라하게 말해 부모는 자녀가 부모 자신의 생활수준을 유지하거나 그 이상의 성공을 이룰 수 있다면 무슨 일이든 한다.

성공을 위해 오늘날 부모는 어떻게 자녀를 양육하고 있는가? 미래의 세상을 좀 더 살 만한 곳으로 만들어갈 인재로 키우고 있는가? 부모의 역할에 대한 절대불변의 원칙이 존재하는 것도 아니고, 더욱이 21세기를 살아가는 부모라면 꼭 알아야 할 양육의 테크닉을 가르치는 '부모학과'라는 것도 없다. 그렇다면 자녀를 잘 키우기 위해 우리는 무엇을 어떻게 해야 할까? 우리는 부모가 된다는 것이 어떤 의미인지에 대해 배운 적이 없다. 물론 교육학이 있지만 부모가 된다는 것은 교사가 학생을 가르치는 것과는 완전히 차원이 다르다. 아쉽게도 미국의 연방, 주, 지방 정부 어디서도 자녀를 건강하고 책임감 있는 미래의 주역으로 키워내기 위해 부모가 어떤 역할을 해야 하는지를 교육하는 프로그램은 없다. 한마디로 정리하면 우리는 부모로서 준비가 되지 않은 상태에서 아이를 낳는다. 그리고 자녀를 키우면서 비로소 부모의 역할이 얼마나 중요한지를 서서히 깨닫기 시작한다. 우리가 몸소 체득해서 알게 된 부모됨을 자녀에게 전수해줄 때쯤이면 아이들은 너무 커버려 우리의 이야기에 귀를 기울이지 않는다.

우리 부모 세대가 험난한 세상에서 살아남을 수 있는 나름의 기술과 노하우를 전수해준 것처럼 우리도 이 살벌한 경쟁과 위태로운 세계에서 살아남을 전략을 후대에 알려줘야 한다고 생각하는 것은 매우 자연스러운 일이다. 다른 요인도 많겠지만, 생존에 대한 압박은 오늘날 부모의 양육법에 가장 큰 영향력을 주었다고 할 수 있다. 부모로서 이런 위험을 철저히 제거해주지 않는다면 후대의 생존이 위태롭다고 느끼기 때문에 부모는 가끔 비이성적인 행동을 하기도 한다. 자녀의 미래를 걱정하는 부모의 마음은 십분 이해하지만 이러한 걱정이 과잉 양육overparenting으로 이어지기 때문에 이 문제를 그대로 간과할 수는 없다.

우리 주변에서 자녀 문제에 지나치게 집착하는 부모를 목격한 적이 있을 것이다. 예를 들면, 배 속에 아기가 생기기도 전에 명문 유치원에 등록해놓는 경우도 있다. '뭐 그렇게까지 하겠어?'라고 생각하겠지만 이런 과잉 양육의 행태가 곳곳에서 심심치 않게 벌어지고 있다. 심지어는 명문 유치원에 등록할 수 있는 시기에 맞춰 임신과 출산을 조절하기도 한다. 사립 유치원 상담가의 '큐' 신호에 맞춰 큐피드의 화살을 쏘아 올리는 식이다. 이런 비정상적인 히스테리는 이성의 작동을 마비시킨다. 자녀에게 최고 중의 최고를 누리게 할 수 있다면 심지어 범죄 행위도 불사한다. 소문난 방과 후 프로그램에 등록시키고, 함께 노는 친구들도 '미래에 도움이 되는' 또는 '일류'인 아이들로만 선별해서 만나게 하고, 귀를 의심할 정도의 화려한 경력을 만들어준다. 최고의 코치들로부터 운동을 배우게 하고, 여름방학이나 인턴십에서 해야 할 일들을 부모가 미리 알아봐주고, 학교 선생님에게 좋은 평가를 얻기 위해 이메일을 쓴다. 명문 대학에 들여보내기 위해 따로 상담을 받고 필요한 모든 서류 준비를 자녀 대신 처리하는 것은 물론이고 졸업 후 취업에까지 관여한다. 이른바 잘나가는 집안의 자제들 모임에 멤버십을 갖게 하려고 동분서주하며, 성장 발달이 채 끝나지도 않은 자녀에게 불필요한 성형수술을 시키기도 한다. 빡빡한 과외 스케줄로 자녀를 통제하고 여기에 대한 보상으로 사치스러운 자동차나 호화판 여행을 선물한다. 자녀의 전화를 엿듣고, 이메일을 검열하고, 자동차에 추적 장치를 달아 감시한다.

영화나 소설에 나오는 이야기라고 생각할지 모르지만 모두 현실에서 일어나고 있는 일들이다. 여기에 해당되는 부모들이 너무 많다. 이는 가끔 또는 한두 번으로 끝나는 과잉보호나 집착이 아니라 성장 과정의 거의 모든 영역과 시기에 지속적으로 나타나는 양육의 행태다. 왜 이런 과잉 양육이 우리 사회에 만연하게 나타나고 있는 것일까? 또 왜 이것이 이상적인 양육법으로 인식되고 있을까?

이렇게까지 심하게 집착하지 않는 부모라고 할지라도 아이가 태어나는 순간부터 부모는 사회적 압박과 주변의 시선으로부터 자유로울 수 없다. 어느 순간 교육에 대한 자신만의 소신을 잃고 급류에 휘말리듯 과잉 양육으로 빠져드는 것은 어찌 보면 당연한 일이다. 시중에 나와 있는 유아 교육 상품들이 어떤 논리로 팔리고 있는지만 봐도 쉽게 알 수 있다. 태어나자마자 아인슈타인의 비디오를 보기 시작해야 MIT 대에 입학하는 데 유리하다고 광고한다. 또 아주 어릴 때부터 단어장으로 읽기 교육을 시작해야 기저귀를 떼기 전에 책을 읽을 수 있다고 말한다. 예전에는 기저귀를 떼기 전에 글을 읽으면 천재라고 했지만 요즘은 이렇게 해야 창피함을 면할 정도가 된다. 무엇이든 남들보다 빨리 깨우치게 해서 유리한 고지를 선점해야 한다는 논리 때문에 이런 종류의 유아용 제품은 불티나게 팔려나간다.

우리가 아이들에게 무슨 짓을 하고 있는 것일까? 어쩌다가 부모의 보살핌이 자녀를 억압하고 심지어 성장을 방해하는 요인으로 변질되기 시작했을까? 처음엔 진심어린 걱정에서 시작했겠지만 이는 지나친 애정으로, 더 나아가서는 간섭과 집착으로 변질되었고, 결국 자녀를 응석받이로 만들어버렸다. 이로 인해 자녀의 성장에서 근본적으로 가장 중요한 것이 무엇인지를 놓치고 그들의 자존감과 자신감을 억압하게 되었다.

자녀에게 좋은 것을 주고 싶은 부모의 마음은 충분히 이해한다. 이전 세대가 그랬던 것처럼 조건 없는 부모의 사랑은 앞으로도 미래 인류에 전해야 할 따뜻한 정신임에는 틀림없다. 다만 사랑이라는 이름으로 지나치게 아이를 간섭하면서 성장을 방해하는 것이 문제다. 부모는 어떤 경우에라도 자녀가 부족함 없이 살게 하겠다고 결심하는 순간 자녀의 성공에 과도하게 집착하게 된다. 그리고 성공을 위해서는 최고의 교육 환경이 반드시 필요하다고 믿기 때문에 어떤 희생을 감수하고서라도 자녀에게 최상의 교육을 제공하기 위해 애쓰게 된다.

도대체 어떻게 이런 결론에 도달하게 되었을까? 주변에서 강도 높은 훈육으로 자녀를 강하게 통제하는 사람들을 만날 때마다 '왜 저런 방식으로 아이를 양육하게 되었을까?' 하는 강한 의문이 든다. 자신들의 욕심으로 버무려진 양육법이 올바르다는 믿음은 도대체 어디에서 비롯된 것일까? 교육학이나 아이의 성장 발달에 대한 정확한 전문 지식이 없는데도 왜 그들은 자신의 양육법이 자녀의 성장을 최우선으로 한 가장 이상적인 방법이라고 생각하게 되었을까?

생각해보면 부모가 이른바 '육아 전문가'가 된 데에는 다 그만한 이유가 있다. 처음에는 주변 지인과 친척들이 아무 생각 없이 툭툭 던지는 육아 상식과 이론 때문에 부모는 한동안 죄책감에 사로잡힌다. 또 넘쳐나는 육아 관련 서적, 웹사이트, 세미나, 라마즈 라벨이 붙은 교육 정보는 부모들을 더 조급하게 만들었을 것이다. 이 때문에 부모는 이들 상품이 지시하는 대로 따라하면 '교육 전문가'가 될 수 있다는 광고에 현혹된다. 이론 서적 등으로 이미 '반半전문가'가 된 부모는 '성공을 위한 선별적인 훈련'에 매진한다. 부모의 성향과 관점으로 자녀의 재능을 측정하고, 이를 기반으로 다양한 과외활동 스케줄을 조정하며, 심지어 그 문제 때문에 학교나 학원의 교육 행정에까지 개입하기에 이른다. 자녀의 스케줄을 완성한 부모는 이제 모든 삶이 계획표에 맞춰 진행되도록 관리·감독만 하면 된다. 태어날 때부터 10대에 이르기까지 부모의 감시는 계속된다. 어떤 경우는 대학을 졸업하고 직장에 취직하거나 대학원에 진학하기까지, 심지어는 30대가 되어서까지 부모의 뒷바라지가 계속되기도 한다.

물론 이 모든 것이 자녀를 사랑하는 부모의 마음에서 출발한 것임에는 틀림없다. 하지만 그런 양육의 결과는 참담하다. 우리가 연구한 바로는 자녀의 삶에 부모가 지나치게 개입하는 것은 긍정적인 효과보다 부정적인 측면이 훨씬 큰 것으로 나타났다. 이는 비단 자녀에게뿐 아니라 부모 자신에게도 악영향을 준다. 이 문제에 대해서는 이 책 전체를 통해 다각도로 살펴볼 것이다. 바라건대 이 책이 당신을 집착의 유혹에서 벗어나도록 하는 데 도움이 되기를, 그래서 당신과 자녀 모두 완벽주의의 굴레에서 자유로워지기를 소망해본다. 서점의 육아 코너에 꽂혀 있는 이 책은 아이러니하게도 육아 전문가가 되어야 한다는 강박에서 벗어나는 데 도움을 주기 위해 출간된 책이다.

우선 자신에게 다음과 같은 질문을 해보자. 오늘날 우리가 부모로서 가장 두려워하는 것은 무엇인가? 무엇 때문에 그토록 비이성적으로 행동하면서도 그것이 옳다고 생각하게 되었을까? 왜 작금의 과잉 양육이 자녀를 완벽한 성공으로 이끌어줄 것이라고 믿게 되었을까? 왜 우리는 완벽한 성공을 인생의 목표로 삼게 되었을까?

콜비대학의 영문학 교수이자 『그대와 함께 중간에 갇혀Stuck in the Middle with You』라는 책의 저자인 제니퍼 피니 보일런은 "아이들에게 실패할 기회를 주지 않는다면 그들은 성공하는 방법을 영원히 깨닫지 못할 것이다"라고 역설했다.[1] 부모의 허락이 떨어지지 않으면 새로운 모험이나 도전을 해볼 생각조차 하지 않는 겁쟁이가 되고 만다는 것이다. 우리가 부모로서 보기 원했던 자녀의 모습이 이런 것이었나? 부모에게 지나치게 의존하고 있어 자신이 진정 누구인지도 발견하지 못하는 아이들로 키우고 싶었던 것인가? 아이가 실패하면서 겪을 상처가 싫다는 이유로 아이를 스스로 아무것도 할 수 없는, 그래서 무엇을 좋아하고 싫어하는지, 또 어떤 일을 잘하고 못하는지도 알지 못하는 사람으로 만들어버린 꼴이다.

아이들이 자라면 어른이 되고 우리처럼 부모가 된다. 영원히 아이로 머물러 있는 사람은 없다. 영화 〈라이언 킹〉에 나오는 대사처럼 인생의 중요한 순간은 바로 우리 집 앞마당에서 벌어진다. 우리가 부모로서 해야 할 일은 자녀가 둥지를 떠날 용기를 가지도록 도와주는 것이다. 가끔은 무섭고 위압적이긴 하지만 세상은 무한한 가능성이 있고 때론 살맛나는 일들이 벌어지는 곳임을 알게 해줘야 한다. 단순히 생존법을 알려주는 것이 아니라 세상에서 자신만의 향기를 가진 꽃을 피울 수 있도록 도와주는 것이 부모가 해야 할 일이다.

누구나 한 번쯤은 좋은 부모가 될 수 없을 것 같은 두려움에 직면한 적이 있을 것이다. "나는 그런 적이 한 번도 없다"라고 말하는 사람은 자신에게 솔직하지 못하거나, 다른 사람의 일에 전혀 관심이 없는 이기적인 사람일 가능성이 높다. 자녀를 낳아서 기르는 시기는 보통 우리가 삶의 방향과 정체성에 대해 이제 막 이해하기 시작하는 때다. 한마디로 부모가 된 우리도 그리 성숙한 인간이 아니란 의미다. 그런 우리가 갓 태어난 한 인간에게 자신의 정체성을 찾고 고유한 욕구를 표현하도록 돕는다는 것은 말처럼 쉬운 일이 아니다. 게다가 우리는 아이가 무엇을 원하는지 충분히 대화를 나눌 수단도 없는 상황이다.

아이를 길러본 적이 없는 부모는 더 많은 불안감에 시달릴 수밖에 없고 그래서 지나치게 애쓰게 된다. 과잉 양육은 임신 기간에 시작되어 새로운 정보가 쌓일수록 더욱 심화된다. 무엇을 꼭 해야 하는지, 또 어떤 것을 절대 해선 안 되는지에 대한 목록이 차곡차곡 쌓인다. 최상의 임신 상태를 유지하는 방법에서부터 ≪후즈 후Who's Who≫(세계적으로 저명한 현존 인물에 관한 인명사전 _ 옮긴이) 또는 ≪포천 500Fortune 500≫(경제 전문지 ≪포천≫이 선정한 상위 500대 기업 _ 옮긴이) 같은 잡지에 이름을 올릴 유명한 사람으로 키우기 위한 확실한 양육법이 무엇인지 탐구하기 시작한다.

"이것은 아이들에게 위험합니다", "이것은 아이들에게 꼭 필요합니다", "고기를 먹게 해야 합니다", "고기를 먹이지 말아야 합니다", "아이들에게 이런 운동을 시키십시오", "이건 안 됩니다", "이걸 더 마시게 해야 합니다", "이건 덜 마시게 해야 합니다", "아이를 울려야 합니다", "아이를 울리면 안 됩니다". 이처럼 어떤 이유식을 해야, 어떤 운동을 시켜야, 어떤 책을 읽혀야 아이들의 성장 발달을 최고치로 끌어올릴 수 있는지에 대한 정보가 넘쳐난다. 미래에 가족 구성원이 될 아이를 생각하며 행복한 시간을 보내야 할 임신 기간이 이런 쓸데없는 광고와 정보 때문에 걱정과 근심으로 변질된다. 불필요한 물건을 사고 일어나지도 않을 위험에 대비하다가 정작 배 속의 아이와 충분히 교감하며 느낄 즐거움을 놓치고 만다.

아이가 태어나면 아이의 건강과 안전에 대한 걱정은 최고치에 달한다. 일 분 일 초도 아이에게서 눈을 떼지 못한다. 그야말로 매의 눈으로 아이의 몸짓 하나도 놓치지 않으려 예의주시하게 되는 것이다. 아이는 호기심에서 발단된 놀이를 하는 것이 아니라 그저 부모가 정한 한계 안에서만 놀아야 하며, 아이의 모든 외관은 건강과 안전을 의심하거나 걱정하게 만드는 요인이다. 특히 배변은 아이의 건강을 분석하기에 좋은 시료다. 아이와 한 방에 같이 있을 수 없으면 기계를 이용해서라도 아이의 숨소리나 움직임을 들을 수 있도록 장치를 해둔다. 이런 장치를 함으로써 마치 우리가 모든 위험으로부터 아이를 안전하게 지킬 수 있을 것이라는 환상에 빠진다.

물론 아이를 안전하게 보호하는 것은 부모의 마땅한 의무다. 하지만 우리가 깨닫지 못하는 사이에 안전에 대한 이러한 과도한 집착이 부모의 양육법으로 귀착되기도 한다. 집에 육아도우미용 CCTV를 설치하고 평소 육아도우미가 아이를 어떻게 대하는지 살피기도 한다. 물론 아동 학대가 의심되는 경우라면 CCTV를 사용할 수 있지만 아이의 안전을 위해 일단 모든 사람을 의심하고 보는 것은 문제다. 이런 행동을 하는 이유는 완벽하고 효과적인 양육을 위해서라면 무엇보다 안전, 관리 감독, 통제가 우선시되어야 한다고 믿기 때문이다.

아이가 처음으로 걸음마를 시작하는 건 이제 부모로부터 독립하는 단계로 성장하고 있다는 것을 의미한다. 그러나 이런 첫 걸음의 의미를 쉽게 받아들이지 못하는 부모들이 많다. 온통 신기한 것으로 가득 찬 세상을 탐구하는 아이가 호기심으로 인해 벽에 부딪히거나 계단에서 구르지 않도록 부모는 아이의 꽁무니를 졸졸 따라다닌다. 물론 아이를 안전하게 보호해야 하지만, 안전을 핑계로 이제 막 싹트기 시작한 아이의 자율성을 억누르고 있지는 않은지 생각해볼 필요가 있다. 걷기 위해 수없이 넘어짐을 반복해야 하는 아이에게 다치니까 걷지 못하게 하는 것이 당연한 일일까? 아이들은 계속해서 넘어질 것이다. 이는 걸음마를 완성하기 위한 아름다운 과정이다. 우리 모두 그런 과정을 거쳐 걷게 되었다. 새로운 무언가를 배우기 위해 실패를 경험하는 것은 너무나 당연하고 자연스러운 일이다. 음식을 처음으로 입안으로 가져가는 행동에서부터 과학의 신비를 파헤치는 실험에 이르기까지 아이는 실패를 통해 새로운 사실을 발견하는 것이다. 사람은 도전과 실패라는 배움의 과정을 통해 자신을 둘러싼 세상과 나 자신에 대해 배우게 된다. 이 배움의 과정은 태어나면서부터 죽는 순간까지 계속된다. 그 과정에서 우리는 혼란과 무질서, 때로는 미치고 싶을 정도로 깊은 좌절감도 맛보게 된다. 이것은 우리 모두가 경험할 수밖에 없는 배움의 과정이다. 심지어 금수저를 물고 태어났다는 상류층 자녀도 삶에서 일어날 역경을 헤쳐 나갈 방법을 배우지 않고서는 이 세상을 살아갈 수 없다.

삶의 역경을 어떤 식으로 극복하느냐에 따라 결국 자신만의 독특한 정체성이 형성된다. 이는 우리가 한 인격체로 성장할 수 있는 열쇠이자 인생의 아름다움을 발견할 수 있는 길이다. 그런데도 많은 부모들은 아이들이 실패를 경험하지 않도록 하기 위해 애쓴다. 조금의 실패도 용납하지 않음으로써 아이가 스스로 문제를 해결하면서 맛볼 성취감과 도전의 즐거움을 빼앗고 있는데도 말이다. 과잉보호를 받고 자란 아이들은 20대 또는 30대가 되어도 자기 앞가림을 할 수 없는, 몸만 자란 어른이 된다. 그들은 아주 사소한 문제가 생겨도 곧바로 부모에게 달려가 해결해달라며 칭얼댄다. 왜냐면 한 번도 스스로 어떤 일을 해결해본 경험이 없기 때문이다. 이것이 진정 우리 사회가 필요로 하는 미래의 주역인가? 스스로 무언가를 결정하거나 일을 진행할 능력이 없고 무엇보다 자신의 삶을 지탱할 힘이 없는 사람이 우리 사회를 좀 더 나은 세상으로 만들기 위해 과연 어떤 일을 할 수 있을까? 과잉보호와 과잉 양육은 아이를 자존감과 자신감이 낮은 사람으로 만든다. 자기 자신도 제대로 보살필 수 없는 사람이 어찌 자존감과 자신감이 높을 수 있겠는가!

광고계의 대명사인 매디슨 애비뉴, 육아 전문가, 아동 서적 출판사, 장난감 회사, 날로 늘어나는 육아 관련 웹사이트들은 끊임없이 우리에게 이런 주문을 건다. "당신이 자녀의 성공을 극대화시킬 수 있다", "지금 당장 그 기회를 잡아라". 많은 부모들은 무언가에 홀린 듯 그들이 정해준 목표를 향해 열심히 달린다. 두려움, 불안, 걱정에서 출발한 양육의 목표는 자녀의 개별적인 상황이나 성장을 전혀 고려하지 않는다. 지나치게 집착하고 조급증을 내는 것을 양육의 본질이라고 여긴다.

누군가는 과잉 양육이 일부 계층에서 벌어지는 지엽적인 사회 현상이라고 말했다. 시간적·경제적 여유가 있는 일부 계층의 사람들이 무한 경쟁의 사회에서 자녀를 성공시키기 위해 전력 질주하게 되었다는 것이다. 또 어떤 사람은 첫째 아이를 낳았을 때 모든 부모에게 잠깐 생겼다가 없어지는 현상이라고 진단했다. 이런 현상은 아이가 자라는 모든 순간을 놓치지 않고 카메라에 담는 일에서부터 시작해 아이가 대학에 갈 때까지 지속되기도 한다면서, 심지어 아이가 트림하는 사진에서부터 살짝 다쳐서 무릎이 까지고 공을 던지는 모습까지 모두 카메라에 담으려는 부모의 애착은 아이를 4~5명 더 낳아서 기르다 보면 자연히 사라진다고 설명했다.

그럴지도 모르겠다. 하지만 우리가 이 책에서 다루는 부모의 과잉 양육 방식을 특정 문화, 교육의 정도, 또는 일부 계층의 현상으로 치부할 수 없다는 것만큼은 확실해 보인다. 자녀를 향한 집착의 논리와 어리석은 행동은 단순히 특정 계층과 문화에서만 나타나는 현상이 아니라 우리가 살고 있는 지구촌 전체에서 벌어지고 있는 일이다. 물론 자녀의 수가 과잉 양육에 영향을 줄 수는 있다. 예를 들어, 중국이 산아 제한 정책을 도입한 후부터 중국 사람들은 하나밖에 없는 자녀를 황태자 떠받들 듯이 한다는 사실을 당신도 익히 들어 알고 있을 것이다. 반면 이스라엘이나 미국에 있는 정통 유대인 가정은 대가족 제도를 미덕으로 삼기 때문에 8~9명의 자녀를 낳는다. 자녀가 이렇게 많으면 과잉 양육은 거의 불가능하다. 부모가 자녀의 이름을 알고 있는 것만으로도 다행한 일이기 때문이다.

자녀를 키우는 것은 모든 부모에게 정서적으로나 물리적으로 매우 힘든 일이다. 그러나 많은 부모가 아주 잘해내고 있다. 또 다른 부모는 약간의 가이드라인과 격려가 필요한 정도다. 하지만 어떤 부모는 — 솔직히 많은 수의 부모가 ― 양육의 방향성을 잃고 헤매고 있는 것이 사실이다. 자녀가 봉착한 문제에 대해 스스로 해결할 기회와 시간을 주고 그 일을 해결하는 과정을 통해 얻는 성취감과 기쁨을 맛보게 함으로써 자녀를 성장시켜야 하는데도 돈을 주거나 진통제를 건네거나 과외를 붙이는 경우가 허다하다. 어려움에 봉착했을 때 문제를 해결하려는 노력조차 해보지 않은 아이들이 인생의 큰 난관에 부딪히면 어떻게 반응할까? 자신들이 원하는 결론에 도달하는 데 방해가 된다고 여겨지는 사람을 괴롭히거나 조정하려 들 것이다. 문제를 해결하는 것이 아니라 원하는 결론에만 도달하면 된다고 믿기 때문이다.

그렇다면 이제 희망은 없는 걸까? 그렇게 결론내리기엔 아직 이르다. 아이들을 이 지경에까지 이르지 않게 할 방법이 있다.

1

당신도 과잉 양육 중이십니까?

"제가 어릴 때는, 그러니까 벌써 50년 전 이야기네요." 샘은 중부 뉴저지에서 있었던 자신의 유년 시절 이야기를 들려줬다. "저녁 시간이 돼서야 집에 들어갔어요. 학교가 끝나면 친구들과 돌아다니거나 다락방에 올라가 저만의 실험과 상상에 빠져 있곤 했죠. 그것도 아니면 자전거를 타거나, 농구나 축구를 하면서 놀았어요. 가끔 자전거를 타고 무단횡단을 하거나, 자동차에 토마토를 던지거나, 약국에 장난 전화를 거는 날에는 동네 어른들이 말썽꾸러기인 저를 혼내라며 아버지께 조언하곤 하셨죠. 제가 알기론 아버지나 할아버지의 유년 시절도 저와 크게 다르지 않았어요. 모두가 평범하고 단순한 삶을 살았죠."

오늘날에도 이런 평범한 생활이 유지되는 곳이 있다. 시애틀 근처에 있는 베인브리지 아일랜드, 미시건 주 어퍼 반도의 랑스, 또는 매사추세츠 주의 케이프코드 같은 곳에서는 우리가, 또 우리 부모가 그랬던 것처럼 아이들은 학교가 끝나면 친구들과 어울려 논다. 학원에 가지 않아도 된다. 부모의 간섭 없이 놀이를 만들고 그러다 문제가 생기면 아이들 스스로 해결한다. 그들이 뭔가 특별한 능력이 있어서라기보다는 문제에 대해 고민할 수 있는 충분한 시간을 부여받기 때문이리라. 해결을 위해 뭔가 고안해내는 기쁨을 누리고 자신의 실수와 문제점을 극복할 방법을 스스로 찾는다.

이곳에서 자녀를 키우는 부모는 자녀의 안위와 성공에만 목숨을 거는 사람들이 아니다. 아이들을 잘나가는 학원에 등록시키거나 전화로 쉴 새 없이 아이를 감시하지도 않는다. 이들의 교육 철학은 성공으로 가는 추월 차선에 가족의 삶을 내던지는 것이 아니라 아이를 아이답게 키우는 것이다. 어른이 생각하지 못한 기발한 상상을 하고, 슬쩍 속이기도 하고, 성질을 피울 때도 있지만 동시에 어른으로 성숙해가는 그런 아이 말이다. 이런 양육이 가능한 원인은 뭘까? 이곳이 교외 지역이기 때문일까? 대도시에서는 이런 일들이 불가능한 걸까? 그럴 수도 또 그렇지 않을 수도 있다. 남의 떡이 더 커 보이기 마련 아니던가? 다른 사람의 상황이 나보다 낫다는 생각에 사로잡혀 있으면 항상 똑같은 결론에 도달할 수밖에 없다.

전 세계 부모들은 문화, 경제, 교육 수준, 나이, 성별은 다르더라도 한 가지 사실을 공통적으로 공유하고 있다. 바로 과잉 양육을 한다는 사실이다. 자신 있게 "나는 그렇지 않다"라고 말할 수 있는 이는 어느 누구도 없을 것이다. 평정심을 유지하다가도 어느 순간이면 자녀에게 꼭 필요한 일이라고 정당화하면서 지나친 간섭과 집착을 하기 일쑤다.

우리의 의도가 나쁘지는 않지만, 우리가 하는 특정 행동은 자녀에게 또 우리 자신에게 매우 해로운 영향을 끼친다.

부모가 과잉 양육의 늪으로 깊이 빠져드는 계기 중 하나는 바로 스마트폰이다. 생활의 편리함을 도모하기 위해 만들어진 이 기계는 자녀를 언제 어디서나 관리할 수 있게 만드는 도구가 됐다. 부모는 시간과 장소를 가리지 않고 자녀에게 끊임없이 전화를 걸고 메시지와 이메일을 보낸다. 자녀에게서 연락이 오지 않으면 부모는 몹시 불안해하며 불필요한 간섭을 하기 시작한다. 이는 자녀가 독립된 주체로 성장하는 것을 가로막을 뿐 아니라 그들만의 고유한 삶의 영역을 침범하는 행위다. 부모는 대개 자녀가 크면 클수록 더 강도 높게 통제를 하는데, 이는 양육의 역효과를 불러오는 계기가 된다.

과잉 양육이 시작되는 이유는 부모가 제대로 관리하지 않으면 자녀가 성공할 수 없다고 생각하기 때문이다. 그래서 많은 학원에 등록시키고, 과도한 보상을 해주고, 쉴 새 없이 무언가에 매진하게 만든다. 결국 부모와 자녀 모두에게 삶 자체는 심한 압박감으로 변질된다. 우리는 이 책에서 부모가 자녀에게 지나친 간섭을 하는 경우를 '과잉 양육'이라고 정의했다. 물론 때때로 부모가 자녀 일에 적극적으로 나서야 할 때가 있다.

여기서 분명히 해야 할 사실은 간섭과 도움을 구분해야 한다는 것이다. 과잉 양육은 부모의 기대를 자녀에게 주입해서 자녀의 삶을 조정하려는 것이다. 자녀가 무엇을 원하는지 어떤 능력을 가지고 있는지와 상관없이 말이다.

익숙한 이야기인가? 이게 끝이 아니다. 과잉 양육은 교육 기관이 제공하는 유익하고 생산적인 도전을 무시하거나 조작하려 함으로써 자녀의 독립성 발달을 저해한다. 아이 스스로 능력과 방법을 발휘해 어려움을 극복하는 과정이 용납되지 않기 때문에 자존감과 자신감 배양에 악영향을 준다. 혹여 어떤 성공을 이루더라도 자녀가 스스로 정한 목표를 성취한 것이 아니기에 진정한 기쁨보다 뒤틀린 감정을 가질 수밖에 없다. 부모가 도와주지 않았다면 그 성공을 이룰 수 없었다는 것을 부모도 자녀도 모두 알고 있기에 좌절감은 더욱 크다.

물론 앞에서 묘사한 양육의 방식이 모두 적용되지 않을 수도 있지만, 비슷한 경험을 직접 한 적이나 주변에서 이런 방식으로 양육하는 사례를 목격한 적이 있을 것이다. 우리가 아무리 사려 깊고 성실한 사람이라 하더라도 우리 인생의 가장 값진 소유물인 자녀 문제에서는 어느 정도 집착할 수밖에 없는 것이 당연한 일인지도 모른다.

잠깐만! 여기 마지막 문장에 뭔가 이상한 말이 있지 않은가? 그렇다. 때때로 우리는 자녀가 생의 가장 값진 소유물이라고 느낀다. 하지만 그들은 우리의 소유물도 트로피도 아니다. 부부가 서로에게 소유물이 아닌 것처럼 자녀는 부모의 소유물이 아니다.

이 생각을 지금 당장 바로잡지 않으면 안 된다. 그것이 당신의 자녀가 세상에서 가장 행복하고 건강한 시민이 되는 중요한 출발점이기 때문이다. 자녀는 이 세상에서 당신이 가장 사랑하는 존재이자 중요한 사람임에는 틀림없다. 그 생각 자체가 나쁘다는 뜻은 아니다. 그러나 그 생각은 거기서 멈춰야 한다. 그 생각이 뒤틀린 소유욕으로 변질되어선 안 된다. 자녀의 인생은 당신의 것이 아니다!

아이의 연령에 따라 정도의 차이는 있겠지만 아이가 부모에게 의존해 있을 때 이 사실을 반드시 깨달아야 한다. 부모가 해야 할 가장 중요한 일은 자녀의 독립을 돕는 것이다. 자녀가 스스로 무언가를 성취할 수 있도록 옆에서 지켜봐주고 종국에는 부모의 보호막에서 완전히 벗어나도록 하는 것이 부모가 해야 할 가장 중요한 일이다. 하지만 많은 부모에게는 이것이 그리 쉽지 않은 일인 것 같다. 특히 간섭과 사랑을 혼동하는 부모에게는 더욱 그러할 것이다.

부모가 자신의 집착이 어느 정도인지를 가늠케 하는 지표를 살펴보는 것도 도움이 될 수 있다. 자신의 행동을 객관적인 데이터 없이 스스로 평가하기란 어려운 일이기에 부모의 성향을 정확하게 파악할 수 있는 지표를 통해 양육 태도를 점검하는 일이 필요하다.

과잉 양육을 하고 있다는 것을 어떻게 알 수 있는가

여기에 준비된 질문에 답하다 보면 당신의 양육 스타일을 어느 정도 가늠할 수 있을 것이다. 힌트를 주자면 정답은 없다. 부모와 자녀의 성향이 모두 다르고 처한 상황에 따라 당신이 선택해야 할 양육법은 달라질 수 있으니 정해진 '답'은 없다. 아직 잘 이해되지 않는다면 이 책을 계속해서 읽어보기 바란다. 그러면 어느 정도 의문점이 해결될 수 있을 것이다.

1. 아이를 돌보기 위해서 사회생활에 대한 당신의 욕구를 포기하고 있나요?

A. 가끔 그렇다.

B. 늘 그런 편이다.

C. 거의 그렇지 않다.

D. 나만의 사회생활 욕구는 없다. 만약 그런 것이 있다손 치더라도 자녀의

일정에 맞춰져 있기에 크게 불편함을 느끼지 않는다.

2. 당신의 행복과 자부심은 자녀와 깊이 연관되어 있나요?

A. 때때로 그렇다. 모든 부모가 그렇지 않은가?

B. 지금 어떤 일이 벌어지고 있느냐에 따라 다르다. 스케줄을 먼저 확인하고 답하겠다.

C. 전혀 아무런 상관이 없다.

D. 그렇다. 인정하기 싫지만, 아이가 힘겨워할 때 내가 뭔가 할 일이 생긴 것 같아서 기분이 좋다.

3. 아이가 유치원 다닐 때 가져왔던 숙제를 얼마나 자주 도와주었습니까?

A. 한 번도 도와준 적이 없다.

B. 대체로 도와주는 편이다. 특히 늦은 밤까지 숙제가 완성되지 않았을 경우 도와준다.

C. 항상 도와준다. 부모로서 당연히 그래야 하는 것 아닌가?

D. 가끔 도와준다. 아이가 먼저 도와달라고 요청하면 옆에서 지켜봐주는 식이다.

4. 당신 자녀의 초등학교 3학년 과학 숙제가 다른 아이 것(부모가 대신 만들어주었음)과 비교해서 보잘것없어 보였을 때 화가 납니까?

A. 전혀 기분 나쁘지 않다.

B. 당연히 기분 나쁘다. 다른 사람들이 나를 나쁜 부모라고 생각할 것이다.

C. 가끔 그렇다. 특히 부모가 도와준 것을 모르고 선생님이 그 아이를 칭찬하면 정말 기분 나쁘다.

D. 기분 나쁘지 않다. 우리 아이가 그것에 신경 쓰지 않는다면 나도 괜찮다.

5. 당신의 자녀가 원하는 대학에 진학하지 못했다면 누구의 잘못이 가장 큰가요?

A. 고등학교 선생님. 특히 진학 지도하시는 분.

B. 해당 대학. 우리 아이를 제대로 알아보지 못한 대학의 잘못이 가장 크다.

C. 누구의 잘못도 아니다.

D. 입학시험 제도. 고작 시험 문제 따위가 입학에 너무 많은 영향력을 행사하지 않는가.

6. 고등학교 1학년 학생이 학업에 어려움을 느낀다면 어떻게 해야 할까요?

A. 다른 학교로 전학시켜야 한다.

B. 학교에 전화해서 선생님을 바꾸라고 말한다.

C. 아이에게 선생님과 상담하도록 권유한다.

D. 내 아이는 무척 똑똑하기 때문에 그럴 일은 없을 것이다. 만약 성적이 제대로 나오지 않는다면 그것은 학교 성적 평가 시스템의 문제일 가능성이 더 높다.

7. 아이가 학교에 있는 동안 얼마나 자주 메시지를 보내는 편인가요?

A. 아이가 정말로 보고 싶을 때만 보낸다.

B. 점심시간을 제외하고 2~3번 보낸다. 점심시간에는 아이가 밥을 제대로 먹어야 되니까 방해될까 봐 보내지 않는다.

C. 한 번도 보낸 적이 없다.

D. 일방적으로 아이에게 메시지를 보내지 않는다. 아이가 먼저 대화를 걸

어오길 기다리는 편이다.

8. 7살 아이가 학교 운동장에서 놀림을 받았다면 당신이 가장 먼저 해야 할 조치는 무엇입니까?

A. 놀린 아이의 부모를 만나 이야기를 한다.

B. 내 아이와 먼저 이야기를 해서 아이의 입장이 무엇인지 듣는다.

C. 놀린 아이를 힘으로 제압해서 왜 그랬는지 묻는다.

D. 운동장에서 함께 있었던 담당 선생님에게 상황을 물어보고 이런 일이 일어나지 않도록 상의한다.

9. 아이가 한가하게 아무것도 하지 않는 시간은 어느 정도입니까?

A. 그런 시간은 없다. 무한 경쟁의 시대를 살아가려면 한가하게 놀 시간은 없다.

B. 한가함을 선택하는 것은 명문대 대신 전문대를 가야 한다는 뜻이다. 그럴 수는 없다.

C. 뭔가 놀 거리를 던져주고 놀게 하는 편이다.

D. 매일 아이에게 충분한 휴식 시간을 제공한다.

10. 당신의 자녀가 대학을 졸업했지만 아직 직장에 취직하지 못했다면 어떻게 하시겠습니까?

A. 지인에게 취직자리를 알아본다.

B. 용돈을 주며 취직을 걱정하지 말라고 말해준다.

C. 면접장을 따라다니면서 확실히 직장을 잡을 수 있도록 함께 노력한다.

D. 자신을 재정비할 시간적 여유를 준다.

11. 당신의 26세 자녀의 휴대전화 사용료를 아직도 대신 내주고 있습니까?

A. 가족 할인 혜택을 누릴 수 있는 방법을 찾고 있다.

B. 그렇게라도 해야 아이가 나에게 전화할 것이라는 걸 알고 있기에 전화비를 내주고 있다.

C. 당연히 아이 스스로 전화비를 지불하게 한다.

D. 오래전부터 전화비를 내고 있다. 뭐가 잘못인가?

양육 태도의 컬러 코드

미국 교통안전청은 테러리스트의 위협이나 국가 보안상의 문제가 있을 때 이를 컬러로 표시해 발표한다. 텍사스 주의 한 전문 상담교사는 이와 유사한 시스템을 부모의 양육 태도에 도입하자고 제안했다. 그래서 부모의 집착 정도를 교통안전청의 컬러 코드와 비슷하게 초록, 노랑, 주황, 빨강으로 나눠보았다. 자녀를 배려하고 지지해주는 건강한 초록, 걱정과 통제가 시작되는 노랑, 모든 상황에 혼란을 느끼며 자녀를 더욱 강하게 통제하려는 주황, 통제 불능으로 응급실에 당장 달려가 상담을 받아야 하는 위험한 상태의 빨강까지 분류해보았다.

거의 대부분의 부모가 자신이 처한 상황과 자녀의 성장 시기에 따라 초록, 노랑, 주황, 그리고 빨강을 오가기 마련이다. 물론 일부 부모는 매순간 긴장을 늦추지 않고 자녀의 성공에 조금이라도 방해가 되는 일이 생기면 과잉 반응을 보이기도 하지만 말이다. 당신의 컬러는 무엇인가?

초록

확신을 가지고 양육에 임하며, 자녀가 성장 과정에서 독립심과 자율성을 배양하도록 지지해준다.

노랑

보살핌이 통제로 변해가는 시점이다. 걱정이 많아진 부모는 최대의 결과를 만들어내기 위해 모든 상황에 적극적으로 개입하려 한다.

주황

자녀를 지나치게 걱정하다가 특별한 이유 없이 모든 상황을 조작하고 통제하려 한다. 그러다 보니 학교 행정가나 선생님 등 부모의 손길이 닿는 모든 기관과 사람들까지도 조정하려 든다. 아직 추잡스럽다고까지는 말할 수 없지만 주변 사람들에게 불쾌감을 주는 행동 양식을 갖게 된 상태다.

빨강

통제 불능의 상태다. 보통 사람이라면 자녀가 삶과 죽음을 오갈 때 보이는 과잉 반응을 일상에서 보인다. 이런 비정상적인 부모의 행동 양식은 자녀에게 악영향을 끼치는 것은 물론이고 부모와 자녀의 관계까지 망칠 수 있다.

부모가 언제, 어느 정도 개입하는 것이 적당한가에 대한 연구는 아주 오래전부터 계속되어왔다. 부모의 집착 정도는 불안감을 느끼는 정도, 통찰력, 자기 통제 능력, 논리적 사고력, 신중함, 위험을 감지하는 능력에 따라 조금씩 바뀔 수 있다. ≪뉴욕타임스≫에 따르면 캘리포니아대학교 버클리캠퍼스의 발달심리학 교수 다이애나 바움린드는 "최고의 부모는 자녀에게 높은 기대를 걸지만 그들의 자율성을 최대한 존중하고 자녀가 관심을 가지는 일에 적극적으로 동참하는 사람이다"라고 말했다.[1]

통제하려는 마음의 긍정적인 측면은 적극성일 것이다. 보살핌, 훈육, 존중이 이상적인 균형을 이루는 것이 바움린드가 말한 적극적인 부모의 양육 태도가 아닐까 싶다. 자녀의 관심사에 소극적으로 대응하거나 또는 자녀를 통제하려는 부모보다 자녀의 관심에 적극적으로 참여하는 부모 밑에서 자란 아이들이 학업 성적도 우수하고 건강한 교우관계를 유지하는 것으로 나타났다.

적당한 개입과 자율성의 균형을 맞추기가 말처럼 쉽지는 않다. 요리 레시피처럼 정해진 비율이 있는 것이 아니라 상황에 따라 달라지기 때문이다. 하지만 부모의 지나친 집착으로 자녀의 성장을 가로막고 있지는 않은지 부모의 양육 태도를 점검해봐야 할 것이다.

양육의 다섯 가지 유형

과잉 양육이 날로 심화되고 있는 오늘날, 양육의 행동 양식을 정확하게 분석해볼 필요가 있다. 그래야 사람들이 어떤 양육 방식을 왜 따르고 있는지 파악할 수 있기 때문이다. 물론 현실적으로 모든 부모의 유형을 일일이 나열하는 것은 불가능한 일이다. 셰익스피어의 희곡에서도 우리 사회에 존재하는 모든 인물의 전형을 다 담아낼 수 없었던 것처럼 말이다. 다만 지금 우리가 말하려는 양육 유형을 통해 당신이 어디쯤 서 있는지는 가늠할 수 있다.

여기서는 부모의 양육 유형을 크게 다음 다섯 가지로 나누었다. 수호천사형guardian angels, 성취몰두형type-A, 친구형buddies, 생산자형producers, 곁치레형accessories. 각각의 유형은 서로 중복되는 부분이 많다는 점을 유념하길 바란다. 한 가지 유형에 정확하게 딱 들어맞는 경우란 없다.

수호천사형

늘 자녀 곁을 맴돌면서 어떤 일이 벌어졌을 때 즉시 뛰어들 준비를 하고 있는 부모다.

보호자형 부모

- 유형 _ 마치 교섭자나 중재자처럼 행동하는 사람들이다. 자녀가 다치거나 실망하거나 실패하게 될까 봐 중간에서 협상하고 중재하는 역할을 도맡는다. 이런 부모는 자녀를 보호하기 위해서라면 어떤 일도 마다하지 않는다. 자녀의 잘못이 드러나는 것을 막기 위해 거짓말을 하기도 하고, 때론 사실을 은폐하거나 조작하기도 한다.
- 특징 _ 어떤 문제가 생겼을 때 사건의 본질을 파악하려는 노력은 하지 않고, 자녀가 하는 이야기만 믿고 방어적 또는 공격적으로 반응한다. 자녀가 잘못된 행동을 했어도 일단 그들을 두둔하고 본다. 일어난 사건에 대해 정확하지 않은 정보나 왜곡된 이야기를 들려주더라도 그대로 받아들이고, 자녀가 그 일에 책임지지 않도록 조치한다. 예를

들어 선생님과의 마찰이 생긴 경우 학교장을 찾아가 자녀가 잘못된 행동을 저지를 수밖에 없었던 것이 모두 선생님의 잘못이라고 항변한다. 이런 부모는 선생님이나 학교의 평가를 믿지 않고 오로지 자녀의 말만 신뢰한다.

- 원인 _ 자신이 세상에서 가장 우월하다고 믿는 부모의 경우 대개 학교나 선생님의 입장을 깊이 이해하려 하지 않는 경향이 있다. 다시 말해 자녀가 속해 있는 교육 시스템을 믿지 못하고 잘못된 점만 찾아 비난하는 데 익숙해 있다. 자녀의 말만 곧이곧대로 믿으면서 '우리 애는 잘못한 것이 없고 다른 것에 문제가 있다'는 식의 사고방식을 고수한다. 부모가 이렇게 감싸고도는 이유는 자녀가 받을 마음의 상처 때문인지도 모른다. 그러나 결과적으로는 이런 보호막이 부모 자신의 훈육 효율성마저 떨어뜨린다는 사실을 기억해야 할 것이다.
- 사례 _ 미국 중서부 지역에 살고 있는 두 아이의 엄마 앨리시아는 최근 다른 지역으로 이사를 갔다. 그녀의 아들 데니는 집 근처 중학교에 다니게 되었는데, 그는 학교가 썩 맘에 들지 않았다. 그래서 종종 선생님과 급우들에 대한 비난을 쏟아놓곤 했다. 선생님이 데니의 이런 행동에 대해 이야기를 나누고자 앨리시아에게 상담을 요청했다. 그러자 그녀는 선생님에게 화를 냈다. 데니의 행동에 대해 사과하거나, 그에게 일어난 문제가 정확히 무엇인지 파악하려 하거나, 또는 그 문제를 해결하기 위한 방법을 찾아보려는 노력은 하지 않았다. 대신 데니를 무조건 감싸고돌면서, 이 문제의 원인이 선생님과 급우들에게 있다며 그들에게로 비난의 화살을 돌렸다. 다음날 그녀는 데니와는 어떤 상의도 하지 않은 채 학교에 찾아가 그를 다른 반으로 옮겨달라고 요구했다.

과잉보호형 부모

- 유형 _ 이들은 겉으로 보기엔 지극히 평범해 보이는 부모다. 자녀의 안전을 이유로 시작된 과잉보호가 자녀에게 일어날 수 있는 모든 위험 요소를 제거하기 위해 사사건건 간섭하는 방향으로 흘러간 경우다.
- 특징 _ 이들은 중재자나 매니저처럼 행동한다. 그래서 어떤 일이 발생하기도 전에 과잉 대응하는 경우가 많아 일반적인 유년 시절 활동까지 규제하려 든다. 예를 들면 통학 버스를 못 타게 하고, 놀이터에서 놀지 못하게 하고, 친구 집에서 자고 오는 일도 금지한다.
- 원인 _ 과잉보호자의 눈에는 세상이 온통 잠정적인 위험과 불안 요소들로 가득 차 있다. 다른 아이에게 발생한 끔찍한 사건이나 언론에서 끊임없이 흘러나오는 안타까운 사연에 너무 몰입한 나머지 이런 성향이 되기도 한다. 이런 부모는 아마도 자녀가 자신에게 온전히 의존하고 있는 것 자체를 즐기거나, 자신의 손길이 닿지 않으면 안 되는 이 시간이 영원히 지속되기를 바라는 비현실적인 희망을 가지고 있는지도 모른다.
- 사례 _ 메릴랜드 주 볼티모어 교외 지역에 살고 있는 모와 벳은 주변 지역에서 일어나는 많은 범죄를 수년 동안 목격해왔다. 물론 그들이 그 현장에 살고 있지는 않았지만 말이다. 그들은 비교적 안전한 지역에 살면서 자녀를 사립학교에 보내고 있다. 하지만 그들은 한시도 걱정을 멈출 수가 없어서 보디가드 역할을 해줄 운전기사를 고용해 자녀의 등·하교는 물론이고, 방과 후 놀이, 스포츠 경기, 심지어는 밤샘 파티까지 챙기도록 하고 있다. 농구 경기가 있는 날이면 운전기사는 현장에서 끝까지 지키고 있다가 아이를 태워서 집으로 데려온다. 이런 과잉보호가 오래 지속될 것 같지는 않다. 왜냐면 이것이

그들과 자녀 사이에 심각한 균열을 만들기 시작했기 때문이다.

참견쟁이형 부모

- 유형 _ 교섭자와 비슷한 역할을 한다. 선생님, 코치, 과외 선생님과 갈등이 생겼을 때 아이를 대변하는 역할을 수행한다. 아이는 어른만큼 정확하게 자신의 의사를 표현할 수 없기 때문에 부모가 교섭자 역할을 맡아야 한다고 믿는다. 안타깝게도 상황을 정확하게 파악하지 않은 채 끼어들어서 문제를 복잡하게 만들 때가 더 많다.
- 특징 _ 이들은 자녀 문제에 간섭하지 않고는 견딜 수가 없다. 자녀 몰래 학교에 찾아가 일과 등을 조정하려 든다고 해서 이들을 '잠행 부모stealth parent'라고도 부른다. 아이들은 부모의 간섭이 멈추길 바라지만 부모는 아랑곳하지 않는다. 스스로 문제를 해결해보겠다고 말하더라도 쇠귀에 경 읽기다. 왜냐면 그들은 간섭을 좋은 부모의 특징이라고 믿기 때문이다.
- 원인 _ 이들은 자녀가 선생님이나 코치에게 이견을 전달하면 선생님으로부터 어떤 응징을 받을지도 모른다는 두려움을 가질 것이라고 짐작한다. 이 두려움을 해소하기 위해 자녀 대신 의사소통에 깊이 관여하려 든다. 자녀가 소신 있게 자신의 견해를 피력하도록 격려하기보다는 무조건 중재하려고 달려든다. 이렇게 해서는 자신의 권리를 효과적으로 행사하는 능력이 제대로 발달될 수 없다. 여러분도 잘 알다시피 인생을 살아가면서 반드시 갖춰야 할 기본적인 소양 중 하나가 효과적인 의사 전달 아니던가? 자녀의 심적 부담감을 덜어주려다가 의도치 않게 아이의 성장을 방해하고 만다. 물론 때때로 부모의 중재가 필요한 경우도 있지만 먼저 자녀에게 자신만의 방식으

로 문제를 해결할 수 있는 기회를 줘야 한다.

• 사례 _ 미시건 주 랜싱에 살고 있는 세 자녀의 아버지인 덴은 막내 딸 에인절 때문에 걱정이 이만저만이 아니다. 에인절은 학교 재즈 밴드에 입단해서 드럼 연주를 하고 싶어 한다. 하지만 그녀는 드럼 스틱도 제대로 못 잡을 정도로 실력이 형편없어서 연습이 더 필요한 상황이다. 다행히 에인절은 자신의 실력이 부족하다는 것을 인정하고 있다. 가끔 자신의 보잘것없는 연주 실력을 다른 사람들에게 농담처럼 이야기할 정도로 이는 그녀에게 대수롭지 않은 일이다. 문제는 아버지, 덴에게 있다. 덴은 음악 선생님이 에인절을 위로해주기 바랐고, 더 나아가 에인절만을 위한 오디션을 따로 준비해줄 것을 요구하기에 이르렀다. 이 상황은 에인절에게도 음악 선생님에게도 상당히 난감했고, 안타깝게도 오래지 않아 에인절은 드럼 연주를 완전히 그만두게 되었다.

걱정쟁이형 부모

• 유형 _ 우리 주변에서 흔히 볼 수 있는 사람들로, 끊임없이 전화를 걸거나 메시지를 주고받으며 자녀가 제 시간에 학원에 도착했는지, 수업은 빠지지 않았는지 확인하며, 자녀의 교육 일정과 관련된 사람들을 만나 정보를 나누면서 하루 중 대부분의 시간을 보내는 부모들이다. 이들은 아이들을 데리고 다닐 때 손을 꼭 잡고 다닌다. 혹시 모를 위험이 자녀를 해칠까 봐 매사 조심하는 유형이다.

• 특징 _ 놀이터에 조금이라도 위험해 보이는 놀이기구가 있으면 어른의 도움 없이 자녀 혼자 절대 타지 못하게 한다. 물론 대부분의 부모가 이런 경험을 한 번쯤은 해봤을 것이다. 그러나 이보다 좀 더 심한

경우 자녀에게 추적 장치를 달아 유치원에 보내기도 한다. 무슨 일이 생길지 모르는 험한 세상에 살고 있다는 이유로 말이다. 이런 부모는 10대가 된 자녀가 친구들과 어울려 영화관이나 쇼핑몰에 함께 가는 것을 용납하지 않는다. "너는 너무 어려", "무슨 일이 생길지 몰라"라는 말로 어른들이 동행하지 않으면 어디에도 갈 수 없다고 말한다. 어떤 부모는 친구들과 어떻게 노는지 몰래 감시하려고 17살 된 자녀의 차에 추적 장치를 달아두기도 한다. 이들은 1시간에 한 번씩 자녀에게 전화해서 뭘 하고 있는지 확인하고, 메시지를 수도 없이 보내며, 함께 어울리는 친구의 부모에게 전화를 걸어 자녀가 어떻게 시간을 보내고 있는지 확인한다.

- 원인 _ 이런 유형의 부모는 평소에도 걱정을 많이 하는 사람들이다. 걱정이 많다 보니 작은 일에도 과잉 반응을 하는데, 이것이 자녀 문제가 되면 더 심각해지는 것이다. 부모의 걱정은 자녀까지 이유 없이 불안에 떨게 만든다. 그래서 결국 아이는 자기 자신과 타인을 믿지 못하는 사람이 된다.
- 사례 _ 조앤의 딸은 고등학교 졸업반이다. 그녀는 딸이 원하는 대학에 진학하지 못할까 봐 초조해하고 있다. 일주일에 2~3번 학교에 있는 진학 상담 선생님에게 전화를 걸어 딸이 갈 만한 유망한 대학에 대해 이야기한다. 대학 진학에서 가장 중요한 것은 딸의 학업 성취도와 관심사인데도 그것은 알려고 노력하지 않은 채 선생님만 귀찮게 하고 있다. 이런 상황에서 조앤은 또 다른 걱정을 안고 있다. 내년 고교 동창회에서 딸이 퀸카로 뽑히지 않으면 딸이 자존심에 큰 상처를 입을까 초조해하고 있다.

성취몰두형

모든 일에 투지가 넘치는 부모다. 가정생활도 양육도 일의 연장선상으로 보고 열심히 밀어붙이는 스타일이다.

과잉성취자형 부모

- 유형 _ 주로 고학력 전문직으로 일하다가 전업주부로 전환한 엄마에게서 자주 나타나는 현상이다. 이들은 자녀를 '자신의 삶을 완벽하게 만들어줄 마지막 기회'로 여겨 세심한 주의를 기울인다. 자신이 이룰 수 있는 성취를 포기하고 양육에 전념하고 있기 때문에 자녀에게 지나치게 높은 기대를 건다. 자녀가 부모의 기대와 달리 특별히 어떤 분야에서 천재적인 두각을 나타내지 못하면 학업 성적에서라도 그 기대치를 반드시 만족시켜야 한다고 믿는다. 이들은 아이의 성공을 통해 자신의 희생을 보상받을 수 있다고 생각한다.
- 특징 _ 이런 유형의 부모는 자녀가 대입 시험을 치를 경우 원하는 점수가 나올 때까지 몇 번이고 시험을 다시 치르게 한다. 이렇게 강하게 밀어붙여야 자녀가 한 단계 더 성장할 수 있다고 생각하면서 말이다. 대학의 선택도 자녀에게 맡겨두지 않는다. 부모가 정해준 학교에 부모의 지침대로 원서를 준비하게 한다. 아이의 적성이나 꿈 따위는 입시 과정에서 그리 중요한 요소가 아니다. 이런 부모 밑에서 자란 아이들의 경우 입시 전문 상담가가 어느 학교에 진학하고 싶으냐고 물으면 "우리 엄마 생각엔 제가 ㅇㅇ대학에 가야 한대요"라고 대답한다.
- 원인 _ 이런 유형의 부모는 자신이 전문 분야에서 이룬 성공만큼 육아

에서도 비슷한 성과를 내야 한다고 믿는다. 그리고 이 성공 여부는 자녀가 얼마나 공부를 잘하는가 또는 기타 분야에서 얼마나 큰 두각을 나타내는가로 판가름된다. 부모가 중요하다고 여기는 분야에서, 그것이 공부든 운동이든 다른 재능이든 간에, 자녀가 기대치에 부응하지 못할 경우 그 사실을 쉽게 받아들이지 못한다. 그들은 자신의 자녀가 다른 아이들보다 더 똑똑하고 특별하다고 여기므로 이 생각이 잘못되지 않았다는 것을 증명하기 위해서라도 자녀를 달달 볶을 수밖에 없다. 사회적 성공을 포기한 자신의 희생을 통해 아이가 성장한다고 믿기 때문에 자녀에 대한 비합리적인 기대를 저버릴 수 없는 것이다.

- 사례 _ 미미는 자신이 헬리콥터 맘이라는 사실을 알고 있다. 그녀는 잘나가는 사업체의 대표를 맡는 등 사회적으로 성공한 삶을 살고 있었다. 외동딸 신디를 위해 모든 일을 그만두고 전업주부를 선언하기 전까지는 말이다. 그녀는 살림을 시작한 후부터 딸의 모든 스케줄을 관리하고, 장래 계획을 세우고, 자녀가 참여하는 모든 프로그램의 상황을 감독하기 시작했다. 엄마라기보다는 상사에 가까운 역할을 한 것이다. 미미는 학교 선생님과 상담하는 시간에 학교 교육에 대해 날카로운 비판을, 그것도 딸이 지켜보는 앞에서 쏟아놓기 일쑤였다. 자신의 커리어 공백을 딸의 성공으로 채워 넣으려 했던 것이다. 마치 딸이 작은 기업체라도 된 것처럼 성공적으로 그녀를 '운영'하려고 했다.

통제자형 부모

- 유형 _ 매니저와 비슷한 역할을 하는 부모다. 스스로도 통제에 대한

강박이 있다고 인정하지만 이것을 나쁜 것으로 인식하지 못한다. 오히려 양육에서 통제는 꼭 필요하다고 생각한다.

- 특징 _ 자녀가 어떤 것을 선택해야 하는 상황에 이르면 어떻게 대처해야 하는지를 가르치기보다는 무엇을 선택해야 하는지 꼭 짚어주는 스타일이다. 자녀가 해야 할 대부분의 결정을 부모가 대신한다. 사소하게는 옷 입는 것에서부터 교과 과목, 친구, 글쓰기 주제, 학교까지 모두 부모가 정한다. 때로는 자녀의 여가 활동, 친구 관리, 교통수단까지 규제하기도 한다. 아주 어린 시절부터 이런 식의 통제를 해온 부모는 시간과 장소를 불문하고 자녀에게 끊임없이 잔소리를 한다. 자녀가 멀찍이 떨어져 있을 때도 자신의 지시 사항을 따르도록 재촉한다. 예를 들어 큰 소리로 "그거 만지지 마", "앉아", "그 여자분 옆에 너무 가까이 서 있지 마", "그거 만지지 말랬지?"라는 말을 수없이 반복한다.
- 원인 _ 왜 이렇게 통제하지 않으면 참을 수 없게 된 걸까? 우리 중에는 자기 자신을 믿지 못하는 사람들이 간혹 있다. 이런 사람들은 자녀나 가족도 믿지 못한다. 가까운 사람에게 배신을 당했거나 상실을 경험한 경우 삶의 모든 측면을 통제한다면 다시는 나쁜 일들이 일어나지 않을 것이라 믿기 때문에 이런 양육 태도를 보인다. 한편 유년 시절 부모로부터 방치된 경험이 있는 경우에도 자녀를 지나치게 통제하는 경향이 있다. 결론적으로 말해 그들은 통제를 통해 자신이 완벽한 부모가 됨으로써 과거의 나쁜 기억을 없애려고 하는 것이다. 이렇게 완벽을 추구하다 보니 자연스레 자녀에게 과잉으로 보상하려는 경향도 함께 나타난다.
- 사례 _ 뉴욕에 살고 있는 다이앤은 고등학교 1학년 자녀를 둔 부모다.

그녀의 딸이 숙제를 제대로 하지 않아 선생님, 학교 관계자, 청소년 전문가와 면담이 예정되어 있던 날, 그녀는 딸의 과외 선생님을 대동하고 면담 장소에 나타났다. 과외 선생님은 이 문제의 원인은 다이앤의 딸이 아니라 학교에 있다는 브리핑을 했다. 숙제를 하지 않았을 때 오히려 학업 성취도가 더 높게 나타났다고 분석한 과외 선생님의 말에 다이앤과 그녀의 딸은 침묵으로 동조했다. 엄마가 직접 나서서 딸이 모든 책임을 회피하도록 도운 결과가 됐다. 이것이야말로 자녀 교육의 본질에는 무관심하면서 외부 요인만 통제하려는 부모의 전형적인 예라 하겠다.

중재자형 부모

- 유형 _ 이들은 자신과 자녀의 삶에서 일어나는 모든 일을 중재하려 든다. 자녀가 난감한 상황에 노출되거나 무언가를 책임지는 것을 매우 껄끄럽게 여긴다. 그래서 그들은 직접 나서서 상황을 수습하려 한다. 그리고 그것이 부모의 역할이라고 생각한다.
- 특징 _ 이들은 아무 예고 없이 학교에 찾아가서 자녀의 학교 활동을 조율하거나 담임을 교체하도록 요구하며, 상급반으로 진급시켜줄 것을 종용하기도 한다. 심지어 선생님에게 자녀의 추천서를 어떻게 써야 할지 구체적으로 주문하기도 한다. 부모가 교육 기관에 이런 종류의 압력을 행사하면 선생님과 교육 행정가들은 업무를 효과적으로 수행할 수 없다. 이런 부모의 모습을 보며 자란 아이들은 세상에서 꼭 지켜야 할 도리나 규칙 같은 것은 존재하지 않는다고 믿게 된다. 이들은 자녀가 원하는 것이라면 무엇이든 협상을 통해 얻어낼 수 있다고 생각한다. 자녀는 부모가 세상에서 가장 힘 있는 사람이

라 여겨 스스로 무언가를 배우고 터득하려는 의지를 잃어버린다.

- 원인 _ 자녀에게 어떤 문제가 생겼을 때뿐만 아니라 아이를 키우면서 반복적으로 나타날 수 있는 현상 중 하나다. 자녀가 처한 불편한 상황을 어떻게든 해결해야 마음이 편안해지기 때문에 자녀의 일에 자주 뛰어든다. 자녀가 가는 길을 평탄하게 만들어주고 최고의 결과를 만들어내는 것이 부모가 반드시 해야 할 일이라고 믿는다.
- 사례 _ 제인은 남부 지역에서 잘나가는 유능한 사업가다. 그녀에게는 이상한 취미가 있는데, 바로 숙제에 대해 선생님과 격론을 벌이는 일이다. 숙제가 너무 많아 자녀가 대인 관계를 맺을 시간이 없다는 것이 그녀의 주장이다. 제인은 자신의 의견을 관철시키기 위해 변명을 늘어놓거나 동정에 호소하기도 한다. 아프거나 집안에 중요한 행사가 있는 것도 아니면서 자녀에게 숙제를 할 필요가 없다고 말함으로써 자신의 주장을 끝까지 굽히지 않았다. 선생님이 이 일을 문제 삼았을 때 그녀는 교장에게 직접 찾아가서 자신이 원하는 쪽으로 결론을 내려달라고 부탁했다.

매니저형 부모

- 유형 _ 자녀의 삶에 발생하는 아주 사소한 일까지 모두 간섭하고 챙기려는 부모다. 학교나 학원, 교우 관계나 취미활동에서 벌어지는 문제를 스스로 해결하도록 내버려두지 않는다. 부모가 자녀의 든든한 지지대가 되어주면 어떤 분야(학업, 취미, 예술, 운동)에서든 실패를 경험하지 않고도 최고의 성과를 이뤄낼 수 있다고 생각한다. 이를 위해 부모는 매니저가 되어야 한다. 자녀의 모든 삶의 영역을 세심하게 챙기고 넘어지지 않도록 지탱해줘야 한다고 믿는다.

- 특징 _ 자녀가 살짝 삐끗하는 것조차 용납하지 않는다. 어떤 일에 낙담하거나 혼란스러워하는 것은 더더욱 있을 수 없는 일이다. 따라서 자녀의 태도나 행동거지에서부터 과외활동, 친구 선택에 이르기까지 모든 것을 세심하게 관리할 수밖에 없다.
- 원인 _ 이들은 자녀의 삶에서 벌어지는 모든 일이 항상 아이에게 최상의 상황이 되어야 한다는 원칙을 절대 포기하지 않는다. 매니저로서 부모는 결과에 목숨을 건다. 좋은 결과가 나오지 않으면 자녀의 성장에 악영향이 미칠 것이라는 두려움 때문이다. 부모가 자기 자신을 믿지 못해서 생긴 두려움 때문에 자녀가 올바른 선택을 했을 것이라는 믿음마저 저버리는 꼴이다.
- 사례 _ 플로리다 주 탬파에 살고 있는 서맨사는 전업주부다. 그녀는 8살 아들의 학교 성적 때문에 화가 나 있다. 시험 성적이 떨어졌기 때문이다. 성적표가 집에 도착했을 때 서맨사는 교장에게 바로 전화를 걸었다. 그녀는 이것이 담임선생님의 문제라고 항의했고, 어떤 식으로 아들의 성적을 올릴 것인지 학교의 대응을 지켜보겠다고 말했다. 그녀는 아이가 왜 공부에 어려움을 느끼고 있는지는 살펴보려 하지 않은 채 모든 문제의 원인이 담임선생님에게 있다고 생각했다. 물론 서맨사가 매니저의 전형적인 유형이라고 볼 수는 없지만, 매니저들은 어떤 업무를 처리할 때 가장 높은 지위에 있는 사람에게 바로 달려가 사태를 수습하고 관리한다는 점을 고려할 때 그녀도 이 유형에 속한다고 할 수 있다. 그녀는 자녀에 대해 가장 많이 알고 가까이에서 지켜본 사람과 상의하는 대신 행정적인 힘을 가진 사람에게서 자신이 원하는 결론을 얻어내려고 했다. 나중에 알고 보니 서맨사의 아들은 시력이 나빠져서 성적이 떨어진 것으로 밝혀졌다. 안경을 쓰

고 나자 아이의 학업 성적은 향상되었고 서맨사도 진정 국면에 들어섰다. 물론 이것이 얼마나 오래갈지는 아무도 모를 일이지만 말이다. 안경이 필요했던 아이 때문에 서맨사는 성급하게 담임선생님을 책망했던 것이다.

친구형

같은 또래처럼 어울릴 수는 없을지라도 자녀와 단짝이 되고 싶어 하는 부모다.

단짝형 부모

- 유형 _ 이들은 어른으로서 누려야 할 자신의 삶에는 별로 관심이 없다. 항상 자녀와 함께 어울리기를 갈망하며, 자신을 부모라기보다 자녀의 친구로 여긴다.
- 특징 _ 이런 부모들의 공통적인 성향은 자녀와 항상 함께 있으려고 하는 것이다. 학교나 다른 활동 시간에도 주변을 맴돌며 자신의 부재를 조금도 용납하지 않으려 한다.
- 원인 _ 이들은 대부분 자신만의 전문 분야를 개척하거나 사회생활을 제대로 영위해본 경험이 없는 사람들이다. 이들은 자녀에게 일어나는 모든 일을 알고 있지 않으면 자신이 부모로서 인정받지 못하고 있다고 여긴다. 부모가 자녀의 가장 친한 친구가 되어야만 자녀를 정확히 이해하고 어려움이 생겼을 때 효과적으로 대응할 수 있다고 믿는 것이다. 이들은 친구 같은 부모를 가진 것이 얼마나 멋진 일인지

자녀가 알아주기를 바란다. 이를 통해 부모가 자녀의 삶에서 가장 중요한 의미가 되기를 원한다. 이들은 자녀가 힘든 문제에 부딪혀 중요한 결정을 내려야 할 때 부모로서가 아니라 친구로서 조언하고 싶어 한다.

- 사례 _ 실비아는 12세와 15세 두 딸을 두고 있다. 그들이 처음으로 페이스북 계정을 만들었을 때 실비아는 자녀에게 친구로 초대해 달라고 부탁했다. 그래야 두 딸이 무슨 이야기를 하고 어떤 활동을 하는지 정확히 알 수 있기 때문이었다. 아이들도 이런 상황을 눈치채고 있었다. 아이들은 엄마가 모든 글에 '좋아요' 버튼을 누르고 자신들의 어린 시절 사진을 매일 올리는 일을 그만두길 바라고 있다.

도우미형 부모

- 유형 _ 보호자형의 또 다른 형태다. 자녀가 극복해야 할 불편한 감정이나 골칫거리를 제거하기 위해 때와 장소를 가리지 않고 돌진하는 스타일이다. 사소한 일이든 그렇지 않든, 요구하는 것이 무엇이든 상관없이 일단 아이들을 도와주고 본다.
- 특징 _ 자녀가 혹시 무언가 잊어버리고 학교에 갔다고 가정해보자. 예를 들어 도시락, 운동복, 숙제 등을 가지고 가지 않았다고 전화가 오면 단 1초의 망설임도 없이 곧바로 학교로 달려간다.
- 원인 _ 이렇게 행동하는 이유는 그렇게 하지 않으면 자신들이 자녀의 삶과 동떨어지게 될지도 모른다는 불안함을 느끼기 때문이다. 대부분의 아이들이 한 번쯤 겪을 수 있는 사소한 불편에도 부모는 빠르게 진화에 나선다. 도우미로서의 삶을 사는 부모에게 자신의 삶 따위는 존재하지 않는다. 무엇이든 다 도와주는 친구로서 아이를 키우는 것

은 매우 비현실적이며, 자녀에게도 부모에게도 해로운 양육 태도다.

- 사례 _ 공인중개사인 크리스에게는 공립학교에 다니는 중학교 2학년 딸이 있다. 크리스는 거의 매일 학교에 들러 딸의 사물함을 확인하고 빠진 것이 없나 확인한다. 가끔 도시락을 잊어버리는 날이면 교실에 노크를 하고 창문 밖에서 손을 흔들면서 서 있기 일쑤다. 숙제를 도와주는 것도 모자라 크리스가 대신 마무리하는 경우가 다반사다. 그래서 보통 숙제가 끝나면 아이는 "우리가 해냈어!"라고 외친다. 아이는 이제 숙제란 스스로 하는 것이 아니라 당연히 부모가 도와주는 것이라고 인식하게 되었다.

응석받이형 부모

- 유형 _ 이들은 자녀의 나이와 상관없이 너무 오냐오냐 하며 자녀를 떠받든다. 설상가상으로 그들은 주변의 어른들도 똑같이 자녀의 응석을 받아줘야 한다고 생각한다. 그렇지 않을 경우 노골적으로 상대에게 면박을 준다. 이들은 이유도 없이 자녀에게 비싼 장난감을 사주거나 호화판 여행을 선물한다. 노동, 산업, 소비문화에 대한 올바른 가치를 심어줄 생각 같은 건 아예 없다. 심지어 자녀가 아무리 잘못된 행동을 하더라도 일단 선물하기로 한 여행은 무조건 보내준다. 뭔가 잘못된 행동을 했을 때 어떤 책임이 따르는지에 대해서는 가르치려 하지 않는다.
- 특징 _ 이들은 자녀의 요구를 충족시켜주기 위해 무엇이든 한다. 자녀의 삶이 더 편하고 즐거워지는 것을 비이성적이리만큼 맹목적으로 추구한다. 어떤 일을 참고 기다려서 기쁨을 맛보게 하는 것은 고사하고 자녀가 조금이라도 실망하거나 상처받을까 봐 전전긍긍한

다. 모든 부모가 자녀에게 좋은 것을 주려는 마음은 다 똑같기에 여기까지는 괜찮다고 치자. 하지만 자녀는 부모가 만든 온실에서 평생 살아갈 사람들이 아니다. 세상에 나가서 경쟁하고 또 거기서 살아남아야 한다. 당장 유치원에만 가더라도 그곳의 문화에 잘 적응하고 다른 아이들과 함께 공동생활을 해야 한다. 이런 응석받이 부모들 때문에 유치원 교사들은 아이들만큼이나 부모를 챙기는 데 시간을 많이 할애해야 한다며 어려움을 토로하곤 한다.

- 원인 _ 이런 식의 양육 태도를 보이는 이유는 다양하겠지만, 일반적으로 사회생활이나 사업 때문에 아이들과 많은 시간을 보낼 수 없는 부모들에게서 자주 나타나는 현상이다. 그들은 죄책감을 희석시키기 위해 자녀에게 비싼 선물을 사주고, 함께 놀며 이야기하는 대신 호화판 여행을 보내준다. 자녀의 옷장은 가득 차지만 마음속의 공허함은 더해만 간다. 또 다른 경우는 부모 자신이 유년 시절 느꼈던 결핍 때문에 자녀에게 과잉으로 보상해줌으로써 대리만족을 느끼려는 것이다. 물건을 사주고 자녀를 통제하는 방식인데, 이로써 부모는 자녀에게 자신이 꼭 필요한 존재라는 확신과 보람을 찾으려 한다. 다 큰 자녀에게 자신의 용돈으로는 도저히 살 수 없는 고가의 선물을 사주고 자녀가 계속해서 부모에게 의존하게 만드는 방식이다. 이런 양육법은 나중엔 역효과를 내기 마련이다. 자녀의 독립심이 배양되지 않는 것은 말할 것도 없고, 친구를 사귈 때도 가진 물건을 과시함으로써 자신의 존재를 인정받으려 하기 때문에 또래 집단에서 환영받지 못하는 경우가 종종 발생한다.
- 사례 _ 대학에 다니며 자녀를 키우는 스웨덴 출신 잉그리드는 "아이를 깨우러 아침에 방에 세 번 들어가지 않으면 침대에서 나올 생각을

하지 않아요"라며 자신의 일상을 소개했다. "아이의 옷을 빨고 밥을 하면서 제가 얼마나 아이에게 필요한 존재인지 느낍니다. 제가 중요한 사람이 된 것 같아서 좋아요. 물론 제 아들도 저와 같은 생각을 하고 있는지 모르겠지만, 일단 저는 만족합니다."

스토커형 부모

- 유형 _ 단짝형의 또 다른 범주다. 이들은 늘 자녀 주변에 머물러 있으려 노력한다. 학교의 현장 학습에도 인솔자로 따라가고 싶어 하고, 학교 도서관이나 특별 행사에서 자원 봉사를 하면서 아이를 한 번이라도 더 보고 싶어 한다. 심지어 자녀가 친구 집에서 밤샘 파티를 할 때도 함께 가려고 한다. 자녀의 나이에 상관없이 늘 함께 있고 싶어 한다. 자녀가 자라면 모든 활동에 동반하려는 이런 부모의 집착에 숨 막혀 할 것이고, 이는 나중엔 오히려 자녀와의 관계를 소원하게 만드는 원인이 될 것이다.
- 특징 _ 자녀가 다른 아이들과 사소한 다툼을 벌이더라도 지나치게 간섭하려 든다는 것이 이런 유형의 부모가 가진 특징이라고 교사들은 입을 모은다. 아이들의 문제는 그들 스스로 풀어가는 것이 훨씬 유익하지만 부모가 그렇게 내버려두지 않는다. 이들은 자신이 학교에 찾아가서 다툼이 있었던 아이에게 주의를 주고 나야 일이 해결되었다고 믿는다. 이런 부모의 경우 자녀가 청소년기에 접어들어도 지나친 간섭을 멈추지 않는다. 마치 감시카메라처럼 말이다. 자녀를 지켜봐줄 다른 어른이 없으면 아이가 놀고 있는 자리를 뜨지 못한다.
- 원인 _ 어떤 이유인지 확실치 않지만 이들은 자신의 간섭이나 보호가 없으면 자녀가 하나의 인격체로 성장할 수 없다고 생각한다. 항상

아이의 뒤꽁무니를 쫓아다니면서도 그것만으로는 부모의 가치관을 자녀에게 심어주기에 부족하다고 여긴다. 부모의 조언 없이는 자녀가 제대로 된 삶을 구현할 수 없다고 생각한다.

- 사례 _ 미국 북동 지역의 한 몬테소리 학교는 스토커형인 부모의 사례를 보여준다. 몬테소리는 원래 부모의 자원 봉사와 참여가 활발한 학교로 유명하다. 그러나 때론 모자란 것이 넘치는 것보다 나을 때도 있는 것 같다. 작년에 이 학교에서 계획한 현장 학습은 자원 봉사 인솔자가 너무 많은 관계로 취소되었다. 학교가 수용할 수 있는 인솔자는 한정되어 있어 부모들에게 양해를 구했지만 어떤 부모도 포기하지 않았기 때문이다. 그래서 결국 현장 학습 자체가 취소되는 해프닝이 벌어졌다.

생산자형

이 유형의 부모는 자녀를 세상에 내놓을 하나의 상품이라고 여긴다.

소비자형 부모

- 유형 _ 많은 돈을 들여 자녀를 사립학교에 보내는 부모 중에 이런 유형에 속하는 사람들이 더러 있다. 이들은 학교의 선택이 성공과 직결되는 문제이기 때문에 자녀를 유명한 학교에 진학시킨다. 그리고 자녀에게 투자한 돈의 가치만큼 효과가 나기를 기대한다.
- 특징 _ 부모가 원하는 결과를 만들기 위해 자녀가 완벽한 선택을 하도록 모든 조건을 형성해준다. 필요하다면 전문가의 도움을 빌려 '완벽

한' 학교를 선택하도록 유도한다. 학교를 선택하고 나면 그다음부터 모든 책임은 학교에 있다. 이들은 학교의 책임자와 자유롭게 또는 즉각적으로 연락을 취하면서 자신이 정한 목표에 쉽게 도달하도록 선생님과 행정가들을 종용한다. 이들은 결과가 모든 것을 말해준다고 생각한다. 자녀가 스스로 어떤 노력을 하고 또 어떤 결정을 하는가는 그리 중요하지 않다. 자신이 투자한 돈(학비)만큼의 결과만 얻으면 되는 것이다. 이런 유형의 부모가 학교 이사회의 구성원이 되거나 의사 결정의 직책을 맡으면 문제가 좀 더 심각해진다. 자신이 가진 힘으로 무엇이든 하려고 들기 때문이다. 심지어 이들은 자신의 힘으로 자녀의 잘못된 행동까지 덮으려고도 한다.

- 원인 _ 지난 20년 사이 부모의 자격에 대한 개념이 크게 달라졌다. 이는 단순히 사립학교의 일부 계층에서 일어난 문제가 아니라 미국 사회 전체에서 일어난 큰 변화다. 사실 지구촌 곳곳에서 벌어지고 있는 일이라고 해야 더 정확할 것이다. 저소득층 부모도 예외가 아니다. 자신의 월급 대부분을 사립학교 학비에 투자하고, 이것이 성공의 동아줄이 되기를 기대한다. 자녀가 공립학교에 다니고 있는 부모는 자신이 낸 세금으로 선생님을 고용한 것이라고 생각하기 때문에 지나치게 높은 윤리적 잣대와 직업적 전문성을 요구하기도 한다.

이런 소비자적 태도, 즉 자신이 투자한 만큼의 결과를 기대하는 유형의 부모가 탄생한 것은 아마도 교육계 전반의 문제 때문일지도 모른다. 또는 날이 갈수록 심화되고 있는 자본주의 사회의 소비문화 때문일 수도 있다. 그 원인이 무엇이든 간에 소비자형인 부모의 양육 태도는 선생님과 교육 시스템 자체를 무시하는 결과를 낳았다. 우리는 언젠가부터 교육을 하나의 상품으로 간주하기 시작했다. 소비자의 입장에서 부모는 학교가 만들어낼 상품, 즉 결과에 대해 무엇이든 요구할 수 있다고 여기기 시작한 것이다. 그것이 지나치게 비상식적인 요구일지라도 말이다. 아이가 물건이 아니라 하나의 인격체라는 사실을 잊고 그들의 성장과 발달에 기복이 있을 수 있음을 전혀 고려하지 않은 우리 시대의 슬픈 현실이다.

- 사례 1 _ 남부 코네티컷 주의 한 사립학교 교장이 가장 많이 듣는 말은 이것이다. "저는 자녀 교육에 엄청난 돈을 투자하고 있어요. 제 투자에 상응하는 결과가 나올 수 있도록 당신이 우리 아이에게 필요한 모든 조치를 취해주시길 바랍니다. 이 말은 제가 언제든 학교에 전화해서 당신에게서 무엇이든 원하는 답을 얻을 수 있도록 조치해 주셔야 한다는 것을 뜻합니다."

  그는 소비자형 부모에 대해 이렇게 말했다. "이들은 본질적으로 자녀를 자신의 '상품'이라고 여깁니다. 이상하게 들리겠지만, 소비자의 시각에서 본다면 이것은 너무나 당연한 일입니다. 자녀가 특권을 누리게 할 목적으로 학교에 기부를 하는 것은 매우 위험한 발상이지만, 실제로 일어나고 있는 일입니다. 이런 부모는 자녀가 학교에서 말썽을 피워 그에 상응하는 책임을 져야 하는 순간에도 마치 자신의 기부가 모든 걸 해결할 것처럼 자녀에게 신경 쓰지 말라고 단호히 말합니다."

- 사례 2 _ 한 사립학교의 이사회 구성원인 학부모는 몹시 화가 나 있었다. 자신의 아들이 미식축구 경기에 출전할 수 없다는 이유 때문이었다. 심사 과정에서 선발되지 못해 출전이 좌절된 것임에도 그녀는 이를 받아들이지 않고 교장에게 전화를 걸어서 자신의 집안이 두 세대에 걸쳐 많은 돈을 학교에 기부했는데 이런 어이없는 일이 벌어졌

다며 따졌다. 그녀는 아들이 이번 경기에 출전하지 못한다면 교장 자리가 위태로울 수 있다는 협박도 빼놓지 않았다.

비난자형 부모

- 유형 _ 이런 유형의 부모는 자녀의 잘못 때문에 생긴 난처한 상황에서도 다른 사람들을 먼저 비난한다. 애초에 그런 상황을 만든 원인 중 하나가 자신의 양육 태도에서 기인했음에도 반성은 하지 않는다. 대신 그들은 자녀가 겪는 대부분의 문제가 자신과 자녀를 제외한 다른 사람들 때문이라며 원망을 멈추지 않는다.
- 특징 _ 자녀가 어떤 일에 책임지게 되는 것을 막기 위해 분쟁이나 싸움도 불사한다. 아이들은 어떤 실수를 저질렀을 때 그 일에 대한 책임을 지면서 상황을 해결하는 방법을 터득해간다. 이런 연습을 해야 같은 상황이 발생했을 때 슬기롭게 문제를 해결할 수 있다. 그런데 자녀가 직면해야 할 '책임'이라는 과제 앞에서 부모가 요란을 떨며 자녀의 방패막이가 되려고만 한다면 아이는 책임지는 방법을 배울 수 없다. 언젠가는 부모의 이 같은 도움의 손길이 자녀에게 짜증나는 일이 될지도 모른다.
- 원인 _ 부모로서 자녀에게 최고의 환경을 마련해주고 싶은 마음은 누구나 똑같을 것이다. 그러나 우리가 실제로 살아가는 세상은 누군가가 대신 책임을 져줄 수 있는 곳이 아니다. 아이들을 항상 따뜻하게 보듬어주고 용서하는 곳이 아니다. 아이들이 살아갈 세상은 우리의 통제 밖에 있다. "내 아이가 절대 낙담하거나 혼란스러워하지 않게 되길 바란다"라는 말에 담긴 정서는 이해되지만, 이 말은 정말 비현실적이다. 아이가 낙담하거나 혼란스러워할 때 부모로서 해줄 수 있

는 가장 적절한 조언은 "네 자신을 돌아봐. 그리고 왜 일이 이렇게 되었는지 잘 생각해봐"일 것이다. 어떤 곤경에 처한 이유는 자기 자신의 문제에서 비롯된 경우가 가장 많기 때문이다.

• 사례 _ 한 공립 고등학교에서 행정을 관리하고 있는 사람의 이야기에 따르면 부모가 자녀한테 생긴 문제의 원인을 다른 사람들에게서 찾는 경우는 부지기수라고 한다. "한 학생이 화장실에서 담배를 피다가 걸렸죠. 당연히 선생님은 아이를 저에게 보냈습니다. 그 남학생은 학교에서 받는 스트레스가 얼마나 큰지 하소연하며 담배가 자신의 유일한 탈출구라고 변명을 늘어놓았습니다. 담배를 피우는 것은 모두에게 금지된 교칙이라고 단호하게 말하자 그는 학교가 자신의 삶을 너무 힘들게 만들고 있다며 화를 냈죠. 대화를 모두 마친 후에도 그는 분이 식지 않았던지 어머니에게 바로 전화를 하더군요. 우리의 대화를 약간 왜곡해서 어머니께 보고한 거죠. 2분도 채 지나지 않아 어머니에게서 전화가 왔습니다. 요지는 제가 그 학생과 담배에 관해 나눴던 대화가 상당히 불만스럽다는 것이었습니다. 전형적인 경우이긴 하지만, 정확히 어떤 일이 있었는지 이야기를 듣기도 전에 학교에 대한 불만을 쏟아놓았습니다."

그녀는 너무 뻔한 아들의 거짓말에 속아 왜곡된 사실을 진실이라고 믿었고, 한발 더 나아가 아들의 잘못을 다른 사람에게 돌렸다. 따지고 보면 그녀는 사실을 정확히 파악해서 책임 소재를 가리기보다는 아들의 잘못된 행동에 대해 변명을 하고 싶었던 것이다. 아니면 자신의 피해의식 때문에 그런 행동을 했는지도 모른다. 즉, 그녀도 흡연자라서 아들을 야단친 학교 관계자가 그녀와 아들을 동시에 꾸중한 것으로 받아들였는지도 모른다.

위탁자형 부모

- 유형 _ 위탁자형 부모는 늘 바쁘다. 소비자형 부모와 비슷하게 이들은 자녀를 자신이 책임지고 끝내야 할 수많은 인생의 과제 중 하나라고 여긴다. 그래서 양육에서도 어떤 문제에 부딪히면 전문가, 예를 들면 학교, 육아도우미, 운동 코치, 과외 선생님 등에게 맡겨야 한다고 생각한다. 마치 그들이 부모의 역할을 대신해줄 것이라 기대하면서 말이다.
- 특징 _ 이들은 학교, 육아도우미, 운동 코치, 과외 선생님에게 부모가 져야 할 책임을 위임한다. 이를 가리켜 부재 중 양육absentee parenting 또는 위탁 양육outsourced parenting이라고 부르기도 한다.
- 원인 _ 이들은 자녀 외의 다른 것에 삶의 우선순위를 둔다. 예를 들어, 일, 골프, 인간관계, 사치스러운 생활을 즐기느라 자녀의 삶이 뒷전으로 밀리는 것이다. 물론 그들에게 물으면 당연히 자녀가 가장 중요하다고 말하겠지만, 현실을 들여다보며 그들에게 자녀만큼이나 또는 자녀보다 더 중요한 것은 바로 자신의 라이프스타일일지도 모른다. 이는 그들이 어린 시절에 어떤 양육을 받았는가와 관련이 있다. 예를 들어 부모에게 방치된 경험이 있는 경우 이런 양육 태도를 보일 확률이 높다. 이와는 별개로 직장에서 업무적으로 지나친 요구를 받고 있거나 단순히 자기애가 지나치게 강한 경우에도 다른 사람들을, 그것이 자녀라 하더라도, 우선순위에 놓지 못한다.
- 사례 _ 10대 아들을 둔 노리스는 현재 다니고 있는 법률 사무소에서 대표가 될 날이 얼마 남지 않은 유능한 변호사다. 그는 아들에게 운전기사, 과외 선생님, 트레이너를 붙여서 아이가 학교나 과외활동에 절대 늦지 않도록 하고 있다. 또 개인 비서를 고용해 아들의 학업이

나 과외활동에서 어떤 진전이 있는지 매주 보고받고 있다.

안하무인형 부모

- 유형 _ 소비자형 부모의 또 다른 형태라고 볼 수 있다. 이들은 자녀를 양육하는 데 도움을 주는 사람들을 무시하고 함부로 대한다. 자신이 가장 높은 지위에 있거나 또는 가장 똑똑하다고 여기고 선생님, 육아 도우미, 코치 등 자녀 교육을 위해 일하는 사람들을 하대한다. 자녀의 교육에서도 가장 중요한 사람은 자신이라고 믿는다. 이들은 완전한 나르시스트는 아니더라도 우월 콤플렉스 성향을 지닌 이기적인 사람들이다.
- 특징 _ 자녀에게 기대한 것이 이뤄지지 않을 경우 자신의 전반적인 양육 태도를 점검해야 함에도 특정 외부 요인을 찾는 데만 집중한다. 양육 태도를 바꿈으로써 더 나은 교육 환경을 만들 생각은 하지 않고 오로지 외부의 원인이 상황을 악화시켰다고 믿고, 선생님, 학교 직원, 과외 선생님, 코치, 육아도우미에 대한 결점을 찾아 비판한다. 아이를 보살피는 사람들을 전문성 없이 그저 시간만 때우는 사람으로 치부한다. 그 사람들이 자녀와 가족 전체를 위해 한 일에 대한 고마움을 표현하는 일은 없다. 그저 비판하고 무시하는 말만 일삼는다. 이런 부모의 행동을 보면서 자녀도 자신의 삶을 풍성하게 이끌어줄 주변 어른들에 대한 존경과 신뢰를 거두게 된다.
- 원인 _ 이런 행동을 하는 원인은 주로 무지에서 비롯된다. 이들은 학교에서 선생님이 무엇을 하는지, 육아도우미가 하루 종일 아이들과 어떻게 시간을 보내는지 모른다. 특히 성취몰두형 부모를 둔 아이들에게 운동을 가르치는 일이 얼마나 힘든지 조금도 이해하지 못한다.

• 사례 _ "내가 너를 고용했기 때문에 나는 너를 무시할 수 있다" 또는 "당신이 하고 있는 일을 내가 한 번도 해본 적은 없지만 확실한 건 내가 당신보다 그 일을 훨씬 잘 안다" 등의 말을 자주 내뱉는 부모는 본질적으로 자녀를 무시하고 있는 것이다.

겉치레형

자녀는 자신의 삶에서 너무 소중한 존재이기 때문에 자녀의 삶을 격상시키거나 그럴듯하게 꾸며줄 수 있다면 어떤 일이든 하겠다고 생각하는 부모다.

치어리더형 부모

• 유형 _ 이들은 자녀가 참여하는 학예회, 방과 후 활동, 과학 경시대회, 축구 경기, 심지어 아이들이 용돈을 벌기 위해 일하는 세차장 아르바이트에도 따라간다. 그곳에서 끊임없이 자녀를 향해 찬사를 보내고, 민망할 정도로 칭찬을 쏟아내며, 가장 큰 목소리로 자녀를 응원한다. 이들은 자녀의 스케줄이 빼곡히 적힌 수첩을 가지고 다닌다. 부모의 삶은 없다. 모든 것이 자녀의 스케줄 위주로 돌아가기 때문이다(이들을 가리켜 자녀의 삶을 치장하는 '액세서리'라고도 부른다).

• 특징 _ 이들은 자녀와 관련된 모든 행사와 이벤트에 참여하려 한다. 학교 행사든 그렇지 않든 가리지 않고 24시간 아이들을 위해 출동 준비를 하고 있다. 왜냐면 자신들은 자녀의 삶을 빛나게 해줄 액세서리이기 때문이다. 심지어 일부 부모는 자녀와 똑같이 옷까지 맞춰

입는다. 일상 대화에서도 아이들이 주로 사용하는 은어를 쓴다. 예전에는 부모가 자녀의 행사나 활동에 다 참석하지 못했을뿐더러 아이들과 옷을 맞춰 입는 것은 상상도 할 수 없는 일이었다.

- 원인_자신이 무언가 놓치고 있다는 공포에 빠진 걸까? 아니면 갓난 아이의 사진을 수없이 찍어대고 아이들의 숨소리에도 박수를 치며 자신의 모든 스케줄을 자녀에게 맞추는 요즘의 양육 트렌드로 이해해야 할까? 아이들 행사를 한두 개 놓치면 죄책감이 느껴지는 걸까? 아니면 열성적으로 참여하는 다른 부모의 입방아에 오르는 게 싫어서일까? 치어리더형 부모 중에는 자신의 어린 시절에 각종 활동이나 행사에서 두각을 나타내지 못했던 사람들이 많다. 그래서 자녀를 통해 일종의 대리만족을 얻으려 한다. 자녀의 행사나 활동을 부담 없이 즐기면서 동시에 그들의 뛰어난 기량을 통해 자신도 빛나기를 바란다. 자녀가 두각을 나타내면 마치 자신도 훌륭하게 보일 것이라고 착각하면서 말이다.
- 사례_사이먼과 디 둘 다 대학에서 축구 선수로 활약했었다. 이들 부부의 두 아들은 현재 청소년 축구팀에서 뛰기엔 연령대가 너무 높아서 따로 훈련을 받아야 하는 상황이다. 주말에는 뉴잉글랜드 교외 지역에서 열리는 경쟁 대회에 나가야 하고 주중에는 따로 개인 훈련을 받아야 한다. 사이먼과 디는 조경 사업을 함께 하고 있는데, 두 사람 모두 또는 둘 중 한 사람은 반드시 자녀의 훈련 현장이나 경기장을 찾는다. 그들은 정말 떠들썩하게 응원을 펼친다. 또 집요하리만큼 끈질기게 자녀의 기량과 축구 전반에 관한 의견을 코치에게 전달한다. 이렇게 축구에 몰두하면서 부부 사이는 더욱 돈독해졌지만 이 또한 그리 오래가지는 못할 것이다. 코치는 부부가 팀을 위해 유니

폼을 선물하는 등의 조력을 고맙게 여겨 그들의 지나친 간섭을 참고 있지만, 동료 선수들은 그렇지 않기 때문이다. 두 아들은 동료 선수들로부터 조롱을 받기 시작했다. 축구에 대한 해박한 지식을 자랑하고 있는 부부와 달리 그들은 제대로 된 기량을 한 번도 발휘하지 못했기 때문이다.

동승자형 부모

- 유형 _ 이들이 부모로서 자녀에게 해주는 일은 학교나 학원 시간에 맞춰 자녀를 데려다주고 데려오는 것이다.
- 특징 _ 이들은 자녀를 학교에 데려다주고 근처 커피숍에 모여 수다를 떨다가 하교하기 30분 전부터 학교 주변으로 모여든다. 날씨가 따뜻한 날이면 바깥에 모여 학교 상황, 예를 들면 선생님, 직원, 아이들의 성적, 스포츠 등등에 대한 이야기를 나눈다. 종종 이런 대화는 선생님을 함부로 비판하거나(객관적이지 못할 때가 많다), 부모들 중에 맘에 들지 않는 사람을 집단 따돌림하거나, 학교 관계자의 사생활에 관한 루머를 이야기하거나, 특정 학생, 그러니까 자신과 어울리지 않는 학부모의 자녀를 나쁘게 묘사하는 것으로 끝맺는 경우가 많다.
- 원인 _ 이들은 시간이 너무 많거나 인생의 다른 재미를 찾지 못한 사람들이다.
- 사례 _ 멜로디와 빌은 학교 근처에서 매일 만나 이야기를 나누는 사이였다. 멜로디는 집에서 그래픽 디자인 관련 사업을 하면서 아이들을 돌보는 주부인데, 그녀는 딸이 읽기와 쓰기에서 뛰어난 역량을 발휘하길 바랐다. 건축 관련 사업을 하고 있는 빌 역시 멜로디와 비슷한 생각을 하고 있었다. 참고로 이들의 자녀는 모두 초등학교 1학년이

었다. 두 사람은 "왜 우리 아이들은 더 잘하지 못하는 걸까요?"라며 이야기를 시작하곤 했다(이런 대화가 시작된 것은 새 학기인 10월쯤이라는 점을 말해두고 싶다). 그렇게 시작된 하소연은 선생님에 대한 질책으로 이어졌다. 오래지 않아 자신들이 세운 나름의 교육 이론을 바탕으로 학부모회의에서 선생님을 힐난하기에 이르렀다. 이것은 불필요한 질책이었다. 왜냐하면 당시는 아이들의 읽기와 쓰기 능력을 평가하기에는 너무 이른 시기였기 때문이다. 그러나 안타깝게도 부모들의 항의는 계속되었고 선생님은 끝내 사임했다. 사실 그 선생님은 해당 학군에서 아동 독서 지도 전문가이자 멘토로 일하던 사람이었다.

수여자형 부모

- **유형** _ 이들은 아이들이 서로 다른 능력과 소질을 가지고 있다는 것은 인정하지만 모든 아이에게 동일하게 상을 수여해야 한다고 믿는다. 참여만 해도 상을 줘야 한다는 뜻이다. 이들은 자신이 원하는 활동에 자녀가 되도록 많이 참여하길 바라고 좋은 성과(상)를 거두길 기대한다. 심지어 자녀가 그 분야에 소질이 없고 잘하지 못하다는 것을 알고 있으면서도 선생님이나 코치로부터 칭찬을 듣기를 바란다. 핵심은 자녀와 부모 모두 그 일을 통해 마음의 상처를 받고 싶지 않은 것이다. 상이란 어떤 일을 성취했을 때 이를 인정하는 의미로 주어지는 것이지만, 이들 부모는 그것과 관계없이 모든 아이들에게 똑같이 트로피가 주어져야 한다고 믿는다.
- **특징** _ 이들은 스포츠, 연극무대, 콘서트 등 가능한 모든 활동에 아이를 참여시킨다. 자녀가 상금과 상패의 주인인 '수상자'가 되기를 기

대하면서 말이다. 아이가 그 행사에서 맡은 역할을 책임감 있게 수행했는지는 그리 중요하지 않다. 상을 타는 것이 무엇보다 중요한 일이다. 무슨 일이 있어도 그 행사의 주인공 자리를 꿰차야 한다고 믿기 때문에 자녀가 챔피언이 되지 못하면 자녀에게 상처를 주고 자존감을 무너뜨리는 말들을 쏟아낸다.

• 원인 _ 자녀의 트로피를 통해 자신이 한 번도 누려보지 못했던 어린 시절의 추억과 상처 받았던 마음을 위로하려는 것이다. 이들은 자녀를 통해 대리만족을 하면서 현실에서 받는 상처를 회피하려 든다. 결국 이런 행동은 자녀가 세상을 현실적으로 바라볼 수 없게 만든다. 이는 자녀가 자신의 단점을 받아들이고 다른 사람의 장점을 인정할 줄 알며 자신이 원하는 길을 선택하고 자긍심을 가지고 세상을 살아갈 수 있는 기회를 박탈하는 것이다.

• 사례 _ 9살 벤지는 교외 지역에 있는 축구팀에서 뛰고 있다. 그는 그리 뛰어난 선수는 아니다. 1군도 2군도 아닌 후보 선수다. 그래도 그리 큰 불만은 없다. 왜냐면 운동장에서 아이들과 함께 뛰는 것 자체를 너무나 좋아하기 때문이다. 시즌이 끝날 무렵 축구팀 회식 자리에서 그는 트로피를 하나 받았다. 벤지는 너무 신이 났다. 기쁨도 잠시, 그의 부모는 트로피가 얼마나 큰 의미인지, 그 트로피를 어떤 기분으로 받아들여야 하는지 장황하게 설명하기 시작했다. 이를 듣고 있던 벤지는 말했다. "사실 그 트로피 놓고 왔어요. 전 잘 모르겠어요. 그게 저에게 꼭 필요한 건가요?" 그의 부모는 경악을 금치 못하며 차를 돌려 트로피를 가지러 갔다. 벤지는 다시 말을 꺼냈다. "저는 그 따위 트로피는 필요 없어요. 사실 저, 축구 잘 못해요." 아빠는 벤지의 말을 중간에 잘랐다. "벤지, 네가 축구를 못하는 게 아니야.

어떻게 그렇게 말할 수가 있니? 다른 동료 선수들처럼 네가 잘하니까 그 트로피를 받은 거야." 벤지의 엄마도 덧붙였다. "아빠 말이 맞아. 너는 정말 훌륭한 축구 선수야." 벤지가 힘없이 대꾸했다. "알았어요, 엄마. 걱정 마세요, 아빠. 그 트로피는 이제 아빠가 가지세요."

훼방꾼형 부모

- 유형 _ 이들은 자녀가 성장 발달 과정에서 보이는 변화에 무지하다. 그래서 자녀를 나이보다 어리게 대하거나 아예 아기 취급하기도 한다. 자녀의 정상적인 성장을 방해하는 사람들이다(스토커형 부모와 보호자형 부모를 참고하라).
- 특징 _ 이들의 행동 방식은 이렇다. 5세 자녀를 안고 다니고, 레스토랑에서 10세 자녀의 음식을 일일이 잘라주며, 16세가 된 자녀에게 위험하다며 운전 연습을 시키지 않고, 고등학생이 된 자녀에게 〈세러데이 나이트 라이브Saturday Night Live〉 시청을 금지하고, 25세가 된 자녀의 밥상을 차려준다.
- 원인 _ 현실 세계의 위험으로부터 아이를 지킨다는 명목하에 이들은 자녀가 하나의 인격체로 멋지게 성장하는 것을 가로막고 있다. 부모와 자녀가 한 덩어리로 묶여 있기를 바라고, 이를 통해 자녀를 통제하려 든다. 대개 이런 부모는 자녀를 믿지 못할뿐더러 자신이 자녀를 바르게 길러낼 수 있다는 자신감도 없다.
- 사례 _ 유타 주 솔트레이크 시티에 살고 있는 신시아는 아홉 자녀를 둔 엄마다. 일곱 명의 자녀는 모르몬 교회의 미션을 수행하기 위해 독립한 상태다. 그녀는 자신이 자녀를 키우며 깨달은 교훈 중 하나를 우리에게 들려줬다. "아이들의 응석을 받아주는 일은 오히려 쉬

워요. 하지만 너무 오랫동안 치마폭에 감싸고 있다 보면 결국 그것이 아이들에게 얼마나 해로운 일인지 알게 되죠. 아이들이 성장이 멈추니까요! 스스로 세상을 경험하게 해야 해요. 격언이 말해주듯, 그것이 바로 살아가는 순리잖아요. 자녀가 스스로의 인생을 개척할 수 있도록 놓아주는 일이 부모됨의 본질인 것 같아요."

나서야 할 때와 지켜봐야 할 때

우리가 다양한 양육 유형에 대해 살펴보면서 분명하게 알게 된 사실은 부모가 되는 것이 그리 간단한 일이 아니라는 것, 또한 부모됨의 핵심은 자녀를 독립된 인격체가 되도록 돕는 일이라는 것이다. 부모는 동의하고 싶지 않겠지만, 자녀는 부모의 분신이나 소유물이 아니다. 아이의 연령과 상관없이 자녀는 자신만의 개성을 지닌 독립된 개체라는 사실을 부모는 항상 명심해야 한다. 이것이 우리가 지녀야 할 가장 기본적인 양육 태도다. 즉, 아이들은 스스로 뭔가를 시도하고 실패할 권리가 있으며, 이런 기회를 아주 어릴 적부터 주어야 한다. 적어도 취학 전까지는 이런 인식이 자리 잡기 시작해야 한다.

하지만 현실적으로 대부분의 부모는 아이들이 도전하고 그에 따른 시련과 고통, 때론 뼈아픈 실패의 쓴 잔을 경험하기를 원치 않는다. 자녀의 실패를 바라보는 것은 쉽지 않은 일이다. 하지만 세상을 살아가고 그 안에서 무언가를 깨우치기 위해서는 이런 과정이 불가피하다.

가정주부인 모건은 6살 딸이 학교에 가기 시작하면서 분리불안에 시달렸다. 아이가 유치원에 처음 다니기 시작했을 때에는 여느 부모들처럼 모건도 유치원에 함께 등교해서 아이가 학교생활에 적응할 수 있도록 도왔다. 처음 1~2주 동안은 다른 부모와 마찬가지로 30~40분 정도만 학교에 머물렀다. 그러나 시간이 지나면서 다른 부모들이 하나둘씩 빠져나가기 시작했을 때도 모건은 교실에 더 오래 머물며 아이와 함께 있기를 원했다. 자신의 분리불안을 농담 삼아 이야기하면서도 아이가 너무 조심성이 없기 때문에 잘 넘어지고 부딪혀서 꼭 다치곤 한다는 말로 합리화하면서 말이다. 그러나 다른 사람들이 보기에 모건의 딸은 너무나 정상적인 6살 아이였다. 모건이 곁에 없어도 다른 아이들과 잘 어울리고 여러 가지 새로운 활동에도 적극적으로 참여하고 있었다. 5주가 지난 후 드디어 선생님들은 모건에게 이 문제에 대한 이야기를 꺼냈다. 딸을 비롯한 다른 아이들의 자유로운 학교생활을 위해서라도 이제 그만 와달라고 부탁했다. 그러자 모건은 울음을 터트리며 자신의 이야기를 쏟아냈다. 집에 혼자 있으면 아이가 너무 걱정되어서 아무 일도 손에 잡히지 않는다는 것이었다. 모건은 자신이 처음 학교에 입학할 당시 자신의 어머니 또한 분리불안을 겪었다고 고백했다.

부모가 생각하는 성공의 지름길로 가지 않는 자녀를 그저 가만히 지켜보는 것은 참으로 어려운 일이다. 더욱이 요즘처럼 자녀의 성공을 위해선 부모가 무엇이든 가리지 않고 해야 한다는 논리가 당연시되는 현실에서는 부모의 내적 갈등이 심화될 수밖에 없다. 한마디로 부모가 세운 나름의 주관과 신념을 가지고 아이를 양육하기 어려운 시대를 살고 있는 것이다. 산업 사회가 만들어낸 비합리적인 기대치와 기준은 부모에겐 거부하기 힘든 유혹이지만 이것이 결국 아이들을 궁지로 내몬다는 사실을 기억하길 바란다. 자녀가 부모의 기대치를 만족시켜야 한다는 막연한 불안감에 갇혀 지내면서 자신이 누구인지, 어떻게 해야 정말 행복한지 모른 채 살게 하고 싶지 않다면 당신의 집착을 걷어내야 한다.

보호는 줄이고 대화를 늘려라

자녀가 독립적이고 자신감이 넘치는 어른으로 성장하기를 원한다면 부모는 '선의의 방관benign neglect'을 실천할 필요가 있다. 선의의 방관이란 마음의 여유를 가지고 자녀를 철저히 통제하려는 양육의 끈을 조금 느슨하게 쥐는 것을 의미한다. 물론 처음에는 아이가 힘들어할 수 있다. 하지만 그 고비만 잘 넘기면 부모의 참견 없이도 문제를 스스로 해결할 수 있다는 것을 자녀도 곧 깨닫게 된다. 부모의 참견이 사라지면 자연스레 형제자매간의 싸움이 잦아지겠지만 이 또한 그들 스스로 타협점을 찾아가기 마련이니 크게 신경 쓰지 않아도 된다. 갈등이 생길 때마다 부모가 끼어드는 것보다는 모른 척하고 지켜보는 것이 더 낫다. 자녀가 스스로 해결하도록 기회를 주는 것이 무엇보다 중요하기 때문이다. 누군가 피가 나서 쓰러지기 전까지는 그냥 내버려두어도 괜찮다.

만약 평소에도 걱정을 많이 하는 스타일이거나, 과잉보호하는 경향이 강한 사람이라면 많은 자녀를 성공적으로 양육하고 있는 주변 사람들에게 조언을 구하는 것도 좋은 방법이다. 당신이 어떤 시점에 자녀에게 도움의 손길을 제공해야 하는지 점검하는 것은 매우 좋은 시도다. 물론 다른 사람들의 조언을 모두 그대로 받아들일 필요는 없지만 당신의 결정에 도움이 될 것이다.

지금까지 한 이야기를 염두에 두고 자녀를 잘 관찰한 다음 대화를 시도하라. 자녀와 대화할 때는 가능한 한 질문은 간단하고 짧게 던지고 그들의 이야기를 경청하라. 대화가 자칫 잘못 흘러가면 부모의 일방적인 잔소리로 변질되기 십상이다. 말을 하려고 하지 말고 되도록 들어라. 자녀의 성격과 나이에 따라 대화가 처음부터 그리 매끄럽지 않을 수도 있다. 그래도 포기하지 말고 계속해서 대화를 시도하는 것이 좋다. 자녀에게 자신의 생각을 말할 수 있는 기회를 주는 것 자체가 매우 중요한 일이다. 아이의 이야기를 다 듣고 나서 당신이 걱정하는 부분, 예를 들어 안전에 관한 문제, 성적 문제, 또는 친구 문제를 잘 설명해주면 된다. 자녀에게 책임을 추궁하려 든다든지 자녀를 신뢰하지 못하는 느낌을 주면 풍성한 대화를 나눌 수 없다. 소통하는 분위기 속에서 자녀에게 조언을 한다면 아이는 그 조언을 훨씬 긍정적으로 수용할 것이다. 한 번 더 말하지만 이 대화에서 가장 중요한 핵심은 자녀의 이야기를 주의 깊게 듣는 것이다!

이 세상에서 당신보다 자녀를 더 잘 아는 사람은 없다. 자녀의 안전상 어떤 활동이 허용되는지, 예의상 어떤 행실이 용납되는지는 당신이 가장 잘 알고 있다. 그럼에도 이런 문제로 자녀와 대화하는 과정에서 당신이 기억해야 할 가장 중요한 양육의 덕목은 가끔은 자녀가 자신만의 방식으로 삶을 살 수 있도록 그냥 내버려둬야 한다는 것이다.

2

21세기의 양육, 왜 이리 어려워진 걸까?

벤이 어린 시절 버몬트 주 벌링턴에 살면서 가장 즐겨 했던 놀이는 친구들과 숲 속을 탐험하는 놀이였다. 어른들의 손길이 닿지 않는 공간에서 친구들과 진흙 미끄럼틀을 타며 나무 사이를 구불구불 헤쳐 나오면 온몸이 진흙투성이가 되곤 했는데, 그 모습이 뭐가 그리도 재미있었는지 서로를 쳐다보며 숨넘어가게 웃곤 했다. 어떻게 그렇게 아름다운 추억을 만들 수 있었느냐고 벤에게 물으니 그에게서 이런 답이 돌아왔다. "그야 부모님이 모르는 비밀 장소에서 우리끼리 자유롭게 놀았으니까 그랬죠."

지금 우리 아이들에겐 상상도 할 수 없는 얘기다. '완벽한 자유'를 누렸던 벤이지만 그도 두 아들에겐 이런 자유를 허락한 적이 없단다. 이를테면 오후 시간 내내 부모님이 모르는 친구들과 숲 속을 돌아다닌다거나, 두꺼운 진흙을 온몸에 뒤집어쓰고 집으로 돌아오는 일종의 일탈 행위 말이다. 아이들이 만약 숲 속에서 논다고 하면 요즘 부모는 아마도 생존에 필요한 여러 가지 장비들, 방충제, 에피펜(알레르기 구급처치 주사), 물안경, 양말, 방수 장화, 탐험 조끼(에베레스트 산 정상을 오를 때나 필요할 것 같은 전문 산악 조끼), GPS 추적 장치, 비디오카메라가 장착된 헬멧까지 챙겨주려 할지도 모른다.

벤은 부모가 아니라 아이들 스스로 자유를 거부하고 있다고 말했다. "우리 애들은 집 밖으로 나갈 생각을 안 해요. 컴퓨터 게임을 하느라 너무 바쁘거든요." 물론 조금 과장된 이야기일 수도 있지만, 그가 무슨 말을 하는지는 알 것 같다. 오늘날 대부분의 아이들은 우리가 또는 우리 부모 세대가 누렸던 자유를 전혀 누리지 못하고 있다. 물론 그 시절에는 상상도 못했던 일들, 예를 들면 과학 캠프, 교육용 컴퓨터 오락, 전문 코치들과 함께하는 스포츠 활동을 요즘 아이들이 누리고 있는 것도 사실이지만 말이다. 그런데 이런 활동을 가만히 살펴보면 아이들 '스스로' 또는 '아이들끼리' 만드는 활동은 거의 없다. 부모나 어른들이 제작·관리하는 활동이 대부분이다.

오늘날 아이들이 기술과 통신의 무한한 발전으로 무수히 많은 정보를 제공받고 있긴 하지만, 정작 실패와 위험을 무릅쓰고 도전하는 배움의 참맛은 전혀 경험하지 못하고 있다. 그래서 예상치 못한 어려움과 실패를 맛보고 나면 그 일에 다시 도전하려 하지 않는다. 우리 아이들의 시계를 단순했던 옛 시절로 돌려놓고 싶겠지만, 그보다 더 중요한 일이 있다. 우리가 지금 할 수 있지만 놓치고 있는 것이 무엇인지를 살펴보는 일이다.

우리의 부모는 우리가 진흙탕에서 뒹굴며 노는 것을 눈감아준 세대였다면, 이제 우리는 아이들의 등을 숲 속으로 떠밀어야 한다.

당신이 자녀에게 기대해야 하는 것

양육에 대해 정확하게 이해한 후 부모가 되는 사람은 없을 것이다. '이제 좀 알겠다' 싶을 때면 자녀는 이미 커서 품 안에 없는 경우가 많으며, 먹고 사느라 바쁘고 힘들어서 자녀에게 제대로 신경을 쓰지 못한 경우도 있을 것이다.

게다가 오늘날 부모가 된다는 것은 그리 만만한 일이 아니다. 대부분의 부모가 마치 뭔가에 홀린 사람들처럼 자녀에게 비합리적이고 비현실적인 기대를 걸고 있기에 더욱 그렇다. 이 마법에서 깨어나는 방법을 이야기하기 전에 먼저 오늘날의 부모는 어떤 상황에 처해 있는지, 어떤 종류의 사회적 압력을 받고 있는지 살펴볼 필요가 있다.

아침에 눈을 떠서 라디오, TV, 또는 인터넷 뉴스를 틀었다고 생각해 보자. 그 순간부터 우리의 눈과 귀를 의심하게 만드는 기막힌 이야기들을 접하기 시작한다. 그리고 이런 일상이 매일 반복되다 보면 삶의 부조리함과 공허함은 더욱 커져간다. 중요한 삶의 본질이 빠진 것 같은 느낌 말이다. 이런 느낌은 우리를 비루하게 만든다. 어느샌가 우리는 패션 센스도 없고, 뚱뚱하고, 못 배우고, 지지리 가난한 사람이 되어 있다. 이런 감정이 심화되면 '나는 내 가정도 제대로 돌볼 수 없는 사람'이라는 생각에까지 다다른다.

물론 우리는 각자가 가진 단점을 인정해야 하지만, 자본주의 상업문화가 광고하는 사람이 되지 못한다고 해서 자괴감에 빠질 필요는 없다. 사회가 강요하는 삶의 필수조건이나 왜곡된 욕망과 가치관에서 빨리 빠져나와야 한다. 기업이 이윤을 목적으로 조장해온 삶의 기대치가 오늘날 가족 구성원 모두를 쥐락펴락하고 있다. 이로 인해 부모가 자녀를 어떻게 키워야 하는지, 또 어떤 교육 철학을 가져야 하는지까지도 상품화되고 있는 실정이다.

끈질긴 언론의 공격으로 두려움과 공포가 커져가는 이때, 삶의 본질을 직시하기 위해서는 어디에 도움을 구해야 하는 걸까? 이웃이나 지역 주민들에게 자문을 구한다면 상황은 더 악화될 수도 있다. 그들도 우리와 마찬가지로 왜곡된 기대치를 가지고 있으므로 이야기를 나누다 보면 현실을 직시하기보다 과잉 양육을 합리화할 가능성이 더 크기 때문이다. 다른 부모와 자신을 비교하면서 자신이 하고 있는 것처럼만 하면 적어도 실패는 면할 수 있을 것이라고 안도하면서 말이다. '저 아이 아빠는 직업이 뭐지?', '쟤네 엄마는 어떤 차를 몰고 다니지?', '저 아이는 어느 학교에 다니고 있지?', '어떻게 저 부모는 아이의 스포츠 동아리에서 코치를 해줄 만큼 여유가 있는 거지?' 등등을 비교하다 보면 남들에게 보이는 부분에만 뒤지지 않으려고 애쓰는 부모가 되기 십상이다. 사실 자녀에게 가장 좋은 환경이 무엇인지는 객관적으로 비교가 불가능할 뿐 아니라, 비교하면 할수록 내 자신과 가정이 초라하게 느껴지기 마련이다.

현대 사회는 어떤 희생을 치르고서라도 삶의 모든 측면에서 성공을 이뤄야 한다는 생각을 끊임없이 주입시키고 있다. 또 지금의 경제 상황을 생각하면 자녀의 미래를 걱정할 수밖에 없는 것도 사실이다. 그래서 자녀의 안정된 미래를 위해 어리석을 정도로 많은 돈을 교육에 투자하고 있는 것이다. 그러나 냉정하게 한번 생각해보자. 이른바 잘

나가는 명문 사립학교에 많은 학비를 지불하고 졸업만 시켜놓으면 자녀가 무한 경쟁에서 성공하리라는 보장이 있는가?

이런 사회적 압박으로 인해 아이들의 속은 병들어가고 부모는 점점 설 자리를 잃는다. 자녀가 인생의 실패자가 될지도 모른다는 두려움과 이 모든 책임은 결국 부모인 나에게 있다는 압박감이 사회 전반에 팽배하게 깔려 있다. 이와 더불어 기존의 사회 시스템에 대한 불신, 불안, 걱정이 교육 현장은 물론이고 우리들의 삶 전체를 지배하고 있다. 이런 불안한 마음은 물질에 대한 걱정으로 이어지고, 그래서 항상 결핍을 느낀다. 내일에 대한 불안 때문에 눈에 보이는 물질만 좇게 되는 것이다.

그런데 이상하게도 돈이 많으면 많을수록 돈에 대한 목마름은 더욱 강해진다. 일반적으로 중산층 가정에서 자녀를 낳아 기르기 위해 지불해야 하는 비용은 실로 엄청나다. 임신해서도 비용이 많이 들지만, 만약 임신 촉진 치료를 받아야 한다면 비용은 더 늘어난다. 인공 수정을 여러 차례 시도하다가 결국 입양을 결정하더라도 비싼 비용을 들여 오랜 시간 공을 들여야 비로소 아이를 품 안에 안을 수 있다. 대리 부모로 아이를 양육할 수 있긴 하지만 법률문제가 복잡해서 이것도 생각보다 쉽지 않다. 아이를 낳고, 육아도우미를 고용하고, 보육 기관에 아이를 맡기고, 사립학교에 보내고, 특별활동을 시키고, 여름캠프에 보내고, 과외 선생님을 고용하고, 대입 준비를 위해 상담을 받다 보면 정작 천정부지로 뛰는 대학 학비를 대기가 어려워진다. 4년제 사립대학은 물론이고 전문대학이나 주립대학의 학자금마저도 너무 비싸졌기 때문이다.

과잉 양육은 어떻게 시작되었을까

요즘 부모가 자녀의 일거수일투족을 지나치게 걱정하게 된 원인을 한마디로 정리하기는 어렵다. 그렇다면 "네 삶의 길을 당당히 걸어가라"라는 말이 부모들의 사전에서 사라진 건 언제부터였을까? 만약 아담과 하와의 아버지가 하나님이라면 과잉 양육의 시작은 에덴동산에서부터 시작되었다고 봐야 하는 걸까?

과잉 양육은 지난 수천 년의 인류 역사 속에서 반복적으로 나타난 현상이기는 했지만, 1990년을 기준으로 눈에 띄게 증폭되었다는 데에는 의심의 여지가 없어 보인다. 사회 제도에 대한 전반적인 신뢰가 무너지면서 가족 구조를 지탱하던 중심 가치마저 흔들리게 된 것이다. 대다수의 사람들은 개인적인 측면에서 평화를 경험하고 어느 정도 부를 누리게 되었지만, 사회 전반에서 느껴지는 불안과 공포는 더욱 심화되었다. 이로 인해 범죄율은 줄어들었는데도 예전보다 더 많은 안전장치를 설치하고 즉각 달려갈 수 있는 근거리에서 자녀를 보호·관찰하려고 애쓰게 되었다.

미국 국민이 정부에 대한 신뢰를 본격적으로 거두기 시작한 것은 1960년대의 존 F. 케네디 대통령 암살, 마틴 루터 킹 목사와 보비 케네디의 죽음으로 이어진 사건을 겪고 나서부터다. 국가가 국민을 보호해 줄 것이라는 믿음은 베트남전쟁의 잔혹한 현실을 겪으면서 바닥을 치기 시작했고, 그때부터 군사력을 신뢰해선 안 된다는 사실을 알게 되었다. 국가가 군사력을 가지고 무슨 짓을 하고 있는지 국가 스스로 깨닫지 못하는 끔찍함을 경험했기 때문이다. 이후 리처드 닉슨 대통령의 자멸을 두 눈으로 지켜보면서 이런 불신은 증폭되었다. 이러한 일련의 사건을 통해 국가는 존경과 신뢰를 잃었다.

국가에 대한 불신과 분열된 국론은 점점 더 심각해졌고, 이는 개인의 행동 방식에 많은 영향을 주었다. 대다수의 육아 전문가는 1990년대를 기점으로 과잉 양육이 크게 늘어났고 그때 이미 정점을 찍었다고 말한다. 그런데 필자는 과잉 양육이 1990년대에 정점을 찍었다는 의견에 동의할 수 없다. 필자가 왜 그 의견에 동의할 수 없는지는 이 책을 통해 자세히 설명할 예정이다. 결론부터 말하자면 지금의 부모들이 미국 역사상 정서적으로 가장 긴장된 상태에서 양육에 임하고 있으며, 이러한 양육 방식이 아이들에게 끼친 악영향이 속속 드러나고 있기 때문이다.

이 문제를 본격적으로 다루기 전에 인류 역사에 나타난 여러 양육 형태를 살펴보는 것이 도움이 될 것 같다. 이는 지금 우리가 어디쯤에서 있는지, 또 앞으로 어떤 방향으로 걸어가야 좋은 부모가 될 수 있는지를 확인하는 데 참고가 될 것이다. 여기서 한 가지 명심해야 할 것은, 어떤 경우에라도 과잉 양육은 좋은 부모의 표본이 될 수 없다는 사실이다.

양육법의 변천사

부모의 양육법은 역사의 과정을 통해 급변했다. 당신이 창조론자든 진화론자든, 또는 이 둘과 전혀 다른 견해를 갖고 있든 상관없이 인류가 어떻게 자녀를 양육해왔는지 또 그 방식이 어떻게 변화되어왔는지를 살펴보는 것은 우리가 앞으로 어떤 부모가 될 것인가를 결정하는 데 좋은 지침이 될 것이다.

2010년 노트르담대학교에서 실시한 아동의 도덕성 발달 연구를 살펴보면, 석기시대의 부모는 자녀를 주변 환경에 잘 적응하고 이해심과 동정심이 많은 사람으로 길러내고 있었다.[1] 노트르담대학교의 심리학과 부교수 다르시아 나바에츠는 수렵 - 채취 사회를 연구하면서 심리학적 · 인류학적 · 생태적 환경이 인간의 행동 발달과 많은 연관이 있다고 주장했다. "그들(석기시대의 부모들)은 자녀에게 정말 필요한 자질이 무엇인지 직감적으로 알고 있었어요. 아이들이 그렇게 양육을 받았기 때문에 그 시대를 살아낼 수 있었던 겁니다."

메소포타미아 지역 고대 유대인의 특정 문화에서는 신생아의 이름을 지을 때 가족들이 아이를 처음 보고 느꼈던 감정을 그대로 반영한다고 한다. 자녀는 어른들이 하는 행동을 따라하며 소형 무기나 집 안에서 쓰는 가재도구를 가지고 놀았다. 메소포타미아의 법에 따르면 부모와 자녀의 관계는 언제든 깨어질 수 있는 것이었다. "아들이 자신의 아비에게 '당신은 더 이상 내 아버지가 아닙니다'라고 선언하면 아들의 자물쇠를 끊어버리고 아들을 노예로 만들거나 다른 지역에 돈을 받고 팔 수 있다. 아들이 어미에게 '당신은 더 이상 내 어머니가 아닙니다'라고 말하면 아들의 자물쇠를 끊고 아들을 동네 밖으로 내쫓거나 집에서 나가게 할 수 있다. 이때 아들의 시민권과 소유물도 함께 빼앗을 수 있다. 아들이 가질 수 있는 건 오로지 자신의 몸뿐이다. 만약 아비가 아들에게 '너는 내 아들이 아니다'라고 말하면 아들은 집과 농장을 떠나야 하고 모든 것을 잃는다. 어미가 그의 아들에게 '너는 내 아들이 아니다'라고 말해도 아들은 집을 떠나야 한다."[2]

고대 그리스에서는 축제 때 유아 초기 단계를 건강하게 잘 견딘 아이에게 장난감을 선물했다. 그리고 이 아이가 어른이 되면 자신이 받았던 장난감을 신에게 바치는 의식을 거행했다. 여아는 결혼 전까지 집에 머물게 했고, 남아는 학교를 다니면서 바깥세상에서 많은 것을 배우도록 격려했다.

로마시대에는 '파트리아 포테스타스patria potestas'의 원칙이 강하게 지켜지고 있었다. 이는 남성인 가장이 자녀에게 절대 권력을 가진다는 것을 의미한다. 아버지는 원하는 대로 자녀를 훈육할 수 있었고, 심지어 자녀를 죽이거나 노예로 팔 수도 있었다. 귀족 자제들은 불라라는 장신구를 가지고 다니거나 위험을 막아준다고 알려진 구슬 주머니를 목에 걸고 다녔다. 로마인들은 자녀를 매우 엄하게 다스렸지만 회초리가 항상 좋은 효과를 내지 못한다는 사실도 알고 있었다.

중국 황실에서는 자손을 매우 귀하게 여겼다. 부모는 자녀에게 뛰어난 품성을 가르치기 위해 필요한 훈육 방법과 철학에 대해 많은 토론을 하곤 했다. 그 결과 강한 권위와 부드러운 포용의 혼합이 가장 적합한 양육의 형태로 인정받았다.

바이킹족 사회에서 여아는 주로 가정용품을 만드는 일을 배웠고, 남아는 농사를 배웠다. 부모 혼자서가 아니라 이웃 주민 모두가 함께 자녀의 양육에 참여했다.

근대로 넘어가기 위해서는 몇 세기를 건너뛰어야 할 것 같다(이집트 곱트 문명, 중국 명나라, 페르시아 제국, 중세에 시행된 참으로 훌륭했던 양육 방식을 모두 언급하지 못하는 것이 아쉽다). 오늘날 우리가 대면하고 있는 많은 어려움이 어떤 사회적 환경의 변화 때문인지를 밝혀내면 양육의 문제점을 철저히 분석할 수 있을 것이다. 그러면 아이를 낳아 키우는 것이 왜 이리 어려워졌는지, 또 어떻게 하면 이 난관을 극복할 수 있는지가 좀 더 명료해질 것이다.

1950년대 미국은 정말 살기 좋은 곳이었다. 만약 당신이 백인 남성이고 운동을 잘하는 유명한 사람이었다면 말이다. 하지만 만약 당신이 백인이 아니고 운동에도 큰 소질이 없는 아이였다면 미국에서 사는 것이 그리 녹록치 않았을 것이다. 지금 미국의 상황도 이와 크게 다르지 않다. 물론 기본권과 인권이 많이 신장되었지만 그렇다고 해도 여성, 소수 인종, 성소수자, 아동에 대한 차별이 완전히 불식되었다고는 말하기는 어렵기 때문이다. 더불어 계층, 인종, 성별과 관계없이 아동 불안장애, 우울증, 자살, 무력감의 수치는 계속해서 상승하고 있다. 옛날과 같은 차별과 어려움이 없는 환경에서 자녀를 양육할 수 있는 것은 감사한 일이지만, 우리가 마주한 현실의 무게가 그리 가볍지 않은 것도 사실이다.

아동심리학의 탄생

미국에서 양육이라는 주제에 과학적으로 접근해서 학문적으로 가치 있는 연구를 내놓기 시작한 것은 채 100년도 되지 않는다. 소아과, 신생아 보호, 아동심리 등이 연구 주제로 등장하기 시작한 것은 1800년대 후반이었다. 그전까지는 아동과 관련된 사안을 교회가 처리하는 것이 자연스러운 사회 분위기였다.

하지만 산업혁명은 모든 것을 바꾸었고, 사회 전체가 급속한 변화의 소용돌이에 휘말리게 되었다. 기술이 발전하면서 농업은 기계화되었고 경제는 급성장을 이뤘다. 사회는 많은 노동력을 필요로 해서 미성년 아이들에게 위험천만한 노동이 강요되기도 했다. 그때만 해도 아동 복지의 실현은 험난해 보였다. 1887년 미국소아과학회가 처음으로 만들어졌는데, 이 단체는 아동과 관련된 여러 사안을 대중들에게 교육하기 시작했다. 어린아이를 병원에서 진찰하기 시작했고, 적어도 청소년 시기까지는 성장·발달이 계속될 수 있도록 사회로부터 보호를 받아야 한다는 목소리가 높아졌다. 1897년에는 학부모교사모임이 출범하면서 본격적으로 아동의 건강과 안전을 도모하는 일에 힘쓰기 시작했다. 1912년에는 산모의 건강과 신생아 건강에 관련된 정보를 제공하기 위해 미국아동국이 설립되었다.

1920년 이후부터는 아동 건강에 관한 많은 정보들이 공유되기 시작했다. 그러나 과학에 근거한 정보와 조언이 항상 아이들에게 득이 되는 것은 아니었다. 1928년에는 빅토리안 행동주의 심리학자인 존 왓슨의 대표적인 저서 『유아와 아동의 심리학적 보호Psychological Care of Infant and Child』가 출판되었는데, 여기에는 다소 지나친 조언들도 눈에 띈다. 그는 "아이들을 청년 대하듯 하라"라면서 다음과 같이 당부한다. "옷을 입히거나 목욕을 시킬 때 세심한 주의를 기울여라. 당신(부모)의 행동은 항상 객관적이고 친절하며 빈틈이 없어야 한다. 절대 안아주거나 뽀뽀를 해선 안 된다. 당신의 무릎에 아이를 앉히지 말라. 매일 아침 아이들과 악수하며 정중하게 인사하라."[3]

왓슨은 부모의 애정 표현을 긍정적으로 보지 않았다. 자녀를 응석받이로 만들고 싶지 않다면 때론 부모가 애정 표현을 자제해야 한다고 그는 조언했다. 양육할 때 부모의 본능이나 직관에 의존하지 않아야 하며 감정적 결속에서도 벗어나야 한다고 말했다. 긍정적이든 부정적이든 감정은 이성적이고 합리적인 행동을 방해하기 때문이라고 그는 설명했다. 왓슨과 그의 교육 철학에 동조하는 많은 학자들은 이런 태도를 가진 부모는 아이를 건전한 노동 윤리를 지닌 성인으로 키워내 우리 사회에 큰 보탬이 될 것이라고 믿었다.

감성적인 부모를 강조한 스포크 박사

1946년 벤저민 스포크는 『육아전서The Common Sense Book of Bay and Child Care』를 통해 왓슨과는 정반대의 양육 표준을 세웠다. 프로이드 심리학을 바탕으로 한 그의 이론은 부모가 자신의 직관과 자연스러운 본능에 의존해도 좋으며, 자녀에게 풍부한 애정 표현을 하는 것이 바람직하다고 주장했다.

또한 스포크는 이전의 소아 심리학자들과 확연히 다른 의견을 제기했는데, 바로 자녀의 행동, 욕구, 성격을 폭넓게 이해하기 위해서는 부모가 자녀의 관점으로 세상을 바라봐야 한다는 것이었다. 자녀가 무엇을 필요로 하는지 항상 인지하고 있어야 하며 그것을 채워주는 것이 자녀의 성장·발달과 행복에 가장 결정적인 역할을 한다고 믿었다. 한편으로 그는 강한 훈육을 포기해선 안 된다고 말해 이런 자녀 위주의 육아 이론에 사뭇 배치되는 주장을 펼치기도 했다. 스포크는 훈육 자체의 필요성 때문에 아이들을 무조건 야단쳐서는 안 되며, 나이와 상황에 맞는 방법을 사용할 것을 권면했다. 대신 아이들이 나쁜 행동을 할 때 흥분부터 하지 말고 그런 행동을 하게 된 숨은 동기가 무엇인지 알려고 노력해야 한다고 말했다.

1960년대 아동에 대한 인식

아동 중심적 양육 이론을 주장한 스코틀랜드 출신의 교육가이자 서머힐 스쿨의 창시자인 알렉산더 닐은 아동의 자유를 최대한 존중하는 것이 양육의 기본이라고 말했다. "아이를 자유롭게 하는 것은 쉽지 않은 일이다. 부모가 두려움을 떨쳐내야 아이에게 자유를 선물할 수 있다. 사실 두려움이 없어지는 것이야말로 아이들에게 일어날 수 있는 가장 가치 있고 멋진 일일 것이다."[4] 그는 덧붙여 이렇게 말했다. "아이들이 해야 할 일은 걱정 많은 부모가 이래라 저래라 하는 대로가 아니라 자신의 삶을 사는 것이다. 아이에 대해 많이 안다고 자부하는 교사가 생각한 삶의 목적대로가 아니라 아이가 원하는 삶을 살아가야 한다."[5]

1960년대를 대표하는 또 다른 교육 심리학자는 존 볼비다. 그는 유아기의 유대감 형성 과정에 대한 연구로 교육학계에 큰 업적을 남겼다. 특히 그는 아동의 애착, 상실, 이별, 슬픔에 대해 많은 관심을 가지고 있었다. 닐과 볼비 모두 미국의 교육 철학에 상당한 영향을 미친 학자들이다. 그러나 빅토리아파 아버지와 프로이드파 어머니를 절묘하게 섞어 놓은 것 같은 육아 형태를 소개한 아동 발달 심리학자인 바움린드만큼 이 분야에 큰 영향력을 준 학자는 또 없을 것이다. 그녀는 1960년대 미국 중산층의 양육 유형을 크게 세 가지로 나누어서 설명했다.

- 권위주의적 양육Authoritarian Parenting: 왓슨의 육아 이론에 충실한 양육 형태로, 부모가 자녀의 거의 모든 것을 통제하고 자녀가 원하는 것에는 둔감하게 반응한다. 아이들에게 너무 가혹한 육아 태도로 인식되고 있다.

- 허용적 양육Permissive Parenting: 프로이드 심리학을 바탕으로 한 육아 이론으로, 부모의 통제를 최대한 줄이고 아이가 원하는 것을 최대한 수용하는 형태다. 단호하지 못하고 자녀에게 끌려다니는 육아 형태로 인식되고 있다.
- 권위 있는 양육Authoritative Parenting: 단호함과 부드러움, 권위와 수용을 적절하게 섞어놓은 육아 형태다. 애정을 가지고 자녀를 대하되, 잘못된 행동에서는 단호하게 통제하는 스타일이다. 오늘날 부모에게 가장 적절한 양육 형태로 인식되고 있다.

바움린드는 좋은 엄마의 모습을 이렇게 묘사했다.

> 좋은 엄마는 아이와 대화하기를 즐긴다. 엄마가 세운 규칙을 무조건 따르라고 억압하지 않고 합리적으로 설명해준다. 자녀의 감정을 고려하면서 대화를 하지만 필요한 부분에서는 단호하게 원칙을 이야기한다. 아이의 자존감에 상처를 주지 않으면서도 책임감 있는 사람이 될 것을 요구한다. 아이와 생각의 차이가 극명할 경우 엄마의 생각을 분명히 전달하지만 무조건적으로 엄마 말을 따르라고 강요하진 않는다. 엄마는 어른으로서의 권리가 있고 아이는 관심사와 개성을 표출할 권리가 있다는 것을 항상 인식하고 있다. 권위 있는 엄마란 아이의 현재 상태를 확인하고 미래에 아이가 어떤 방향으로 나아갈지를 제시해주는 사람이다. 좋은 엄마는 이성적인 판단과 권위를 가지고 이 목적을 성취해간다. 다른 부모들이 한다고 똑같이 따라가지도 않고, 아이가 원한다고 해서 무조건 허락하지도 않는다. 이런 부모는 자신의 결정이 항상 옳고 실수가 없다고 여기지 않는다.[6]

오늘날 양육이 어려워진 이유

전에는 아무런 갈등 없이 수습되던 문제들이 오늘날 부모에게는 어려운 숙제가 되는 경우가 종종 있다. 부모와 자녀 사이에 타협의 여지가 없었던 일들, 예를 들면 취침 시간, 복장, 식사 후 정리정돈 등을 가지고 자녀와 협상하는 경우가 늘고 있다. 자녀와 이런 문제로 다투는 것 자체가 전통적인 생각과 가치를 강요하는 것 같아 자녀가 원하는 대로 해주는 경우가 많다. 또 그것이 훨씬 쉽고 그럴듯해 보이기도 한다. 요즘 부모들의 또 다른 특징은 자녀에게 어떤 문제가 생겼을 때 너무 쉽게 다른 사람이나 외부 환경에 그 책임을 전가하는 것이다. 그것이 자기 자신 또는 자녀가 자초한 일인 경우에라도 말이다. 사람들에게 오늘날 양육이 쉽지 않아진 근본적인 원인을 물으면 뭐라고 답할까? 우리와 이야기를 나눈 학부모, 교사, 전문가들은 그 원인을 다음과 같이 분석했다.

1. 부모의 직업이 너무 복잡해졌고 시간과 에너지의 소요가 많다.
2. 세상이 너무 위험해졌다.
3. 대가족 제도가 무너져 가족이 서로 너무 멀리 떨어져 살고 있다. 따라서 필요할 때 서로에게 도움을 줄 수 없는 경우가 많다.
4. 부모는 자녀가 늘 완벽한 상태이기를 원한다.
5. 자녀의 학교에 즉각 접촉할 수 있는 시스템이 필요하다.
6. 누구나 대학에 가야 한다는 기대가 만연해 있다. 그것도 좋은 대학 말이다.
7. 부모는 아이가 대학을 졸업하면 세상에서 가장 중요한 일을 해내

는 사람이 되어 있을 것이라 기대한다.

8. 핵가족 중심의 가족 제도가 아이에게 더 많은 부담을 주게 되었다. 반드시 뭔가를 이뤄내야 한다는 압박감이 많아졌다.

9. 자신이 생각하는 성공의 기준에 자녀가 도달하지 못할까 봐 부모는 걱정한다.

10. 요즘 아이들은 책임감이 부족하다. 또 어떤 것을 해야 하고 어떤 것을 하지 말아야 하는지에 대한 인식이 명확하지 못하다.

11. 한부모 또는 이혼한 가정의 아이들이 점점 늘어나고 있다.

이것이 다는 아니겠지만 오늘날 양육이 왜 이리 힘들어졌는지를 조금은 짐작케 하는 이야기들이다. 그렇다면 이런 이유가 정말 양육의 실질적인 장애물인지 다시 한 번 꼼꼼히 따져보자.

1. 오늘날 직업이 다양화된 것은 맞지만 그렇다고 반드시 복잡해졌다고는 볼 수 없다. 물론 초과 근무를 하는 상황에서는 시간과 에너지 소요가 많은 것이 사실이다.

2. 총기 소지가 급증하면서 특정 지역은 예전보다 더 위험해졌다. 하지만 전반적인 범죄율만 놓고 보자면 미국은 계속해서 안전한 방향으로 가고 있다.

3. 가족들이 모두 흩어져 살고 있다. 게다가 이주가 잦아지면서 가족이 한 지역에 오래 머무는 풍경을 찾아보기 어려워졌다. 예전에는 친척들이 서로 돌아가면서 아이를 봐주고 육아를 공동의 집안일로 여겼지만, 이젠 돈을 주고 사람을 고용해야 하는 상황이 됐다. 큰 도시에서 여러 주민들과 섞여 살고 있지만 그들과 깊은 교제를 나누는

일도 줄었고 서로의 자녀를 믿고 맡기는 일도 찾아보기 어려워졌다.
4. 자녀를 다른 사람들의 눈에 완벽하게 보이고 싶어 하는 부모의 욕구는 늘 있어왔다. 다만 아이를 완벽하게 만들기 위해 무엇이든 할 수 있다고 생각하는 부모에게는 이것이 특히 더 큰 문젯거리일 것이다.
5. 필요하다면 자녀의 학교에 언제나 또 누구나 접촉할 수 있어야 한다는 생각에 대해 한번 이야기해보자. 무엇보다도 부모가 학교에 언제든 자유롭게 연락할 수 있다는 것은 선생님과 학교 관계자에게 악몽과도 같은 일이다. 그렇게 하는 것이 학생에게도 좋을 리가 없다. 이런 문제를 고민하는 부모에게 당부하고 싶은 말은 자녀를 대체해줄 다른 취미생활을 찾아보라는 것이다. 그도 싫다면 심리치료를 받아보길 바란다.
6. 누구나 좋은 대학에 가야 한다는 기대를 가지고 있다. 자녀를 반드시 좋은 대학에 보내야 한다고 믿게 된 데에는 그럴 만한 이유가 있다. 오늘날 직업 현장에서 대학 졸업의 의미는 두 세대 전의 고등학교 졸업장과도 같다. 또한 신분 상승을 꿈꾸는 부모는 자녀가 엘리트 그룹의 사람들이 모여 있는 대학에 가기를 바라고 있으므로 대학 진학의 열풍은 식지 않고 있다. 이런 움직임은 미국 교육 시스템의 격변을 가져왔고, 사교육 시장을 확대시켰다. 좋은 대학에 보낼 수 있는 노하우를 담은 책들이 불티나게 팔리고 있는 것도 이를 방증한다.
7. 부모는 자녀가 대학을 졸업하면 세상에서 가장 중요하고 또 생산적인 일을 할 수 있을 것이라 기대한다. 그러나 학교를 졸업하면 취업 전쟁이 시작된다. 안타깝게도 대학 졸업자의 실업률은 계속해서 높아지고 있다.

8. 핵가족 또는 소가족 등의 가족 제도는 자녀에게 더 많은 부담을 주고 있다. 반드시 뭔가를 이뤄내야 한다는 압박감이 더 커진 것이다. 자녀가 한 명밖에 없다면 자연히 부모는 아이에게 더 많은 관심을 가지고 집중할 수밖에 없다. 소가족화되어가는 오늘날의 상황에서는 과잉 양육의 가능성이 더 높아질 수밖에 없다.

9. 부모는 자녀가 성공하지 못할까 봐 걱정한다. 이는 대공황과 그 이후의 시기를 겪은 세대가 가지는 두려움이다. 자신이 유년 시절 겪었던 고통을 자녀가 똑같이 겪을까 봐 염려하는 것이다.

10. 요즘 아이들은 책임감이 부족하고 한계에 대한 명확한 인식도 부족하다는 이야기는 특정 아이들에게만 해당된다. 이는 응석받이로 키우거나 지나친 특권의식을 심어준 아이들에게나 찾아볼 수 있는 특징이다. 가정에서 잘 훈육받은 일반적인 경우에는 자주 나타나지 않는 현상이다.

11. 한부모 또는 이혼한 가정의 아이들이 점점 늘고 있지만 그렇다고 해서 이 자체가 양육의 걸림돌이 되진 않는다. 아이들을 위해 끊임없이 배우고 다른 사람들과 협력해서 얼마든지 건전한 양육의 길을 도모할 수 있다.

솔직히 말해 부모나 교육 관계자들이 양육의 걸림돌로 꼽은 몇 가지 원인은 충분히 공감된다. 하지만 자세히 들여다보면 이 모든 것은 어느 정도 통제가 가능한 일이다. 건전한 양육을 가로막는 절대적인 장애물은 아니라는 이야기다. 상황 자체를 쉽게 바꿀 순 없지만 부모의 관점과 가치관, 마음가짐에 따라 최선의 선택을 할 수 있다.

자녀와 함께하는 시간의 질을 높여라

사회학자 수잰 비앙키는 20세기 후반에 일어났던 가족의 역할 변화에 대한 흥미로운 연구 결과를 내놓았다. 그는 1990년 워킹맘이 아이와 보내는 물리적 시간(평균 12시간)이 1960년대 전업주부와 비슷하거나 또는 더 길었다고 보고했다.[7] 이는 워킹맘이 아이를 제대로 양육할 물리적 시간이 부족하다는 우리의 인식을 뒤집는 결과였다. 비앙키는 사실상 오늘날 워킹맘이 자녀와 보내는 시간(평균 12시간)이 1960년대 전업주부인 엄마가 자녀와 함께한 시간과 같다는 사실을 발견한 것이다. 즉, 물리적 시간은 크게 줄지 않았다는 뜻이다.

그렇다면 그 시간을 어떻게 효과적으로 활용할 수 있을까? 상식적으로 부모가 집에서 자녀와 많은 시간을 보내지 못하면 자녀에게 부정적인 영향을 줄 것이라고 생각하기 마련이다. 그러나 시간의 양보다는 어떤 식으로 그 시간을 사용했는가가 더 중요한 문제다. 자녀를 위해 자투리 시간을 조금씩 아껴보자. 잠을 조금 줄이고, 집안일을 조금 미루거나 도와줄 사람을 찾고, 외식이나 TV 시청, 부모의 저녁 데이트 횟수를 줄이고, 집에서 할 수 있는 일이 있다면 집에서 하고, 자녀가 많지 않다면 직장에 자녀를 가끔 데려가는 등 시간과 공간을 효과적으로 조율함으로써 자녀와 함께 귀중한 시간을 보낼 수 있다. 그리 어려운 일이 아니다. 어렵다고 생각하기 때문에 어려운 것이다. 내가 제안한 예시를 그대로 따르라는 것이 아니라 자신에게 적용 가능한 방법과 범위를 찾아 실행에 옮겨보자는 이야기다.

지난 15~20년 사이 양육 성향이나 방식은 엄청나게 변화했는데, 그리 좋은 방향으로의 변화는 아니었다. 대부분은 아니지만 우리 중 많은 부모가 주당 30시간 이상 또는 직종에 따라 40~60시간까지 일하고 있다. 이들은 자녀가 깨어 있는 대부분의 시간을 직장에서 보내기 때문에 자녀와의 시간을 포기할 수밖에 없는 상황이다. 그래서 어떤 부모는 아예 자신의 사회적 성공에 모든 것을 걸기도 한다. 가족과 떨어져 있는 시간을 돈으로 보상받을 수 있고, 이로써 자녀를 좋은 사립학교에 보낼 수 있는 가능성이라도 생기기 때문이다.

자녀를 글로벌 인재로 키우는 방법

아이를 키우는 모든 책임이 온전히 부모에게만 있는 것은 아니다. 아이들은 집과 학교를 오가며, TV와 인터넷 매체에서 직간접적으로 쏟아져 나오는 다소 위협적인 공격에 그대로 노출되어 있다. 부모로서 우리는 자녀의 쿼터백(미식축구의 포지션 가운데 하나로, 전위와 하프백의 중간 위치에 있는 선수 _ 옮긴이)이 되어야 한다. 권위 있는 리더가 되어야 한다는 뜻이다. 아이가 어리면 부모가 모든 것을 통제할 수 있다. 무엇을 먹을지, 무엇을 입을지, 또 어떤 친구들과 어울릴지까지도. 하지만 학교에 다니기 시작하면서 천천히 변하기 시작한다. 당신의 가족이 깊은 숲 속에서 살고 있거나 집에 아무런 전자기기가 없다면 모를까, 아이는 이제 더 이상 당신의 말에 귀 기울지 않게 될 것이다. 10대 청소년이 되면 당신이 통제할 수 있는 거라곤 용돈과 귀가 시간 정도가 될 것이다.

이런 환경에서 자녀를 건전하게 양육하기란 불가능한 것일까? 너무 빨리 포기하지 말자. 자녀를 글로벌 인재로 양육할 수 있는 길이 있다.

물론 쉬운 길은 아니다. 제일 어렵지만 가장 먼저 해야 할 일은 '그냥 내버려두기'다. 포기하거나 항복하라는 뜻이 아니다. 자녀는 당신에게서 많은 것을 배운다. 당신은 그들의 인생에 첫 번째 롤 모델이며, 옳고 그름을 판단하는 기준이다. 하지만 이 세상에 오로지 당신만 존재하는 것은 아니다! 이 사실을 빨리 깨달을수록 좋다. 어제의 현실과 오늘이 크게 달라진 것은 없지만, 인류 역사상 그 어느 때보다 외부로부터의 자극이 극대화되었다는 것을 인정해야 한다.

아이가 태어나고 육아도우미를 고용하는 순간부터 당신은 자녀의 삶에 존재하는 유일한 인간이 아니다. 아이의 삶은 그때부터 외부의 영향력 아래 서게 되는 것이다. 그렇다면 어떻게 해야 자녀의 자유를 억압하지 않으면서도 자녀가 외부의 영향력을 잘 소화해내도록 도와줄 수 있을까? 자녀가 자유롭게 선택할 수 있는 범위가 늘어나면 위험요소가 동반되기 마련이다. 이건 어떻게 해야 할까? 나이를 먹고 성장한다는 것은 아이가 홀로 삶의 험난한 길을 걸어가야 하는 것을 의미한다. 그럴 때 부모로서 할 수 있는 일이 별로 없다는 사실을 우리는 어떻게 받아들여야 할까?

선뜻 대답하기 어려운 문제들이다. 우리가 양육에 대해 어디서 배운 적이 있었던가? 이 모든 것을 어떻게 다 알 수 있단 말인가? 좋든 싫든 우리 부모가 했던 방식을 그대로 따라하거나 아니면 조금 수정해서 모방해야 하는 건 아닐까? 육아에 대한 수많은 종류의 책 가운데 한두 권을 골라 읽는 것도 나쁘지 않지만, 그보다 먼저 어떤 부모가 되고 싶은지 자기 자신에게 물어야 한다. 자신의 성격, 강점, 약점, 가정환경, 자녀의 성향에 비추어 어떤 양육 스타일이 자신의 가정에 꼭 맞는지를 선택해야 한다.

대표적인 세 가지 양육 형태의 결과

앞서 살펴보았듯이 양육 유형은 서로 중복되기도 하고 섞여 있기도 하다. 각각의 양육 유형에서 파생되는 효과를 면밀히 살펴보는 것은 교육관을 세우는 데 많은 도움을 줄 것이다. 바움린드의 주장처럼 이를 통해 과잉 양육이 얼마나 위험한지도 분명하게 알게 될 것이다.

① 권위주의적 양육: 강압적인 스타일로, 부모가 자녀에게 일방적으로 규칙을 따를 것을 강요한다. 안타깝게도 자녀는 자존감이 낮고 사회성이 부족한 사람이 될 확률이 높다.

▌권위주의적 양육의 특징▐ 빅토리아 양육 이론에 근거를 둠. 가부장주의, 통제, 행동주의, 자녀의 요구에 둔감, 불관용, 위계질서, 권위와 순종, 엄격함, 예측 가능함, 보수적, 불통, 흑백논리, 강직함, 공격적, 억제, 심리적 통제, 감정의 억압, 위협

② 허용적 양육: 자녀가 높은 자존감과 사회성을 가지고 있지만 대체로 학업 성적이 뛰어나지는 않은 것으로 나타났다. 만약 자녀의 학업 성취도만 놓고 본다면 그리 성공적인 양육 스타일이 아닐 수도 있다.

▌허용적 양육의 특징▐ 프로이드 심리학을 기반으로 함. 교묘한 통제, 유인책, 자율성과 자유, 높은 창의력, 무규율, 역할 평등, 무체벌, 화목한 분위기, 위계질서 배제, 자기 조절, 구속받지 않는 성장

③ 권위 있는 양육: 세 가지 양육 스타일 중 가장 긍정적인 유형으로 평가받고 있다. 독립적이고 행복하며 학업에서도 단연 성과를 드러

내는 자녀로 키울 수 있는 양육법이다.

| 권위 있는 양육의 특징 | 사회적 책임, 제한과 지원, 협력, 합리적 통제, 선택적 자유 허용

- **권위적 양육과 권위 있는 양육의 공통된 특징:** 강한 통제, 훈련된 순응, 규칙과 명령, 순종, 체벌, 일정량의 노동(집안일)
- **허용적 양육과 권위 있는 양육의 공통된 특징:** 수용적 자세, 자유로운 대화, 자기주장, 따듯함(애정), 독립적 사고, 욕구의 충족, 격려[8]

이제는 유심(有心) 양육이 필요하다

당신은 어떤 유형의 양육 스타일 또는 어떤 조합이 가장 마음에 와 닿는가? 어떤 것이 당신에게 꼭 맞는 옷이라고 생각하는가? 우리에게 꼭 맞는 옷을 고르는 최상의 방법은 1분 1초 하루하루의 순간에 유심有心히 주의를 기울이는 것에서 시작된다. 일관성 있는 양육과 나의 삶이 조화롭게 균형을 이룰 수 있는 지점이 어디인지 잘 살펴야 하는 것이다. 그렇게 하다 보면 자연스러운 흐름과 변화가 느껴질 것이고, 양육이 어렵거나 힘들지 않게 느껴질 것이다. 당신이 자녀와의 대화를 놓치지 않는다면 양육은 더욱 쉬워질 것이고, 아이들은 더 밝고 건강하게 자라날 것이다.

누군가의 규칙을 그대로 가져다 쓸 경우 운이 좋아야 딱 그 사람만큼의 발전만 이룰 뿐이다. 누군가의 그 무엇이 아닌 당신만의 '그것'을 만들어야 한다. 부모로서 당신에게 가장 적합하고 현실적인 방법 말이다. 당신이 처음 부모에게서 독립하던 때를 기억해보라. 처음으로 당

신의 존재와 정체성을 세상에 선포했던 그날을. 당신의 마음속 이야기를 듣는 것이 좋은 양육의 첫걸음이다. 부모로서 당신의 직관을 따르고 배우고 성장하라. 자녀에게 안정감을 느끼게 할 합리적인 한계를 정하고 일관성을 유지하되, 때론 그들에게 선택의 자유를 주고 맡겨라. 뻔한 실패가 예견되더라도 도전하도록 격려하라. 그렇다. 가장 좋은 양육은 가르쳐야 한다는 강박에서 벗어나 아이들 스스로 선택하고 책임지도록 내버려두는 것이다. 많은 부모가 양육이 어렵다고 말하는 것은 아마도 이 때문이 아닐까? "아이가 낙담하면 부모의 마음은 더 쓰리고 아프다"는 말에서 느낄 수 있듯이, 그냥 내버려두는 것이 부모에게는 가장 큰 도전일 것이다.

아이들 스스로 선택하게 하고 실패의 잔을 마시는 상황을 지켜본다는 것은 구체적으로 무엇을 의미할까? 아이들에게 유심히 주의를 기울이고, 편견을 갖지 않고 대화하며, 타협점을 찾으려 노력한다는 것을 의미한다. 쉽게 말해 당신이 많이 양보해야 한다는 뜻이다. 물론 어느 부모에게나 이는 쉽지 않은 일이다.

플로리다 주 탬파에 살고 있는 타비타는 두 자녀를 둔 엄마다. 그녀는 딸을 기숙학교에 보내며 겪었던 일을 이야기해주었다. "고등학교 1학년이 된 딸을 기숙학교에 데려다주던 날이었어요. 학교에 도착했을 때 상급생들과 비교해 너무나 어리고 작은 딸이 눈에 들어오더군요. 그 순간 저는 너무 겁이 났어요. 과연 우리 딸이 완전히 새로운 환경에서 살아남을 수 있을까 걱정이 많이 됐죠. 하지만 딸의 결심은 확고했어요. 아이만 남기고 집으로 돌아가야 할 시간이 다가왔을 때 차로 달려가 빼놓고 온 것이 없나 살폈죠. 사실 이별의 순간이 너무 힘들어 피하고 싶어 차로 왔던 거예요. 어쨌든 마지막 작별 인사를 하려고 할 때

옆에 있던 아들 녀석이 저에게 이런 충고를 하더군요. '엄마, 동생에게 하고 싶은 말이 무엇이든 지금 그 말을 하지 마세요. 떠나기 전에 어떤 충고도 건네지 마세요. 그건 저 아이를 더 슬프게 할 뿐이에요. 다 괜찮을 거예요. 동생은 울지 않을 거예요. 우리 그냥 기분 좋게 헤어져요.' 저는 아들의 조언대로 했고, 그것이 가족 모두를 위해 더 나은 선택이었던 같아요."

학교를 양육 동반자로 인정하자

효과적으로 양육을 하려면 동반자의 역할을 인정할 줄 알아야 한다. 당신이 자녀를 직접 양육할 수 있는 시간은 한정되어 있다. 나머지 부분은 학교나 다른 교육 동반자가 맡고 있는데, 이때 확실히 믿고 맡기는 것이 중요하다. 물론 집에서 엄마나 아빠가 서로를 믿는 것도 중요하지만, 집밖의 교육 기관이나 협력자를 존중하고 인정하려는 노력도 이에 못지않게 중요하다. 초등학교에서 고등학교를 졸업할 때까지 아이들은 하루 평균 7시간을 학교에서 보낸다. 만약 도예 강습, 연극, 과외, 운동 같은 방과 후 활동을 하고 있다면 평균 10시간을 집이 아닌 다른 공간에서 보내고 있는 셈이다. 학교는 당신의 자녀를 양육하는 데 중요한 역할을 하는 곳이다. 따라서 당신이 학교와 어떤 관계를 맺고 있는가가 자녀에게 많은 영향을 준다. 선생님께 촌지를 주거나 아부하라는 뜻이 아니다. 학교라는 양육 동반자를 존중하고 신뢰해야 한다는 것이다.

학교의 교육 시스템은 연방정부, 주정부, 그리고 지역 행정의 영향권 아래 변화를 거듭하고 있다. 이는 고스란히 각 학교의 전반적인 분위기나 시험 제도, 교육 철학에까지 영향을 준다. 부모는 당연히 학교에서 어떤 일이 일어나고 있는지, 또 그 가운데서 어떤 입장을 취해야 할지 정확히 인지하고 있어야 한다. 이것은 전적으로 부모가 감당해야 할 몫이다. 하지만 이 과정에서 학교 행정과 규정에 지나치게 간섭하는 것은 바람직하지 않다. 부모의 학교가 아니라 아이들의 학교이기 때문이다. 선생님이 출석을 부를 때 부모가 대신 대답해줄 수 없는 것처럼, 넘지 말아야 할 선을 지켜야 한다. 사실 자녀에게 특별한 문제가 없다면 굳이 선생님과 따로 대면할 필요는 없다.

믿어라. 양육 동반자로서 학교를 믿는 것이 부모가 해야 할 일의 전부라 해도 과언이 아니다. 자녀가 공립에 다니든 사립에 다니든 상관없이 자녀가 어떤 교육을 받아야 할지를 가장 잘 알고 있는 곳은 학교라는 사실을 잊지 말기 바란다. 물론 학교에서 어떤 일이 일어나는지 항상 주의를 기울일 필요는 있다. 자녀의 학교생활을 간섭하지 않는 범위 내에서 말이다. 학업, 친구 관계, 건강이나 신체적인 면에서 문제가 없다면 부모가 도와야 할 학교생활이란 없다.

대부분의 프랑스 아이들은 만 2~3세가 되면 공립 교육 시스템 속에서 교육을 받는다. 학교는 아이들을 아기로 다루지 않는다. 키 작은 어른으로 대우하고 그렇게 교육한다. 이는 비단 프랑스에만 적용되는 이야기는 아니다. 다른 많은 나라에서도 이미 이렇게 아이들을 키우고 있다. 특히 부모가 맞벌이인 가정에서는 아주 어린 나이부터 아이를 보육 기관에 맡겨 키운다.

당신은 자녀의 학교를 어떻게 평가하고 있는가? 학교가 아이들을 잘 보살피고 있다고 생각하는가? 당신과 학교의 교육관은 일치하는가? 요즘 학교는 옛날처럼 엄하게 아이들을 다루지 않는다. 단체 기합을 받아서 손바닥이나 엉덩이에 시퍼런 멍이 들어 집에 돌아오는 아이를 이제는 거의 찾아볼 수 없게 되었다. 이것은 정말 다행한 일이다. 하지만 문제는 부모가 선생님의 권위를 떨어뜨리고 있다는 것이다.

요즘 학부모들이 학교 행사에 참여하는 일이 잦아진 것은 선생님 고유 권한을 인정하지 않는 데서 비롯된 경우가 많다. 학교에서 선생님이 권위를 가지고 아이들을 가르치기 어려워졌다는 이야기다. 한편으로는 선생님의 권위를 인정하지 않으면서도 다른 한편으로는 자녀와 관련된 사소한 일까지 모두 선생님이 책임져야 한다고 생각하는 사람들이 많다. 올바른 가치관을 심어주고, 좋은 행동의 표본을 보여주고, 매너를 가르치는 일까지 말이다. 심지어 무엇을 먹고 어떤 옷을 입어야 하는가까지 선생님 소관이라고 생각하는 사람들도 있다. 만약 아이들이 학교에서 말썽을 피웠다면 이것은 누구의 책임일까? 또 이것을 어디서부터 어떻게 바로잡을 수 있을까? 이 모든 일을 선생님이 다 책임져야 하는 것일까? 아이를 졸졸 따라다니며 하나에서 열까지 다 가르치는 것이 선생님의 책임이라고 생각해선 안 된다.

텍사스 주 댈러스에서 정유회사 간부로 지내며 자녀를 사립학교에 보내고 있는 빌은 이렇게 말했다. "제가 이렇게 많은 돈을 학교에 투자하고 있는데, 선생님이 아이를 제대로 키워야 하는 것은 당연한 일 아닙니까?" 그를 비이성적인 기대치를 가진 사람이라고 해야 할까, 아니면 잘못된 특권의식을 가진 사람이라고 해야 할까? 그러나 이런 생각을 가진 사람은 빌 말고도 정말 많다. 이런 사람들은 단순히 사립학교에서뿐만 아니라 공립학교의 학부모교사모임에서도 쉽게 찾아볼 수 있다. 사실상 이들은 부모로서 제대로 양육하지 못하고 있는 자신의 책임을 선생님에게 전가하고 싶은 것이다. 자녀가 자신의 생각대로 자라지 않자 그 책임을 물을 희생양이 필요했던 것이다.

학부모교사모임이 자주 열리지 않는다고 생각할지 모르지만, 대부분의 학교에서는 부모에게 학교 소식을 그때그때 이메일로 전송해주고 있기 때문에 필요한 정보가 효율적으로 전달되고 있다. 오히려 모든 정보가 이렇게 빨리 전해지는 상황이 일부 부모를 더욱 불안하게 만들고 있다는 것이 또 다른 문제다. 어떤 시점에 이르면 이들은 수시로 교실 문을 벌컥 열고 들어가 자녀의 상태를 확인한다. 어떤 학교에서는 부모가 원하는 때에 언제든지 자녀의 성적과 출석을 확인할 수 있는 웹사이트를 마련하기도 했다. 거기서는 아이들의 점심 식단이 뭔지도 확인할 수 있다. 이런 서비스는 부모가 정확한 정보를 파악하는 데 큰 도움을 준다. 다만 이 정보를 아이들의 학교생활을 간섭하는 데 사용하지 말고, 자녀에게 언제 도움을 줘야 하는지, 언제 양보해야 하는지, 언제 기다려야 하는지를 결정하는 데 사용하기를 바랄 뿐이다.

학부모가 알아야 할 정보가 쉽게 공유되고 있지만 부모의 걱정은 멈추지 않는다. 선생님의 고유 권한으로 결정되던 활동에 부모가 간섭하는 일이 늘어나고 있다. 학교의 커리큘럼과 과외활동에까지 부모가 나서서 결정하려 하며, 이렇게 되다 보니 부모가 가끔은 공정하지 못한 압력을 행사하기도 한다. 자신의 자녀를 좋은 선생님 반에 배정되게 하려고, 또는 특정 과외활동에 참여시키려고 의사결정 과정에서 힘을 쓰는 부모들도 생겨났다. 자신의 뜻대로 학교가 움직여주지 않으면 학교에 대한 좋지 않은 소문을 만들어 퍼트리는 부모도 있다.

과잉 양육 횡포에 맞서 학교는 어떤 일들을 할 수 있을까? 무엇보다 당신이 이런 부모가 되지 않기 위해서는 어떻게 해야 할까? 당신과 학교 사이에 건전한 경계를 만들어야 한다. 만약 이런 시도가 너무 버겁게 느껴진다면 이렇게 한번 생각해보자. '학교가 감당해야 할 학생들은 수없이 많다. 동시에 나름 교육에 대해 잘 안다고 자부하는(실제로는 그렇지 않지만) 수백, 수천 명의 학부모를 만족시키기 위해 학교는 최선을 다하고 있다.'

공은 위험해서 안 돼!

아이들의 안전에 지나치게 신경을 쓰고 있는 것은 비단 부모만이 아니다. 일부 학교도 안전사고로 인한 법적 갈등에 휘말리게 될까 봐 학생들을 과잉보호하고 있다.

최근 뉴욕 주 포트워싱턴에 위치한 웨버중학교의 운동장에서 아이들을 통제하던 캐슬린 맬로니는 휴식시간에 몇몇 학생이 다친 사건에 대해 이렇게 말했다. "의도치 않게 아이들이 심한 부상을 입을 수 있어요. 학생들이 즐겁게 노는 것도 좋지만 다치지 않게 보호하는 것이 더 중요하다고 생각합니다."[9]

이 학교에서는 축구, 야구, 라크로스 등 공으로 하는 모든 놀이를 운동장에서 할 수 없게 했다. 다칠 수 있다는 이유에서다. 잡기 놀이도 해서는 안 된다. 주변에 어른이 없으면 재주넘기도 할 수 없다. 너무 기뻐서 잠깐 점프를 하는 것은 괜찮지만 지나치게 높게 점프를 하거나 어떤 의도가 보인다면 제지를 당한다. 그렇게 뛰면 학생들이 이상해 보인다는 어이없는 이유에서다.

헬멧이나 패드 등 안전장비를 이용하면 어느 정도 부상을 막을 수 있다는 이야기는 일리가 있다. 하지만 어른이 지켜보고 있지 않으면 재주넘기를 할 수 없다는 규칙은 쉽게 이해가 안 된다. 재주넘기가 상당한 부상을 입히는 운동이라는 어떤 연구 자료나 통계도 없다. 왜 이 학교가 이런 규칙을 만들게 되었는지, 또 왜 주변의 다른 학교들도 이런 방식을 따라가려는지 납득이 안 된다. 놀이터에서 아이들이 다치는 것은 예전부터 있어왔던 일이다. 요즘 놀이터는 고무바닥을 사용하는 곳이 많아서 옛날만큼 위험하지도 않다. 그런데도 우리는 안전에 대한 걱정을 멈출 수 없다. 왜일까? 아이가 공을 차다가 다리가 부러지면 언제 또 다칠지 모르니 다시는 공놀이를 못하게 해야 할까? 아이가 정글짐에서 놀다가 팔이 부러지면 곧바로 운동장에 있는 정글짐을 없애야 할까? 아니면 어른이 옆에서 지켜볼 때만 정글짐에 올라갈 수 있다는 규칙이라도 만들어야 하는 걸까? 그도 아니면 아예 놀이터를 봉쇄해야 하는 걸까?

웨버중학교 운동장에서 학생들이 다쳤을 때 한 일은 바로 이런 종류의 과잉 조치였다. 만약 포트워싱턴 지역에서 교통사고가 나면 그 지역의 모든 차량을 통제해야 하는 것인가? 어린 시절은 삶 자체가 위험 투성이다. 그렇다고 해도 너프공(장난감 공)만 가지고 놀게 하는 것이 최선일 수는 없다.

다음 한 장면을 머릿속에 그려보자. 학교 운동장에서 데이브가 소리쳤다. "토미, 공 넘겨!" 토미가 대답했다. "알았어. 자, 간다." 1m 30cm 키의 토미가 풍선으로 킥볼을 차고 있는 아이들 사이를 가로지르며 내달렸다. 데이브는 "토미야, 공 던질게. 잘 받아!"라며 소리쳤다. "공 잘 봐. 이제 간다. 어? 저런, 토미야, 조심해! 담장에 부딪힐 것 같아!" 이윽고 토미는 운동장에 있던 선생님과 심하게 부딪힌 후 그대로 학교

담장과 충돌했다. 그리곤 너프공은 토미의 머리 위로 툭 떨어졌다.

이 이야기는 일명 너프공으로 빚어진 최악의 장면, 그러니까 아이들을 지나치게 간섭하고 조정하려는 어른들의 세태를 여실히 보여주고 있다. 아이를 아이답게 키우자! 좋은 매너도 교양도 가르쳐야 하겠지만 이것을 옳고 그름의 문제로 고착시키려 해서는 안 된다. 포트워싱턴 지역의 학군이 이런저런 규칙을 강화하다 보니 도시 전체가 아이를 교육하기에 비효율적인 곳이 되고 말았다.

학부모로서 당신은 어느 선까지 받아들일 수 있을지 다음의 이야기를 읽고 한번 생각해보라.

포트워싱턴 지역에서 세 자녀를 키우고 있는 카민은 이렇게 말했다. "저는 정말 화가 많이 났어요. 제 아들이 얼마 전 학교에서 야구를 하며 놀았어요. 근데 학교에서 야구공이 위험하다고 토마토를 사용하도록 했다더군요. 아이가 야구 방망이를 들고 공을 치려고 했는데, 투수가 던진 토마토를 눈에 맞았지 뭐예요. 처음에는 그렇게 아프지 않았는데 눈이 점점 부어오르더니 급기야 응급실을 찾아야 했어요. 의사는 아들에게 리코펜 독이 올랐다고 하더군요. 학교에서 예전처럼 야구공으로 놀게 했더라면 기껏해야 가벼운 부상을 당하는 정도였겠지만 안전을 핑계로 토마토를 사용하는 바람에 독이 올라 큰일 날 뻔했어요."

내가 말하고 싶은 것은 아이들을 방치해야 한다거나 부주의해도 좋다는 이야기가 아니다. 공 대신 야채나 과일을 사용하고 안전을 위해 헬멧을 착용하는 것, 이 모든 것이 필요하다면 그렇게 해야 한다. 하지만 너무 지나치게 안전만 생각하다 보면 이처럼 상식에서 벗어난 행동을 하게 된다. 인생이 그러하듯이 어느 정도의 위험은 감수해야 한다. 아이의 안전에 주의를 기울이되, 현실감과 상식을 잃지 말아야 할 것이다.

도대체 누구를 위한 교육인가

자녀의 교육 과정에 지나치게 개입하는 부모들이 있다. 그들은 자녀가 가장 유능한 선생님의 반이 되도록 학교 직원에게 압력을 행사하고, 운동 팀 내에서 자녀가 좋은 활약을 펼치지 못하면 코치를 야단치며, 자녀가 학교 연극무대에서 좋은 역할을 맡도록 로비를 한다. 더 좋은 학교에 보내기 위해 동네를 떠나는 것은 그들에겐 별로 문제가 되지 않는다. 심지어 자녀가 고향이라 여길 만큼 좋아하는 곳이라고 할지라도 말이다. 어릴 때부터 고등학교를 졸업하기까지 과외 선생님과 개인 코치를 바꾸는 방법도 이런 식이다.

학업 성취도가 뛰어난 아이들이 있는가 하면 운동에 천부적인 재능이 있는 아이들도 있다. 아이들은 각기 다른 속도로 성장한다. 신체 발달이 빨리 이뤄졌다고 해서 반드시 인지 발달도 같은 속도로 이뤄진다는 보장이 없다. 이는 신경계 시스템의 성장과 관련되어 있는데, 보통 여자아이가 남자아이보다 빠른 발달을 보인다. 그럼에도 어떤 부모는 자녀가 모든 면에서 뛰어난 기량을 발휘하길 요구한다. 흥미로운 사실은, 이러한 부모 중에는 유년 시절 한 번도 뛰어난 역량을 발휘한 기억이 없어 자녀를 통해 대리만족을 얻으려는 사람들이 대부분이라는 점이다.

야구를 해본 경험이 전혀 없거나 제대로 실력을 발휘하지 못했던 아빠가 6살밖에 안 된 아들에게 개인 코치를 붙여주곤 한다. 또는 지도 자로서의 소양이 전혀 없는 부모가 자녀의 운동부 코치가 되는 일이 벌어지기도 한다. 순전히 자녀를 팀의 선발투수로 만들기 위해서 말이다. 부모가 어릴 적 이루지 못한 희망사항을 자녀를 통해 성취하려는 의도에서 출발한 과잉 양육의 사례라 할 수 있다.

이런 행태는 개인적인 차원에 머물러 있지 않을 때가 많다. 펜실베이니아 주 외곽의 한 도시에서 몇 년 전 있었던 일이다. 몇몇 부모가 함께 돈을 모아 운동부에 세미프로 코치 한 명을 영입했다. 그 지역에 다른 팀 코치들은 대부분 그 지역에서 야구를 하면서 자란 대학생들이었다. 세미프로 코치가 이끈 운동부는 경기에서 좋은 성적을 내지 못했을뿐더러 학부모 사이에서 큰 반감만 사고 있었다. 대학생이 코치를 맡았던 팀의 아이들에게도 이는 공정하지 못한 처사였기 때문이다. 결국 세미프로 코치 팀이든 대학생 코치 팀이든 그 동네에서 야구를 하던 어떤 학생도 메이저리그에 진출하지 못했다. 그럴 가능성은 애초에 희박했다.

이런 해프닝이 일어난 이유는 운동 콤플렉스를 지닌 부모 때문이었다. 자신은 나이가 많아 더 이상 이룰 수 없으니 자녀가 대신 경기에서 무조건 이기게 함으로써 대리만족을 얻으려 했던 부모가 이런 상황을 만들었다.

더 많은 교육의 기회를 얻도록 하기 위해, 또는 더 뛰어난 운동선수가 되도록 하기 위해 어떤 희생이라도 감수하겠다는 부모는 사실 자녀에게 엄청난 상처를 주고 있는지도 모른다. 부모는 자녀가 현실을 직시하도록 도와줘야 한다. 모든 사람이 1등이 될 수는 없다. 실패를 통해 우리는 항상 무언가를 배운다. 성공했을 때보다 오히려 더 중요한 인생 공부를 할 수 있을지도 모른다. 아이들은 누가 잘하고 못하는지 이미 잘 알고 있다. 운동이든 공부든 학교생활이든 말이다. 경쟁 상황에서 부모가 끼어들지 않고 지켜본다면 아이들은 서로의 재능을 인정하고 축하해줄 것이며, 또 그 과정에서 자신만의 특기를 발견할 것이다. 모든 부문에서 내가 1등이 되어야 한다는 생각은 비현실적이다. 또 이는 자녀가 자신만의 끼와 재능을 발견하는 것을 방해하는 일이다. 상대의 장점을 인정할 줄 알고 나만의 무언가를 찾는 것이 훨씬 중요한 삶의 지혜 아니겠는가?

물론 지는 것은 마음 아픈 일임에는 틀림없다. 하지만 대부분의 아이들이 그 과정을 잘 극복할 수 있다. 롤링 스톤스의 믹 재거와 키스 리처즈가 노래한 것처럼 "인생에서 당신이 원하는 것을 항상 다 가질 수 있는 건 아니다".

기대치를 조절할 줄 아는 부모가 되자

레이는 세상이 무너지는 것처럼 슬펐다. "제 아들이 1학년 연극무대에서 고작 나무 역할을 맡았어요. 아이가 더 좋은 배역을 맡도록 누군가와 얘기를 해야 할 것 같아요."

이는 비정상적인 반응임에 틀림없다. 무엇보다 이것은 자녀에게 좋지 않은 영향을 준다. 이제 겨우 초등학교 1학년인 아들의 연극에 이런 식으로 반응하다니! 문제가 상당히 심각해 보인다. 물론 그가 아들을 얼마나 사랑하는지 그 마음은 알 것 같다. 가장 좋은 것을 자녀에게 주고 싶은 것이 부모다. 하지만 왜 그는 아들이 나무 역할을 맡았다고 해서 이렇게까지 흥분한 걸까? 이 연극의 주인공이 나무일 수도 있고,

아들이 맡은 나무는 춤을 추고 노래를 하는 신기한 나무일 수도 있다. 또는 그저 한 자리에 묵묵히 서 있는 신비한 나무 역할을 맡은 것일 수도 있다. 아무도 모르는 일이다. 또 그저 평범한 나무라고 한들 뭐가 어떻단 말인가? 아들의 희생으로 다른 학생이 더 비중 있는 역할을 맡게 되기라도 했다는 것인가? 그런 식으로 생각하다 보면 양육은 너무 힘들고 어려운 일이 된다. 레이는 비현실적인 기대감으로 양육을 어렵게 만들고 있다. 레이는 아들의 성공에 대해 지나친 강박을 가지고 있는 것이다.

자녀에 대한 기대치를 어떻게 조절해야 할까? 레이와 같은 부모가 어떻게 자신의 기대치를 낮출 수 있을까? 우리는 그에게 "당신의 자녀는 천재가 아닙니다. 아인슈타인은 세상에 딱 한 명만 존재하죠. 모든 아이들이 하버드대에 가거나 메이저리그에 진출하는 건 아닙니다. 정신 차리세요. 당신이 원하는 능력을 가지지 않았다고 한탄하지 말고 아이가 가진 능력을 존중하고 인정해주세요"라고 자신 있게 말할 수 있을까? 이런 상황이 우리에게 발생한다면 우리는 이런 말을 쉽게 받아들일 수 있을까? 그럴 수 있으리라 희망해보자. 자녀가 가진 재능을 받아들이고 인정하고 자랑스러워하는 부모가 되기를 희망하자. 비록 우리가 원하는 재능이 아니더라도 말이다.

좋은 양육을 위해선 우선 '나'라는 단어를 배제하자. 자녀는 자신들의 삶을 사는 것이다. 나의 삶이 아니라는 것을 명심해야 한다. 우리는 이미 우리의 삶을 살고 있지 않은가? 귀한 생명이 자신의 정체성을 발견하고 성장해가는 모습을 우리의 두 눈으로 직접 목격할 수 있는 특권을 신으로부터 부여받았다는 사실에 감사하자. 우리가 해야 할 일은 그 과정을 지켜보며 즐기는 것이다. 자녀와 함께 할 수 있는 삶의 여정을 감사하고 사랑하자. 양육, 즉 자녀와 함께 걷는 삶의 여정은 당신이 지금까지 생각하고 만들어온 것처럼 그리 어려운 일이 아니다.

부모인 내가 최적의 환경을 만들어서 자녀를 성장시킨다는 생각에서 벗어나야 한다. 수렵과 채취를 하며 살았던 인류의 조상들은 자녀를 따뜻하게 보살폈지만 아이 스스로 놀이를 찾도록 내버려두는 시간이 많았다. 그러다 보니 같은 동네에 사는 다양한 연령대의 어른들로부터 따뜻한 손길과 위로를 받으면서 자랄 수 있었다. 부모 외의 어른들이 보이는 관심과 애정이 아이들의 성장과 발달에 결정적인 역할을 한다는 사실은 전문가들도 인정하는 부분이다.

이 모든 이야기가 상식적인 것으로 들리겠지만, 모든 사람이 그 상식을 실천하고 있지는 않은 것 같다. 당연한 상식을 왜 실천할 수 없는지를 많은 부모가 다시 한 번 생각해야 한다. 부모라면 자녀를 어떻게 사랑해야 하는지 구체적인 방법을 배워야 한다. 지켜야 할 선을 넘지 않고 언제나 그 자리에서 애정과 배려의 환경을 만들어주는 그런 양육 말이다.

과잉 양육인가 아니면 그저 바보짓인가

게임 하나를 같이 해보자. 지금부터 소개할 부모들이 과잉 양육을 하고 있는지 아니면 그저 바보짓을 하고 있는지를 맞히는 것이다. 이 게임의 상금은 양육을 망치지 않게 만들 마음의 평안, 확신, 그리고 지혜다(참고로 이 이야기들은 수사적인 질문이니 실제로 답을 요구하는 것은 아니다).

1. 어떤 부모가 자녀의 보고서를 대신 써줬는데, 성적이 C가 나왔다. 부모는 굉장히 화가 났다. 왜냐면 다른 지역에 있는 대학 교수의 조언대로 보고서를 작성했는데, 그 결과가 예상과 달리 너무 나빴기 때문이다.
부모가 교수의 실력을 C로 평가해서 그를 해고했는지 아니면 자문 비용을 다시 돌려받았는지는 알려지지 않았다.
이 경우는 과잉 양육인가 아니면 그저 바보짓인가?

2. 한 고등학생이 수업을 빼먹고 딴 짓을 하다가 발각됐다. 수업엔 나타나지 않던 그녀가 치어리더의 자격으로 동창회 모임에는 참석했다. 그녀는 그다음 날에도 학교 수업에는 나타나지 않았다. 그녀는 운전면허 자격증 문제 때문에 공공안전국에 다녀와야 했다고 변명했다. 학교는 어떤 이유에서건 그녀가 장기간 결석을 했기 때문에 주말에 있을 경기의 치어리더를 할 수 없다고 부모에게 알렸다. 엄마는 거짓말을 지어내면서까지 어떻게든 치어리더를 할 수 있게 하려고 했다.
그녀가 교실에 있어야 할 시간에 네일숍에 간 것을 학교가 알게 됐고, 엄마의 거짓말이 탄로 나면서 사태는 더욱 악화됐다. 엄마는 학교의 입장을 이해할 수 없다며 분통을 터트렸다. 사람들 앞에서 완벽한 모습을 보여야 하는 치어리더로서 손톱 관리가 얼마나 중요한지 학교 당국이 이해하지 못한다는 것이었다.
이 경우는 과잉 양육인가 아니면 그저 바보짓인가?

3. 응석받이로 자란 17세 소년이 있다. 그는 학교에서 진행하는 사

회 봉사활동으로 케냐에 갈 기회가 생겼다. 학교와 부모 모두 이번 기회를 통해 아이가 한 단계 더 성숙할 수 있을 것이라 기대했다. 그러나 소년이 케냐로 떠나기 바로 직전 부모는 마음을 바꿔 아이와 함께 가기로 결정했다. 본질적으로 아이에게 긍정적인 영향을 줄 수 있는 상황을 부모가 뒤집어버린 꼴이다.

이 경우는 과잉 양육인가 아니면 그저 바보짓인가?

4. 다른 학생들에 비해 체격이 큰 딸을 키우는 한 엄마가 있다. 그녀는 학교와 상담 선생님이 딸에게 다이어트를 시키고 어떤 옷을 입어야 할지도 알려줘야 한다고 생각한다. 과체중인 사실을 딸에게 말하는 것도, 필요하다면 딸과 함께 운동을 해야 하는 것도 모두 엄마의 몫이 아니던가?

이 경우는 과잉 양육인가 아니면 그저 바보짓인가?

5. 존은 키 188cm에 체중이 95kg인 고등학생이다. 학교에서 현장학습을 가던 날 그는 깜빡하고 도시락을 챙기지 않았다. 그날 아침 부모가 이 사실을 알게 되었을 때 엄마, 아빠가 모두 도시락 대신 먹을 수 있는 음식을 사서 학교로 달려갔다. 그들에겐 존이 점심을 먹지 않는다는 것은 상상도 할 수 없는 일이었기 때문이다. 심지어 그날 버스로 이동하는 중에 학교에서 아이들에게 간식으로 피자를 나눠주기로 한 사실을 알고 있었음에도 말이다. 존의 아빠는 점심을 건네주고 회사로 갔다.

한발 늦게 도착한 존의 엄마는 울음을 터트렸다. "죄송합니다. 제가 하는 일이 애 아빠와 존을 돌보는 일뿐이에요. 그걸 제외한 제 삶이란 없어요."

이 경우는 과잉 양육인가 아니면 그저 바보짓인가?

6. 한 사립학교에서는 학생의 성적을 웹사이트에서 확인할 수 있도록 하고 있다. 부모는 성적을 확인하자마자 학교에 있는 자녀에게 전화하거나 문자를 보내서 그 사실을 알려준다. 또 여기서 끝나는 것이 아니라 어떤 시험을 망쳤는지도 물어본다. 자녀가 직접 성적을 확인하지도 않은 상황에서 부모는 학교에 직접 전화해서 성적이 잘못 나온 것 같다며 바꿔줄 것을 요구하기도 한다.

이 경우는 과잉 양육인가 아니면 그저 바보짓인가?

7. 밸러리는 5학년이다. 그녀는 공부를 잘하는 편이 아니다. 밸러리 엄마는 이 사실이 무척 마음에 들지 않는다. 밸러리 담임선생님과 면담하는 과정에서 그녀는 선생님에게 각서를 내밀며 서명할 것을 요구했다. 밸러리 성적을 올려서 유망한 중학교에 진학할 수 있게 해주겠다는 내용이 담긴 각서였다.

이 경우는 과잉 양육인가 아니면 그저 바보짓인가?

8. 스콧은 저조한 출석률과 나쁜 성적으로 학교 연극무대에서 제외됐다. 그의 부모는 지역 신문의 편집장에게 이 사실을 고발했다. 아들이 제일 좋아하고 잘할 수 있는 단 한 가지가 연극인데 학교에서 그에게 기회를 주지 않아서 아들이 씻을 수 없는 마음의 상처를 받게 되었다는 내용이었다.

이 경우는 과잉 양육인가 아니면 그저 바보짓인가?

9. 캔다이스는 9세 아들에게 혼자 뉴욕 지하철을 타게 했다는 이유로 그 지역의 많은 부모와 해외 언론으로부터 따가운 질타를 받아야 했다. 한 TV 프로그램에서는 그녀의 이야기를 다루면서 진행자가 다음과 같은 질문을 던졌다. "캔다이스는 현명한 엄마일까요? 아니면 정말 몹쓸 사람일까요?"[10]
대중 언론의 반응은 과잉 양육의 방증인가 아니면 그저 바보들의 목소리일 뿐인가?

10. 한 유치원의 학부모 모임에서 선생님이 특정 학생의 그림을 교실 벽에 걸고 소개했다. "이 학생은 그림에 꽤 소질이 있어요." 그 학생의 아버지는 모임이 끝나자마자 집으로 달려와서 모든 학부모 앞에서 선생님이 칭찬했던 이야기를 아들에게 들려주었다. 그리고 다음날 바로 아들을 미술 수업에 등록시켰다. 아들이 앞으로 그림을 더 잘 그릴 수 있도록 모든 지원을 아끼지 않겠다고 약속하면서 말이다. 아이는 그런 아버지를 이상한 눈으로 쳐다보며 "아빠, 난 그냥 그림을 그리고 싶을 뿐이에요. 내 말이 이해가 안 돼요?"라고 말했다.
이 경우는 과잉 양육인가 아니면 그저 바보짓인가?

옳고 그름의 갈림길에 선 부모

부모의 행동을 과잉 양육이라고 말하든 그저 바보짓이라고 규정하든 간에 그들의 행동은 자신의 윤리적 판단에 기인한 것이리라. 윤리적으로 어느 선까지 받아들일 수 있는가가 행동의 방향을 결정한다. 옳고 그름의 기본 개념은 부모로부터 배운다. 시간이 흐르면서 친척, 선생님, 코치, 멘토의 영향으로 이런 개념이 더욱 강화되거나 변형되기도 하면서 말이다. 이것은 십계명과도 같다. 가치관의 근간이 되는 신념인 것이다.

그러나 많은 부모들이 '남에게 대접받고자 한다면 남을 대접하라'라는 기본 원칙을 잊고 산 지 오래다. 그런 원칙을 지키는 대신 잘나가는 유치원에 자녀를 등록시키려고 안달을 낸다. 어떤 부모는 (자녀만 그 사실을 모르면 괜찮다고 생각하면서) 특정 학교에 입학시키려고 부정을 행하기도 한다. 뉴욕에서는 부모들이 입학사정관에게 뇌물을 주는 경우가 비일비재하다고 한다. 마치 좋은 아파트에 입주를 확정받기 위해 건물 관리자에게 경쟁적으로 뇌물을 주는 것처럼 말이다. 그런 상황에서 제일 많이 되풀이하는 말은 "물불 가릴 필요가 없다"다. 이런 말을 반복적으로 되뇌는 것이 부모로서 합당한 일인가? 정말로 목적은 수단을 정당화할 수 있는가? 자녀를 키우는 부모가 쓰는 이런 가증스러운 가면의 정체는 뭘까?

자녀에게 "내 행동을 따라하지 말고 내 말만 잘 들어!"라고 말해야 할까? 이게 정말 최선일까? 오늘날 양육이 너무 힘들어졌기 때문에 자녀의 발전을 위해서라면 거짓말도 하고 부정도 행하는 것은 불가피한 일일까? 옳고 그름은 정말 선택의 문제일까? 이는 양육이라는 복잡한 길을 헤쳐 나가기 위해 우리가 반드시 대답해야 할 문제다. 당신의 대답은 무엇인가?

3

과잉 양육은 어떤 계기로 시작될까?

과잉 양육의 시작은 베이비부머 세대로 거슬러 올라간다. 교육의 기회가 많았고 국가는 발전된 기술로 나날이 부강해져 일자리도 비교적 구하기 쉬운 시기였다. 그러나 문명의 풍족함을 누린 베이비부머 세대의 자녀들은 예상치 못한 방향으로 변해갔다. 허영과 소비문화를 중심으로 지나치게 사치스러운 라이프스타일을 용납하는 사회적 분위기가 조성되었고, 무언가를 진득하게 기다리는 것도 무언가에 집중하는 것도 힘들어하는 경향이 늘었다. 세상의 모든 일엔 손쉬운 지름길이 있다고 믿고 그 지름길을 찾으려 몰두하게 되었다. 주변에서 이런 말을 많이 들어봤을 것이다. '일단 무조건 해라Just do it', '무엇을 원하건 그것이 되어라Be all that you can be', '생각의 틀을 깨라Think outside the box'.

광고의 메카 매디슨 애비뉴에서는 상당히 설득력 있는 광고 문구들, 예를 들면 '네 마음대로 해라Have it your way', '당신이 최고가 되게 하는 힘The power to be your best', '네 안의 야수를 깨워라Unleash the beast', '인생은 스포츠다. 실컷 마셔라Life's a sport. Drink it up', '최고는 결코 멈추지 않는다The best never rest'와 같은 문구들을 내놓았고, 이는 우리 삶에 큰 영향을 주었다. 이런 말을 들으면 우리가 세상을, 아니 적어도 내가 속해 있는 영역을 지배해야 한다는 생각이 든다. 설령 세상에서는 제왕으로 군림하지 못하더라도 자녀의 학교와 가정은 장악할 만한 충분한 자격이 있다는 생각을 갖게 된다.

'불가능이란 없다Impossible is nothing', '성공, 그것은 마음가짐에 달렸다Sucess, It's a mind game', '당신은 소중하니까요Because you're worth it'. 이런 문구가 우리의 뇌파를 건드리면 자연스레 어떤 특권의식이 생긴다. 특히 물질적으로 풍족한 상황이라면 더더욱 자신의 지배권에 대한 확신을 갖게 된다. 더불어 자녀도 자신이 누렸던 풍족함과 특권을 누려야 한다고 믿게 된다. 그리고 자녀가 자신과 비슷한 사회적 위치로 직행할 수 있도록 모든 준비를 대신해준다. 이와 반대로 경제적 어려움을 겪고 있는 부모라면 어떨까? 일자리는 줄었고 자녀 교육비는 만만치 않아졌다. 부모의 사회적 입지가 좁아질수록 부모는 자녀가 성공적인 삶을 살지 못할까 봐 안절부절못하게 된다. 그래서 결국 자녀의 성공을 위해서라면 무슨 일이든 마다하지 않는 과잉 양육의 길을 선택하게 되는 것이다.

부모가 바라는 성공의 기준

많은 과외 선생님들을 고용해서 자녀의 성적을 철저히 관리하고 목표했던 점수를 받으면 자녀가 성공했다고 말할 수 있을까? 스스로의 능력으로는 도저히 들어갈 수 없는 대학에 어떻게든 커트라인에 맞춰 입학시켜놓으면 문제는 끝나는 걸까? 이것이 끝이 아니라면 도대체 언제까지 이런 뒷바라지를 계속해야 할까? 무엇보다 어릴 때부터 과외 선생님이나 부모로부터 모든 관리를 받아온 아이가 스스로 모든 일을 결정하고 추진해야 하는 대학생활을 잘 견뎌낼 수 있을까? 높은 학점을 유지하는 것은 차치하고서라도 말이다. 현재의 과잉 양육 행태를 고려하면 대학을 졸업하는 데 절반 이상의 학생들이 평균 5년이 걸린다는 사실이 그리 놀라울 것도 없다.

2014년 가을 우리의 인터뷰에 응해준 한 고등학교 진로 상담 선생님은 이렇게 말했다. "어떤 부모는 손수 자녀의 원서는 물론이고 에세이까지 대신 써서 가져오기도 해요. 돈과 명예가 모든 걸 움직이는 사회이다 보니 집안에 돈이 많으면 가족이 좋은 학군으로 이사를 가죠. 엄마의 유일한 일은 자녀를 성공시키는 겁니다. 만약 이 일을 잘해내지 못한 엄마, 다시 말해 자녀를 좋은 대학에 진학시키지 못한 엄마는 실패자로 간주되죠. 이런 사회적 통념 아래 살다 보면 결혼 생활도 쉽게 파탄이 납니다. 자녀가 부모의 기대치를 채우지 못한 것이 엄마의 책임이 되고, 이것이 부부 갈등의 원인이 되어 이혼에까지 이르기 때문이죠. 아빠가 직장을 잃고 가족이 지금까지의 생활수준을 유지할 수 없게 되면 문제는 더 심각해집니다. 낯설고 불편한 환경에 적응하지 못한 아버지가 자살을 시도한 경우도 있었습니다. 어떤 경우에는 자녀가 다른 사람들이 감탄할 만큼 큰 성공을 거두지 못했다는 이유 하나만으로 가정이 산산조각난 적도 있습니다."

이처럼 불안정한 부모의 상태는 자녀에게까지 영향을 미친다. 아마도 이들은 자신의 부모에게서 건전한 부모의 모습을 보고 자라지 못했기 때문에 자녀에게 정확히 어떤 모습을 보여줘야 하는지에 대한 확신이 없는지도 모른다. 그렇다 하더라도 아직 글도 깨우치지 못한 어린 자녀를 좋은 대학에 보내야 한다는 일념하에 그렇게까지 안달을 내야 하는 걸까?

오늘날 대학 진학 경쟁은 통제 불가능한 상황이 됐다. 해마다 수많은 학생들이 대학에 원서를 내고 있고, 대학은 그 어느 때보다 높은 선발 기준을 정해놓고 학생을 뽑고 있다. 자녀의 성공을 위해서라면 물불을 가리지 않는 부모는 어떤 실패도 용납하지 않는다. 이것은 자녀에게 정말 나쁜 양육 태도다. 여러 가지 작은 시행착오를 겪으면서 아이들은 삶에 대해 배운다. 실수를 경험할 수 있도록 용납해주면 자녀는 성공에 대한 새로운 개념을 갖게 된다.

아이가 어릴 때 범하는 실수는 비교적 작고 고치기도 쉽다는 것을 기억하라. 나이가 들수록 실패의 크기는 더 커지고 이를 고치는 것도 더 힘들어진다. 어릴 때 실수를 통해 문제를 해결하는 훈련을 잘 받은 아이는 나중에 큰 실수와 실패를 경험하더라도 회복하는 능력이 탁월하다는 사실도 잊지 않기를 바란다.

부모가 과잉 양육을 하면서 얻는 심적 위안은 뭘까? 아마도 자기 자신이 직면한 삶의 문제 또는 개선해나가야 할 자신의 결점에 집중하지 않아도 된다는 사실일 것이다. 자녀를 돌보느라 분주하게 지내다 보면 물리적으로 시간 여유가 없기도 하지만, 무엇보다 자녀의 성공이 자신의 결점을 덮어줄 수 있다는 생각을 하게 된다. 그래서 자녀에게만 더 집중하게 되는지도 모른다.

물론 아이를 낳았으면 책임을 지는 것이 당연한 일이다. 하지만 이 책임감이 집착으로 변질되는 것은 문제다. 왜 우리는 자녀에게 이토록 집착하게 되었을까? 이런 행동의 배경은 무엇일까? "이 아이는 나의 유일한 자녀입니다. 반드시 제대로 키워내야 해요." 주변에서 이런 말을 자주 들어봤을 것이다. 애초에 왜 이런 생각을 하게 되었는지 지금부터 그 원인을 하나하나 짚어보자.

과잉 양육의 첫 단추

당신의 아이가 세상에 나왔다! 마치 미국의 독립기념일 밤하늘을 수놓은 불꽃처럼 당신의 꿈과 희망도 뿜어져 나오기 시작할 것이다. 병원에서 아이를 집으로 데리고 오는 날, 포대기로 안전하게 아이를 싸서 사랑의 눈빛으로 아이를 바라본다. 아이에게 해줄 수 있는 모든 것을 다 하고 싶을 것이다. 그것이 무엇이 되었든 말이다. 그런 마음으로 주위를 둘러보면 온통 아이에게 위험해 보이는 물건들만 눈에 들어온다. 아이가 부딪히거나 멍들지 않도록 뾰족한 것은 모조리 치우기 시작한다. 하나도 남김없이 완벽하게!

당신의 부모가 와서 귀한 손자를 품에 안고 얼러준다. 주변 모든 사람들이 신생아의 멋진 미래를 이야기해줄 것이다. 하버드대에 진학하고, 좋은 배우자를 만나고, 좋은 직장에 다니고, 넓고 좋은 집에서 많은 자손을 낳아 행복하고 성공적인 삶을 살게 될 것이라 덕담해줄 것이다. 이제 겨우 이틀밖에 지나지 않았지만 당신 머릿속에는 아이의 인생이 그려지고 있을 것이다.

일부 부모에게는 이 시기가 과잉 양육의 첫 단추가 끼워지는 시기다. 특히 첫 아이라면 더욱 그럴 가능성이 높다. 아이가 트림을 조금만 이상하게 해도 놀라서 바로 응급실로 달려간다. 그러나 둘째, 셋째가 태어나면 이야기는 좀 달라진다. 아이를 많이 낳아서 키우다 보면 부모를 불안에 떨게 했던 아이들의 트림, 넘어짐, 보채는 행동들을 자연스럽게 받아들이게 된다.

노스캐롤라이나 주 샬럿에 살고 있는 건축가 폴은 이렇게 털어놨다. "몇 년 전 제 아들이 태어났을 때 저는 이상한 기계들을 사서 집 안을 가득 채우기 시작했어요. 아이의 안전을 생각하면서 계속 산 거죠. 예를 들면 얼마 전 제 페이스북을 통해 저희가 사용 중이던 조깅 유모차가 안전 문제로 리콜되었다는 소식을 알게 되었어요. 제품의 라벨이 잘 떨어져서 아이를 질식시킬 수 있다는 이유에서였죠. 아직까지 사고 소식은 없었지만 내 아이가 첫 번째 희생자가 되게 하고 싶지는 않았어요. 아들이 태어나면서부터 저도 모르게 위험한 물건이 없나 계속 찾는 버릇이 생겼어요. 크든 작든 상관없이 말이에요. 위험을 알려주는 경보 시스템을 알아보고 아이 방에 설치할 공기오염 탐지기를 조사했어요. 카시트가 안전한지 알아보려고 하루 종일 인터넷을 검색한 적도 있어요. 제가 구입하는 모든 상품의 경고문을 꼼꼼히 읽어보는 것은 기본이죠. 제 아들은 이제 6개월인데, 아이가 걷기 시작하면 제가 또 얼마나 광적으로 안전 문제를 챙기게 될지 상상이 안 됩니다."

아이는 생각만큼 약하지 않다

당신의 자녀는 정말 당신이 생각하는 것처럼 그렇게 여리고 약할까? 아이가 태어나면 안전 문제를 핑계로 불필요하게 아이를 꽁꽁 싸매놓는 경우가 있다. 또 이런 종류의 과잉보호가 나이가 들어도 지속되기도 한다. 유치원에 갈 나이도 안 된 아이에게 개인 코치를 붙여주고, 과외 공부를 시키며, 소아과 의사에게 주사 바늘 없는 예방 접종을 받게 해달라고 떼를 쓴다.

이들이 자녀에게 기대하는 것이 무엇인지 정확히 알 수 없지만, 이는 정말로 깨지기 쉬운 유리알 같은 것이다. 심지어 두 살배기 소아의 몸보다 더 유약한 것일지도 모른다. 아이가 그 기대치를 만족시키지 못할 것은 너무나 자명한 일이기 때문이다. 그러면 그다음은 어떻게 되는 건가? 만약 자녀가 최고가 되지 못하면 당신은 어떻게 할 것인가? 아마도 이 질문에 대한 답은 당신이 어떤 부모 밑에서 양육받았는가와 깊은 연관이 있을 것이다. 부모가 아무리 잘 키웠다고 해도 대부분의 사람은 부모의 양육 태도에 대한 아쉬움을 조금씩 갖고 있다. 부모의 이혼 때문에 또는 부모가 생계를 꾸리느라 바빠서 부모와의 관계가 소원해진 경우도 있을 것이다. 아무도 없는 집에서 혼자 TV 앞에 앉아 냉동식품으로 끼니를 해결하던 경험이 누구에게나 있으리라. 이런 유년 시절을 보낸 사람이 부모가 되면 자신은 모든 사람의 칭송을 받는, 그야말로 완벽한 부모가 되리라는 결심을, 아니 강박관념을 가질 확률이 높다. 이들은 자신이 유년 시절에 갖지 못한 경험을 보상받을 필요가 있다고 느낀다. 그 결핍 때문에 이상적인 유년 시절을 보내지 못했다고 생각하기 때문이다.

하지만 우리의 유년 시절이 그렇게 끔찍하기만 했던가? 과거에는 오늘날 상상도 할 수 없는 자유를 누리며 살았다. 학교에 혼자 걸어가면서 이런저런 생각에 잠기기도 하고 나만의 행복한 시간을 보내기도 했다. 오늘날의 아이들과 비교하면 이건 정말이지 꿈같은 이야기다. 지금은 당신의 자녀가 학교를 마치고 혼자 집으로 걸어온 뒤 생산적으로 잘 놀고 있는지 15분마다 감시당하지 않고 뒤뜰에서 혼자 빈둥거리며 시간을 보내는 것이 가능한 일인가? 이런 삶이야말로 요즘 아이들에게 환상적인 삶이 아니고 무엇이겠는가?

아이를 방치하거나 보살피지 않고 혼자 내버려두라는 이야기가 아니다. 자녀와 함께 있되 지나치게 간섭해선 안 된다는 이야기를 하고 싶은 것이다. 부모의 양육은 춤을 추는 것과도 같다. 동작 하나하나에 세심한 주의를 기울여야 하지만 이러한 주의가 매우 자연스러워야 한다. 하루하루 성장하는 자녀를 관찰하고 지켜보며 그들의 이야기를 들어야 할 뿐 아니라, 언제 개입해야 하는지 또 언제 양보하며 기다려야 하는지 기민하게 판단하되 부드러운 흐름에 몸을 맡겨야 한다. 의심이 들 때는 자녀에게 직접 물어보면 된다. 아무리 어린 나이라 할지라도 대부분의 아이들은 언제 부모와 함께 있기를 원하는지, 언제 부모의 도움이 필요한지, 또 언제 혼자 있기를 원하는지 판단할 수 있다.

부모의 이혼을 경험했든 그렇지 않든 간에 자녀에게 가장 완벽한 부모가 되기로 결심하는 것은 어쩌면 당연한 일일지도 모른다. 많은 부부가 이혼은커녕 자녀가 보는 앞에서는 절대 싸우지도 않으리라 굳게 결심하기도 한다. 안정되고 사랑이 넘치는 가정을 만들어 삶에 필요한 자양분을 자녀에게 풍성하게 공급해주는 것이 우리가 꿈꾸는 부모의 모습일 것이다. 당신의 부모가 가졌던 결점이 무엇이었든 간에 당신은 이른바 슈퍼맘 또는 슈퍼대디로 알려진 사람들의 노하우를 습득해서 부모의 결점을 완벽하게 지우고 싶었을 것이다.

이런 생각을 갖는 것 자체가 나쁘다고 할 순 없다. 하지만 지나치게 자신의 과거를 부정하는 데 몰두하는 것이 어떤 결과를 낳는지 우리는 알고 있다. 자녀의 유년 시절을 통제한다고 해서 좋은 부모가 되는 것은 아니다. 아이들을 뒤뜰 마당에서 놀게 하자. 이것저것 세세한 일까지 간섭하거나 통제하려 하지 말고, 아이들 스스로 자신의 단점, 독창성, 부족함, 강점을 발견할 수 있도록 그들만의 시간과 공간을 선물하자. 부모도 연습이 필요하다. 언제 도움을 제공해야 하는지, 또 언제 그냥 지켜봐야 하는지 자연스러운 리듬을 연습해야 한다. 그제야 비로소 자녀는 독립적이고 성숙한 어른으로 성장해갈 수 있다.

아이를 검사하기 전 부모 적성을 검사하라

의사의 권유나 뚜렷한 건강상의 이유가 없는데도 이제 막 말귀를 알아듣기 시작한 어린아이에게 지능 검사(영재 검사)를 받게 하는 부모들이 있다. 과연 누구를 위해 이런 일을 하는 것일까? 검사 기관은 확실히 돈을 벌겠지만 그 외에 누구에게 이득이 된단 말인가? 검사와 치료요법을 함께 제공하는 기관의 결과는 왜곡되는 경우도 많은 데다 자신의 의사를 제대로 전달할 수 없는 어린아이를 검사한 결과를 과연 얼마나 신뢰할 수 있는가도 문제다. 그럼에도 검사 결과를 대하는 부모의 반응은 대만족 또는 극도의 공포로 갈린다. 그 결과에 만족할 이유도 공포를 느낄 필요도 전혀 없는데도 말이다.

서던대학교에 경제학 교수로 있는 브라이언은 매우 들뜬 목소리로 다음과 같이 말했다. "제 아이의 검사 결과가 보통 아이들보다 훨씬 뛰어나다고 나왔어요. 과외 선생님이라도 붙여서 아이가 가지고 있는 가능성을 극대화하도록 도와야 하지 않을까요?" 반면 미국 북동부 지역에서 컴퓨터 소프트웨어 관련 기업의 경영진으로 일하고 있는 클라우디아는 걱정이 이만저만이 아니다. "만약 우리 아이의 검사 결과가 좋지 않으면 어떻게 되는 거죠? 선생님을 모셔서 아이의 결점을 보강하도록 해야 할까요?"

자녀에게 지능 검사를 받게 한 순간부터 브라이언과 클라우디아는 검사 점수와 진단에 완전히 꽂혀서 다른 의심은 전혀 없이 아이들의 현재 상태를 확정지어버렸다. 숫자에 매몰되어 결과를 맹신하고 아이들에게 즉각적인 처방을 내리려 했던 그들은 부모로서 저주를 받은 것인지도 모른다. 결과가 너무 좋아서 자녀를 '리틀 아인슈타인'으로 만들어보려 했던 브라이언도, 자녀의 잠재적 결점을 고쳐주려 했던 클라우디아도 모두 검사의 함정에 빠진 것이다.

지능 검사의 유혹 외에 우리가 빠져나와야 할 덫은 또 있다. 유수의 대학으로 가는 징검다리가 될 명문 사립 유치원, 초등학교, 중학교, 고등학교를 보내려고 기를 쓰는 오늘의 교육 환경에서 우리는 어떻게 중심을 잡아야 할까? 자녀를 최고로 만들려고 동분서주하는 부모에게는 아무도 합리적인 질문이나 검사를 하지 않는다. 그런 부모의 행동이 가져올 문제를 점검하지 않는다는 이야기다. 우리는 먼저 자신에게 이런 질문을 해야 한다. 검사를 꼭 받아야 한다면 어떤 검사가 아이들에게 합리적일까? 나이가 어느 정도 됐을 때 검사를 받게 해야 할까? 아이가 처음 검사에서 기대에 미치지 못하는 결과를 받았다면 어떻게 해야 할까?

자녀를 검사하기 전에 부모가 먼저 검사를 받아봐야 하는지도 모르겠다. 그래야 정상적인 기대치를 가지고 있는 부모 밑에서 아이가 잘 크고 있는지, 아니면 부모의 극성으로 아이가 괴롭힘을 당하고 있는지 알 수 있으니 말이다. 사실 만 2세에서 5세 사이인 소아의 검사 결과를 정확히 알려면 아이가 아니라 부모의 아이큐와 적성 검사를 살펴보는 편이 더 낫다. 예를 들어 산부인과 의사가 임산부와 남편을 대상으로 부모의 소양을 측정하는 '부모 적성 검사'를 실시해야 하는 것이다.

이참에 더 늦기 전에 적성 검사를 통해 부모로서 당신이 어떤 도움을 받아야 하는지 알아보는 것은 어떨까? 여기 '부모 적성 검사'의 간단한 질문지를 준비했다. 자녀를 검사하기 전에 당신이 먼저 검사를 받아보라.

부모 적성 검사 문제지(답은 이 장 마지막에 있다)

1. 성공적인 양육이란 무엇입니까?

A. 자녀가 아이비리그를 졸업해서 변호사나 의사가 되는 것.

B. 나중에 연로한 부모를 모시고 사는 자녀로 키우는 것.

C. 자녀가 성장하는 것을 즐겁게 여기고 자신에 대한 긍정적인 마인드를 갖게 되는 것.

D. 독립적으로 성장해서 13살에 부모의 집에서 출가하는 것.

2. 부모가 자녀에게 꼭 해주어야 할 일은 무엇입니까?

A. 자녀를 주의 깊게 살핀다.

B. 자녀의 이야기를 듣는다.

C. 자녀에게 검사의 기회를 제공한다.

D. 위에서 말한 모든 것.

3. 자녀에게 모유수유를 했다면, 이것은 무엇을 의미합니까?

A. 아이가 더 똑똑해질 것이다.

B. 아빠보다 엄마를 더 좋아하게 될 것이다.

C. 아이가 이성애자로 자라게 될 것이다.

D. 굶주리지 않을 것이다.

4. 사랑한다면 절대 해서는 안 되는 말은 무엇입니까?

A. "조용히 하고 어서 잠이나 자."

B. "네 방 청소해."

C. "나 혼자 있고 싶어."

D. 답 없음.

5. 초등학교 3학년 자녀가 수학시험을 망쳤다면, 이것은 무엇을 의미합니까?

A. 다 끝났다. 수학을 잘하지 못하면 MIT대에 가기는 다 틀렸다.

B. 나는 나쁜 부모다.

C. 학원에 보낼 때가 됐다.

D. 답 없음.

6. 아들의 축구 코치가 아들을 선발하지 않는다면, 당신은 어떻게 반응하겠

습니까?

A. 내가 왜 그런 대접을 받게 되었는지 대놓고 물을 것이다.

B. 아들 앞에서 코치를 한 대 치겠다.

C. 팀을 옮기겠다.

D. 신경 쓰지 않고 경기를 즐기겠다.

7. 과학경시대회에서 당신의 딸이 수상을 했다면, 당신은 어떻게 하시겠습니까?

A. 딸에게 무척 자랑스럽다고 말해줄 것이다.

B. 딸의 프로젝트를 도와준 사실을 숨길 것이다.

C. 과외 선생님을 모셔서 재능을 살릴 수 있도록 돕겠다.

D. 작은 아들에게 내년에 있을 경시대회에서 누나와 같은 성적을 거둘 것을 기대한다고 말할 것이다.

8. 자녀가 대학에 꼭 진학해야 할지를 고민하고 있다면, 당신은 어떤 기분이 들 것 같습니까?

A. 걱정된다. 대학 졸업장 없이 취직할 수 있을까?

B. 죽고 싶을 것 같다. 대학에 안 가면 아들의 삶은 엉망이 될 것이다.

C. 기쁘다. 대학 등록금이 너무 비싼데, 어깨의 짐이 줄어서 기분이 좋다.

D. 왜 그런 생각을 하게 되었는지 궁금할 것 같다.

9. 중학교 2학년 아들이 동급생에게 놀림을 받았습니다. 무엇을 제일 먼저 해야 합니까?

A. 질문은 나중에 하고 일단 수습에 나선다.

B. 무시한다. 애들은 애들이니까.

C. 아들에게 무슨 일이 있었는지 묻는다.

D. 배우자에게 이 일을 잘 처리하라고 부탁한다.

10. 5살 아들이 미끄럼틀에서 떨어져 팔이 부러졌다면 당신의 선택은?

A. 미끄럼틀 만든 회사를 고소한다.

B. 대수롭지 않게 여긴다.

C. 향후 5년간 밖에 나가서 놀지 못하게 한다.

D. 답 없음.

감정 대신 논리와 이성으로 판단하라

후식으로 포도보다는 달콤한 케이크 한 조각이 더 당기는 것은 당연한 일이다. 포도가 더 건강에 좋고 자연의 풍미를 느낄 수 있지만, 케이크의 유혹을 뛰어넘기란 참으로 어렵다. 힘든 일을 마치고 집으로 돌아온 우리가 맛있는 케이크 한 조각을 먹을 자격은 충분히 있지 않은가 말이다.

먹는 것이 되었든 아이를 키우는 일이 되었든 간에 우리는 매일 느낌과 사실 사이에서 딜레마를 경험한다. "아, 내가 좀 더 잘 알고 있었어야 했는데……." 뭔가 석연치 않은 선택을 했을 때 나오는 탄식이다. 특히 자녀를 키우면서 우리는 이 말을 자주 한다. 최근 ≪뉴욕타임스≫의 한 기사를 보면 모든 일에 감사할 줄 알고 자신의 감정을 제어할 수 있는 부모 밑에서 자란 아이들이 훨씬 성공적인 삶을 살고 있다고 한다.

우리는 이미 이 사실을 잘 알고 있다. 하지만 끌리는 감정대로 좀 더 손쉬운 쪽을 택할 때가 더 많다. 장기적으로 봤을 때 자녀에게 좋을 것이 없는 선택인데도 말이다. 그러고 나면 사실 우리 마음 저 깊은 곳에서 후회가 밀려온다. 그럼에도 잘못 끼운 단추를 바로잡지 못하고 계속해서 끌려다니기 일쑤다.

이런 딜레마 속에 살고 있는 부모는 항상 긴장과 억압의 감정을 느끼고, 어떤 일이 벌어졌을 때 과잉 반응을 하거나 감정적으로 대응한다. 논리와 이성이 아니라 부모의 일시적인 감정과 편의에 따라 자녀에 관한 일들을 결정하는 것이다. 그래서 자녀가 다른 아이들보다 조금이라도 뛰어나게 하기 위해서는 걸음마를 시작하는 어린 나이부터 뭔가 특별한 교육을 시작해야 한다는 결론을 즉흥적으로 내린다.

놀이부터 유치원까지 넘쳐나는 프로그램

요즘 아이들은 걸음마를 시작하면서부터 아주 바빠진다. 유치원에서 하는 활동, 과외 공부(걸음마를 뗀 아이에게 실제로 과외를 시킨다), 유치원 방과 후 프로그램(이것도 실제로 일어나는 일이다), 음악 감상, 운동, 그룹 놀이 등등 아이는 쉴 새 없이 엄마 손을 붙잡고 이곳저곳을 이동하고 있다. 이렇게 하지 않으면 나중에 아이가 컸을 때 또래보다 떨어지는 아이가 될까 두려운 마음에 부모는 뭐든 시키고 본다. 월요일엔 종이접기, 화요일엔 태권도, 목요일엔 체조, 금요일엔 댄스를 배운다. 시간과 경제적 여유만 허락한다면 어떤 부모가 이렇게 하지 않겠는가? 특히 비슷한 또래를 둔 다른 부모들이 이렇게 하고 있다면 당신은 더욱 자극받지 않겠는가?

일주일에 2~3번 학교 수업 전이나 후에 운동이나 악기를 배우는 것은 기본 중에서도 기본이다. 주말에는 각종 시합, 발표회, 경기 스케줄로 빼곡히 찬다. 이러다 보니 가족들이 다 함께 둘러앉아 식사 한 번 제대로 하기 힘들다. 한 자녀의 일과가 이런데 다른 형제나 자매의 스케줄은 또 어떻게 맞추는지 신기할 따름이다.

이런 모든 활동이 자녀의 나이에 꼭 필요하고 보탬이 되는 것일까? 물론 새로운 환경을 제공하고 친구들을 만나게 해주거나 박물관에 아이를 데려가는 것은 나쁘지 않다. 하지만 매일 이런 일이 반복적으로 일어난다면 아이는 이를 제대로 소화해낼 수 없다. 아이들에겐 자유시간이 필요하다. 아무것도 하지 않고 쉬는 시간 말이다. 당신은 아마 이것을 빈둥거린다고 표현할지도 모르지만, 아이들에겐 이 시간이 절실하게 필요하다. 부모도 마찬가지다. 과외수업을 쫓아다니느라 여기저기를 차를 몰고 숨 가쁘게 달리지 않아도 되는 당신의 모습을 한번 상상해보라. 아이들이 다 성장해서 당신이 할아버지, 할머니가 되었을 때쯤에는 자녀를 키우느라 애썼던 그 시절이 참 좋았다고 느낄 것이다. 동시에 '내가 참 쓸데없는 짓을 많이 했구나' 하는 생각도 하게 될 것이다.

충분한 휴식에서 창의력이 발현된다

직장 생활 때문에 시간적 여유가 없는 부모들은 아이와 많은 시간을 같이 있어 주지 못한다는 죄책감을 가지고 있다. 그래서일까? 아이들에게 과잉 보상을 하려는 경향이 짙다. 함께 참여하지 못하는 죄책감을 희석시키기 위해 지나치게 많은 과외활동을 시키거나, 또는 어쩌다 함께 있게 되더라도 뭔가를 꼭 해야 한다는 생각을 갖는 것이다. 아이와 같이 있는 시간이 제한되다 보니 그 시간을 알찬 프로그램으로 채워 넣어야 한다는 강박이 생긴 것이다. 이는 이혼한 부모에게서도 자주 나타나는 현상이다. 일주일 내내 떨어져 있던 시간을 보상하기 위해 만날 때마다 엄청난 프로그램을 준비하려 한다.

뉴잉글랜드의 교외 지역에서 음식 공급업체를 운영하는 마이크는 주로 주말에 일이 많다. 그래서 어쩌다 쉬는 토요일이 되면 그의 기분은 무척 들뜬다. 평소 자녀와 함께 할 수 있는 시간이 많지 않기에 할 수 있는 모든 활동을 하고 싶어 한다. "애들아, 우리 이번 토요일에는 너희 또래 친구들이 만나서 하는 거 다 해보자. 볼링도 치고, 자전거도 타고, 아이스링크에도 가자!"

마이크는 토요일에 아이들이 다른 스케줄이 있을 거라는 생각은 미처 하지 못했다. 때로 아이들은 아빠와 하루 종일 뭔가를 해야 하는 것을 버거워할 때도 있다. 아이들은 아빠와 집에서 빈둥거리며 함께 있는 그 자체를 즐기고 싶어 하는지도 모른다. 이것이 힘든 일주일을 살아낸 아이들에게도 좋은 휴식이 될 수 있으니 말이다. 하지만 마이크는 완강했다. "이게 얼마 만에 찾아온 쉬는 토요일인데, 놓칠 수 없어. 나는 너희들과 재밌게 놀고 싶어. 지금부터 우리는 절친이야. 알았지?" 하지만 이렇게 열성적으로 밀어붙이는 부모가 아이들에게 좋지 않은 영향을 줄 수도 있다.

아동심리학자이자 『우리는 자녀에게 부모가 되어야 한다The Parents We Mean to Be』의 저자 리처드 와이스버드는 크리스틴 콩거와의 인터뷰에서 이렇게 말했다. "역사상 처음으로 자녀의 친구가 되기를 원하는 부모가 나타났어요. 심지어 어떤 부모는 자녀의 절친으로서 자신은 아직 부족한 점이 많다는 말을 하기도 합니다."[1] 와이스버드는 부모가 지나치게 자녀와의 유대 관계에만 집중하다 보면 부모로서 가져야 할 권위를 잃게 되고, 자녀에게 롤 모델이 되어야 할 부모의 중요한 역할을 상실할 수 있다고 전했다.

아마도 마이크는 주중에 아이들이 얼마나 바쁘게 지내는지, 그래서 주말 중 하루쯤은 아무것도 하지 않고 쉬고 싶은 마음이 얼마나 큰지 알지 못했는지도 모른다. 아이들에게 반드시 주어야 할 육체적·정신적 휴식을 빼앗는 것은 아이들이 창의성을 발휘할 기회를 묵살하는 것이나 다름없다. 창의력의 발현은 충분한 휴식에서 시작된다. 마이크도 매주 주말에 쉴 수 있었다면 하루쯤 편안히 집에서 쉬고 싶었을 것이다. 기회는 또 있으니 말이다. 엄마나 아빠가 오기만을 기다리는 것보다는 혼자 즐겁게 놀기도 하고 때론 친구들과 좋은 시간을 보내기도 하는 것이 부모의 바람이니 말이다.

자녀에게서 한발 물러서는 지혜

그러나 어쩌면 마이크 생각이 맞을지도 모른다. 아빠와 볼링을 치고, 자전거를 타고, 아이스링크에 가는 일들을 하지 않으면 아이들은 크게 서운해할지도 모른다. 다른 아이들은 부모와 그런 활동을 하는데 우리 애들만 그런 걸 누리지 못하면 안 되지 않겠는가? 게다가 마이크는 이것이 부모와 자녀 관계를 끈끈하게 만드는 방법이라는 이야기를 주변에서 자주 들었다. 마이크가 다른 부모들처럼 '좋은 부모'가 되려면 캠핑도 가고, 바비큐를 굽고, 이런저런 활동으로 바쁘게 지내야 하는 것이다.

잠깐만! 정말 그럴까? 오늘날 아이들이 이렇게 많은 과외활동과 방과 후 수업을 받으며 쉴 새 없이 생활하게 된 것이 효율적이고 배려가 많은 '좋은 부모' 덕분인가? 정말로 아이가 바쁠수록 더 좋은 것인가? 더 바쁘게 살아야 자녀가 또래보다 한발 앞서 나갈 수 있고, 대학 입시 원서를 더욱 화려하게 꾸밀 수 있는가? 아직도 우리는 '시간이 남아돌면 반드시 나쁜 일을 하게 된다'는 속담을 믿고 있는 것인가?

필자는 오히려 마이크가 이렇게 말했더라면 어땠을까 생각해본다. "얘들아, 우리 밖에 나가서 공놀이할까? 아니면 너희가 원하는 거 뭐든 하면서 놀자." 아이들이 원하는 것을 먼저 들어보려고 했다면 어땠을까? 그랬다면 그는 수동적으로 유행을 좇는 사람이 아니라 새로운 양육의 트렌드를 주도하는 부모가 될 수 있었을 것이다.

티나는 자신의 양육 딜레마를 고백했다. "저는 놀이터에서 흔히 만날 수 있는 '전지전능한 부모'는 되고 싶지 않아요. 그들은 무엇을, 어떻게, 누구와 놀아야 하는지까지 아이들에게 끊임없이 간섭하죠. 아이들에게 니먼 마커스(뉴욕 맨해튼에 있는 백화점 _ 옮긴이)에서 산 아주 비싼 장난감으로 흙장난을 하게 하죠. 그런 부모가 되는 것도 정말 끔찍한 일이지만, 한편으로는 놀이터에서 멀찌감치 떨어진 벤치에 앉아서 잡지를 읽으면서 아이가 잘 노는지 가끔 흘끔거리는 것에도 죄책감을 느낄 때가 있어요."

티나의 딜레마를 충분히 이해할 수 있다. 우리 주변에서는 극성맞은 부모들을 너무 쉽게 만날 수 있고, 성공에 대한 불안감으로 자녀를 몰아붙이는 모습이 오히려 정상적인 양육으로 비춰질 때가 있다. 그런 식으로 하지 않는 부모는 자녀에게 뭔가 큰 잘못을 하고 있는 사람으로 느껴지고 불안과 죄책감을 느끼게 된다. 하지만 티나가 그런 유혹을 극복하려고 용기를 낸다면 어떨까? 생각 없이 트렌드를 따르는 것이 아니라, 자녀에게 가장 적당한 양육법이 무엇인지 찾으려고 노력한다면 티나와 그녀의 딸은 더 행복한 삶을 살 수 있지 않을까?

자녀는 부모의 작품이나 프로젝트가 아니라는 사실을 명심해야 한다. 아이들 스스로 세상을 배우고 발견해서 성장할 수 있도록 부모는 한발 물러서 있어야 한다. 물론 어떤 것이 적당한 거리인지 헷갈릴 때도 있다. 아이의 안전과 성장을 위해 가장 적당한 거리는 얼마큼일까? 이것이 부모인 우리 모두가 함께 고민해야 할 문제다.

안전만 고집하는 것이 과잉 양육의 첫 걸음

평소 걱정이 많은 사람들이 과잉 양육을 할 가능성이 높다. 그 걱정의 근원이 어디인지는 확실히 알 수 없지만, 한 가지 확실한 것은 자녀의 안전과 행복에 관련된 경우 걱정의 수위가 위험할 정도로 높아진다는 것이다. 불행하게도 이것은 자녀들에게 매우 부정적인 영향을 끼친다. 아이가 무언가를 배울 때, 예를 들어 걷기, 자전거, 운전 등을 처음 배울 때 문제의 조짐이 보이기 시작한다. 이때 부모는 말도 안 되는 안전상의 이유를 들며 아이를 숨 막히게 하곤 한다. 그러면 아이도 덩달아 염려와 걱정이 많아지고 이는 오히려 실패 확률을 높이는 꼴이 되고 만다.

자녀의 안전만 지나치게 고집하는 것이 가장 해롭다. 걱정하는 이유가 무엇이 됐든 간에 이를 빌미로 계속 보호하려 든다면 걱정에서 해방되는 것이 아니라 실제로는 더 큰 걱정의 늪으로 빠지게 된다. 걱정이 공포로 변하는 것이다. 예를 들어 어른들이 없을 때 절대 밖에서 놀지 못하게 하는 부모가 있다. 그들은 누군가가 아이를 유괴해 갈까 봐 두려워서라고 말한다. 심지어 집 안에서 놀 때도 아이들이 다치지 않도록 할 수 있는 모든 조치를 취한다. 어린애가 있는 집에서는 모든 전기 콘센트의 구멍을 막고, 테이블의 뾰족한 모서리에 보호대를 씌운다. 아이들이 넘어져서 다칠까 봐 바닥엔 카펫을 깐다. 이런 식으로 아이를 보호해온 부모는 자녀에 대한 완벽한 통제가 불가능해지는 시기가 오면 유연하게 대처하지 못한다. 예를 들어 인터넷에 자녀가 노출될 때 부모와 자녀가 함께 만족할 수 있는 절충안을 찾지 못한다.

아이들이 혼자서 놀 수 있는 나이가 되면 부모의 경계 레벨은 한층 더 높아진다. 놀이터엔 고무바닥을 깐다(사실 잔디가 더 좋다. 물론 더 더럽고 이론적으로 생각하면 세균이 더 많겠지만 말이다). 어디를 가나 살균제를 손에 듬뿍 바르게 하고, 큰 카시트를 설치한다. 다양한 신체 활동에 사용하는 헬멧과 각종 패드를 준비한다. 누군가는 부모가 안전용품을 과도하게 사용하게 된 계기가 기업의 공포 마케팅 때문이라고 말한다. 생산업체는 안전용품 없이 신체 활동을 하는 것이 얼마나 위험한지를 증명하는 실험에 엄청난 돈을 투자하고 있고 또 그 결과를 과대포장함에 따라 부모가 겁을 먹고 이런저런 물건을 구입하는 구조라는 것이다.

우리 모두는 자녀가 안전하게 잘 자라기를 바란다. 학교에서, 집에서, 또는 그 어떤 장소에서든 말이다. 아이들의 신체적 안전은 그들의 정신적·정서적 건강만큼이나 중요한 문제다. 그렇다면 아이들의 안전에 대한 염려가 과잉 양육으로 변하는 순간은 언제일까?

지금 부모는 첨단 기술과 전쟁 중

오늘날 우리 아이들은 각종 첨단 기계를 다루고 있다. 트위터로 메시지를 전송하고, 문자를 보내고, 음악을 듣고, 비디오를 찍고, 셀피(스마트폰 등으로 자신의 모습을 직접 찍어 SNS 등에 올리는 행위 _ 옮긴이)하는 것을 말릴 수 없게 되었다. 오히려 부모가 이런 기계 문명을 아이들에게 적극적으로 추천해야 할 것 같은 분위기다. 지난 20년간 전자 기술은 눈부신 발전을 거듭해왔다. 모든 아이들이 스마트폰을 가지고 인터넷을 사용하게 되었다. 이는 부모의 역할에도 엄청난 변화가 일어나기 시작했음을 의미한다. 통신 기계의 발전으로 자녀의 일거수일투족을 모두 감시할 수 있게 되었고, 심지어 집 안에서도 부모와 자녀가 문자로 대화하게 되었다.

하지만 이것을 마냥 좋은 것으로만 여겨야 할까? 부모가 정말 국가안보국처럼 자녀를 사찰해야 하는 걸까? 몇 년 전 전자 충격 기기를 만드는 회사인 테이저에서는 휴대전화로 송신되는 전화, 메시지, 이메일을 중간에서 가로챌 수 있는 소프트웨어를 개발했다.[2] 이는 많은 부모가 자녀들을 감시하기 위한 여러 가지 다양한 제품에 눈을 돌리게 만드는 계기를 마련했다. GPS 기술이 선사하는 감시의 세계란 실로 엄청나다. 한 사람의 움직임을 정확히 모니터해서 시시각각 변하는 위치까지 추적한다. 그래서 어떤 부모는 심지어 유치원에 다니는 아이에게 이 시스템을 사용하기도 한다. 집에 돌아온 아이가 혼자 놀든 아니면 육아도우미와 함께 있든 간에 부모는 더 다양한 기계와 장비로 아이들을 '지켜본다'. 이런 종류의 기술이 진정 빛을 발하는 것은 아이가 실종되었을 경우 경찰에게 자료를 제출할 때다.[3] 아이의 생명을 구하는 용도로 요긴하게 사용될 수 있는 이런 기술에 대해 반론을 제기할 사람은 없다.

하지만 아이들을 이런 식으로 감시하는 것이 부모와 자녀에게 어떤 영향을 끼칠 수 있는지도 점검해야 하지 않을까? 아이들에게 전자 목줄을 걸어놓는 일은 부모가 그토록 아끼고 사랑하는 자녀와 부모 사이를 소원하게 만드는 장치로 변질될 수도 있다. 몰래 감시하는 부모와 자녀 간에 진정한 신뢰가 쌓일 수 있다고 생각하는가? 또 책임감은 어떻게 가르칠 수 있겠는가? 말썽 없이 지내는 평범한 청소년을 마치 잠재적 범죄자인 것처럼 밀착 감시한다는 사실에 입이 다물어지지 않는다. 최근 통계에 따르면 전국적으로 범죄율이 감소하고 있는 추세다. 부모가 상상하는 세상과 현실 사이에는 괴리가 있다는 이야기다. 물론 완벽하게 안전한 세상은 아니라 하더라도 부모가 자녀의 나이에 맞게 누려야 할 자유를 임의로 빼앗아선 안 된다.[4]

어떤 부모가 과잉 양육에 쉽게 빠질까

한부모, 이혼이나 사별을 겪은 부모, 일 중심적인 부모, 살림만 하는 부모, 양부모, 성격이 급하고 경쟁적인 부모, 입양한 부모, 자식이 공평한 기회를 제공받기를 바라지만 경제적으로 여유가 없는 부모, 동성 부모 등등과 같은 경우 외에도 부모에게는 자녀에게 집착할 수밖에 없는 수많은 이유와 목적이 있다. 과잉 양육으로 쉽게 빠질 수 있는 부모의 유형을 다음 몇 가지로 정리했다.

1. 자녀에게 많은 투자를 하는 맞벌이 부모

전 세계 중산층 이상의 가정인 경우 부모는 자녀의 성공을 위한 필수 코스라 여겨지는 여러 활동을 계획하고 실행한다. 아이는 아침부터 밤까지 여러 가지 활동을 하는데, 심지어 주말에 더 바쁠 때도 있다. 이런 부모는 어떤 동네에서 누가 더 많은 활동을 시키는지 마치 경주라도 하는 것처럼 자녀에게 경쟁적으로 돈을 쏟아붓고 있다.

홍콩에서 꽤 이름 있는 사립학교에 딸과 아들을 보내고 있는 줄리는 육아 웹사이트 록맘닷컴Rockmom.com에 그녀가 곧 아이들과 함께 이탈리아로 여행을 가게 되어서 너무 기쁘다는 내용의 글을 올렸다. 그리고 이것이 아이들에게는 "마지막 자유 시간이 될 것"이라고 덧붙였다. 왜냐면 학교에 다니기 시작하면 너무 바빠서 여가를 즐길 시간이 없기 때문이란다. 참고로 그녀의 아들은 이제 겨우 7살이다.[5]

2. 바빠서 특별활동으로 양육을 대체하는 부모

칼 오너리는 자신의 책 『억압 아래서Under Pressure』에서 이렇게 말했다. "요즘 부모는 자녀의 모든 일을 계획하고 감시하고 통제하려 한다. 그냥 내버려두는 일은 거의 없거니와 조금의 불확실성도 용납하지 않는다. 완벽한 자녀로 만드는 확실한 비결을 얻으려 동분서주하는 부모의 마음에 여유가 있을 리 없다."[6]

캔자스 주 위치타에 살고 있는 고등학교 1학년 케빈은 숙제에서 하루도 해방될 수 없다는 사실에 몹시 괴로웠다. "부모님은 제가 숙제가 없다고 하면 질겁하세요. 그러고는 선생님께 이메일을 보내서 정말 숙제가 없는지 확인하세요. 숙제가 없는 날엔 다른 공부를 시키세요. 저는 계속 뭔가를 배워야 하는 존재이기 때문이라나요. 정말 하루도 쉬지 못하게 해요."

많은 부모가 '숙제'라는 주제가 나오면 느긋해질 수 없는 것이 사실이다. 과제물과 관련된 정보를 제공하는 웹사이트 애스크키즈AskKids에서 2013년 조사한 바에 따르면 응답자의 43%, 그러니까 778명의 부모가 적어도 한 번은 자녀의 숙제를 대신해준 적이 있다고 응답했는데, 그 이유는 자녀가 숙제 때문에 스트레스를 너무 많이 받기 때문이라고 했다.[7]

숙제의 중압감에 시달리는 것이 부모만의 책임은 아니다. 학교와 선생님들도 이 문제를 좀 자세히 들여다볼 필요가 있다. 네바다 주 라스베가스에서 세 자녀를 키우고 있는 멕은 이렇게 말했다. "부모가 아이들 숙제를 도와주지 않으면 어떤 일이 벌어지는지 아세요? 우리 애들은 아마 학교에서 문제아 취급을 당할 거예요. 숙제를 제때 내지 못해서 벌을 받는 일도 많아지겠죠. 그러다 보면 학교에 가는 것 자체가 즐겁지 않고 아이들은 우울해질 거예요."

숙제는 많은 학부모들과 학교가 논쟁을 벌이고 있는 이슈 중 하나다. 미조리 주의 지방교육위원회 의원인 로버트는 이렇게 말했다. "연구에 따르면 숙제가 학생의 학업 성취도에 큰 영향을 미치지 않는 것으로 나타났습니다. 독립심이나 책임감 배양을 유도하지도 못하고, 아이의 기질이나 개성에도 아무 영향을 주지 않고 있다는 것은 분명한 사실입니다. 게다가 과제가 너무 어려워져서 아이들 스스로의 역량이나 정보로는 도저히 풀 수 없는 것들도 많습니다. 많은 연구 결과가 보여주듯이 숙제가 아이의 학업에 도움이 된다는 것은 신빙성이 떨어지는 환상에 불과합니다. 저는 학교가 이 문제를 제대로 짚어서 숙제에 대한 정책을 좀 바꿨으면 좋겠습니다."

숙제 문제는 부모의 손에만 달려 있는 것이 아니다. 교육위원회와 선생님의 영향력이 더 크다. 가족이 함께 모여 대화할 수 있는 저녁 시간이 숙제로 점철되지 않고 아이들과 단란한 시간을 보내기 위해서라도 지역에서 벌이는 숙제 줄이기 운동에 동참하는 것이 좋을 것 같다.

3. 뒤늦게 아이를 낳아 키우며 '이제 시간이 얼마 남지 않았다'고 생각해 자녀에게 최고의 길을 안내하기 위해 전문가의 도움을 받아 매사를 해결하려는 부모

이런 부모는 두 줄로 요약이 가능할 것 같다.

Q: 여기서 이 전구를 갈아 끼울 수 있는 아이가 몇 명이나 됩니까?

A: 과외 선생님 없이요? 아니면 선생님과 같이 할 수 있나요?

4. 유행을 따라가는 보통 가정으로, 트렌드를 벗어나면 못 견디는 부모

매사추세츠 주 보스턴에서 세 아이를 키우는 비키는 이렇게 털어놨다. "물론 아이들에게 너무 많은 활동을 하게 하는 건 좋지 않죠. 하지만 어쩔 수 없어요. 그렇게 하지 않으면 제가 뭔가 잘못하고 있다는 느낌이 들어요. 제 아이의 또래가 하는 것만큼은 시켜야 안심이 되죠."

'완벽한' 자녀를 만들기 위해 부모들은 서로 끊임없이 자극을 주고받는다. 캘리포니아 주 새크라멘토에서 두 아이를 키우고 있는 제시카는 말했다. "제 딸 크리스탈을 학교에서 태워서 바로 발레 수업에 데려가요. 우리 동네에서 제일 좋은 학원이에요. 프랑스에서 온 선생님인데,

르팡이라는 정통 프랑스 레스토랑에서 만났죠. 발레가 끝나면 싱크로나이즈 수영을 배우러 가요. 그 팀이 곧 자선 공연을 할 거예요. 저는 크리스탈의 사진을 미국 올림픽위원회에 보낼 생각이에요. 왜냐면 2020년이 되면 제 딸도 올림픽 팀에 합류할 나이가 되거든요. 죄송해요. 제 말이 너무 빨랐나요?"

5. 아이랑 함께 놀아주지 않고 대신 놀아줄 사람을 고용하는 부모

10살 자녀를 둔 아버지가 있다. 그는 나이가 좀 있고 경제적인 여유도 있다. 그는 자녀를 학교에서 태우고 와서 자신의 컨트리클럽에서 아이와 함께 테니스를 쳐줄 사람을 고용했다. 아버지는 아이와 절대 놀아주지 않는다.

6. 안전 과민증이라서 가용한 모든 수단으로 아이를 보호하려는 부모

우리 주변에서 어렵지 않게 만날 수 있는 부모다. 동네 놀이터에 나가 보면 아이들을 졸졸 따라다니며 챙기는 부모를 심심치 않게 발견할 수 있다. 이들에게는 거의 모든 것이 아이들의 안전을 위협하는 물건이다. 모래 상자의 모래도, 식수대의 물도 아이에게 잠재적인 위험 요소가 될 수 있다. 1999년 케이블 채널 HBO에서는 코미디언 조지 칼린의 공연을 담은 스페셜 CD '당신들은 모두 병들었어요You Are All Diseased'를 발매했는데, 여기서 칼린은 아이들의 안전을 지나치게 걱정하는 부모들을 향해 이런 농담을 했다. "자연 선택, 적자생존도 모릅니까? 아이가 돌멩이 7개를 집어 먹는다고 애를 못 낳는 사람이 되기라도 한답니까?"[8]

지금은 이 말을 농담으로 웃어넘기기 어려운 상황이 되었다. 과잉보호가 전 세계적인 양육 트렌드가 되었기 때문이다. 미국뿐 아니라 인도에서도 아이들을 지나치게 보호하려는 경향이 강하게 나타나고 있다. 델리에 살고 있는 리투는 9살 아들에게 절대 스쿨버스를 타지 못하게 하고 있다. 버스 기사가 변덕스러울 때가 있다는 이유에서다. 산지는 13살 딸이 친구 집에서 하룻밤 자고 오는 것을 절대 허락하지 않는다. 친구 부모가 아이들을 잘 보호할 수 있을지 확신할 수 없기 때문이다. 캘커타에 살고 있는 프리티는 7살 아들이 놀이터에 있는 정글짐에서 놀 때 항상 마음을 졸인다. 아이가 정글짐에서 한 발 움직일 때마다 바로 밑에서 대기하며 혹시나 모를 사고에 대비한다. 어른 없이 아이 혼자 정글짐에서 노는 것은 그녀에겐 불가능한 일이다. 그녀의 또 다른 10대 자녀는 학교에서 가는 해변 소풍도 가지 못했다. 혹시 모를 익사 사고 때문이다.[9]

7. 자녀가 많지 않아 자녀에게 투자할 시간이 많은 부모

명문 고등학교에서 대학 진학 상담을 하고 있는 앨리슨은 학부모의 신속한 연락에 항상 놀라고 있다고 말했다. 학부모에게 전화를 하면 마치 백악관의 핫라인처럼 빛의 속도로 답변이 오곤 한단다. 한번은 어떤 학부모에게 전화를 했는데 주변에서 이상한 소리가 들려서 "좀 이상한 소리가 나는 것 같은데, 무슨 소리죠?" 하고 물었더니, "아, 별일 아닙니다. 제가 지금 대장 내시경 검사를 하고 있는데, 통화 가능합니다"라고 대답했다고 한다. 앨리슨은 상황이 상황인 만큼 나중에 통화하자고 했지만, 그 학부모와 검사를 하고 있던 간호사 모두 대화를 계속해도 된다며 고집을 피웠다고 한다. 아들과 관계된 문제이고 자신에게 그보다 더 중요한 일은 없다는 이유에서였다. 앨리슨은 그 학부모에게 부모로서 우선순위를 재조정하는 것을 도와주는 지역 학부모 모임에 나갈 것을 추천했다고 한다.

8. 자녀를 사립학교에 보낸 직후 자녀의 모든 일에 불안함을 느끼는 부모

다음은 자녀에게 너무 많은 돈을 투자한 경우의 이야기다. 평판이 매우 좋고 재학생들의 성적도 우수해서 등록금이 꽤 비싸고 입학 경쟁률도 높은 홍콩의 한 국제학교가 중국 본토에 자매 학교를 세울 계획을 가지고 있었다. 그 국제학교는 고등학교 2학년 학생들을 본토에 있는 자매 학교에 1년간 보내 공부를 시키려는 계획을 세웠다. 학부모들의 생각은 정확히 반반으로 나뉘었다.

반대한 이유가 뭐였을까? 아이들이 향수병에 잠길 것을 염려했던 것일까? 아니다. 아이들이 너무 보고 싶어 보낼 수 없다고 한 걸까? 그것도 아니다. 부모들의 생각은 간단했다. 그들은 아이들이 현재 과외 선생님으로부터 과외를 받을 수 없다는 이유 때문에 반대했다고 한다.[10]

9. 미국에 처음 이민을 와서 자녀를 키우는 관계로 자녀의 성공을 위해 가능한 일을 모두 하려는 부모

세계 각국의 이민자들은 교육이나 여러 가지 사회적 기회를 기대하며 자신의 고향 땅을 떠나 미국으로 건너왔을 것이다. 절대 가벼운 마음으로 미국에 온 것이 아니다. 이들이 여기까지 오기 위해 치른 엄청난 희생의 무게는 자녀의 높은 학업 성취도에 대한 기대로 이어진다. 다행히 이 가족들은 대체로 근면 성실한 사람들이어서 자녀가 학교생활을 잘하는 편이다.

미국인 부모들이 오히려 외국인 자녀와 경쟁해서 자녀가 이길 수 없다는 사실을 깨달으면 걱정을 하기 시작된다. 자녀에게 지나치게 공부에 대한 압력을 주고 간섭하다가 결국엔 최악의 과잉 부모가 되는 방향으로 흘러가기도 한다.

미국인 부모와 이민자 부모는 모두 자녀의 삶을 마치 장애물 넘기 경주로 만들어버려, 자신이 생각하는 최고에 다다르게 하기 위해 자녀 앞에 장애물을 세우고 계속해서 그 장애물을 넘어야만 한다고 자녀에게 강요한다.

10. 실패에 대해 막연한 두려움을 느끼는 부모

콜로라도 주 콜로라도 스프링즈에서는 매년 수백 명의 아이들이 참여하는 '부활절 달걀 찾기' 행사가 개최되었다. 그런데 얼마 전 주최 측에서 갑자기 행사를 취소했다. 그 전해에 개최된 행사에서 자녀가 혹시나 달걀을 하나도 못 찾을까 봐 걱정된 부모들이 공원에 들어가서 달걀을 대신 찾아주는 바람에 작은 공원 숲이 쑥대밭이 되었기 때문이다.[11]

이는 단순히 부모의 욕심 때문에 생긴 일일까? 그 당시 아이들 수에 비해 달걀 수가 턱없이 모자란 경우가 아니었다면 이런 행동을 어떻게 이해해야 할까? 부활절 달걀 때문에 싸운 부모들은 지금 반성하고 있을까? 겨우 색깔 입힌 달걀 하나 때문에 자녀의 삶에 큰 위기라도 닥친 것처럼 그렇게 호들갑을 떨어야 했단 말인가? 대부분의 부모는 달걀 때문에 자녀의 기분이 상하는 것이 싫었거나, 거기에 모인 아이들 중 자신의 자녀가 가장 적은 수의 달걀을 가지지 않았으면 하는 마음에 그렇게 행동했을 것이다. 달걀을 찾지 못하는 것은 자녀에게 '실패'가 아니다. 그저 부모가 '생각하는' 실패로부터 자녀를 보호하기 위해 이런 행태를 보인 것뿐이다.

이혼한 부모를 위한 충고

지금 당신이 이혼 수속을 밟고 있거나 또는 그 언저리 어딘가에 있다면 과잉 양육에 빠질 확률이 매우 높다. 왜냐면 당신은 자녀와의 애정을 놓고 배우자와 한판 경쟁을 벌여야 하기 때문이다.

20~30년 전부터 이혼이라는 것이 그리 특별하지 않은 일이 되었다. 그래서 아이들은 부모가 이혼 중에 벌이는 추태를 코앞에서 지켜볼 수밖에 없는 상황이다. 양쪽 부모 모두 어떤 것에든 경쟁을 벌여 아이들의 마음을 빼앗으려 할 것이고, 아이가 원하는 무엇이든 해주면서 과잉 양육의 전형적인 모습으로 흘러갈 것이다. 이혼 전문 변호사들의 말에 따르면 판사 앞에서 아이들의 면접권과 위자료 문제를 조금이라도 더 유리하게 만들기 위해 부모들은 슈퍼맘 또는 슈퍼대디임을 입증하려고 기를 쓴다고 한다.

부모 간에 이런 분쟁이 생기면 아이들과 떨어져 지내는 시간이 길어지고 부모 자녀 간 좋았던 관계가 소원해질 수밖에 없다. 부모는 자신과 개별 시간을 보내는 아이들에게 더 좋은 엄마 아빠로 남기 위해 아이들에게 점수를 따는 일에만 초점을 맞추게 된다. 아이들의 기분을 상하지 않게 하려고 그들이 원하는 것을 다 들어준다. 훈육 같은 것은 아예 기대할 수 없다. 그렇게 기분을 맞춰줘야 다음 주말이나 공휴일에 자녀를 만날 수 있기 때문이다.

이런 식의 양육이 당신과 자녀에게 좋을 리 있겠는가? 아무리 평화적인 방법으로 헤어진다고 해도 이혼 자체는 매우 고통스러운 일이다. 매일 자녀와 함께 있던 것에 익숙한 당신이 아이들을 볼 수 없게 되면 자녀가 없는 밤과 낮을 견디며 마음에 많은 상처를 받을 것이다. 아이와의 관계에 대한 확신이 무너지면서 나중에 많은 후회를 할 말과 행동을 하게 될 것이다. 그중 하나가 전 배우자를 폄하하는 말을 하는 것이고, 다른 하나는 아이들의 응석을 다 받아주는 것이다. 당신이 이런 말과 행동을 할 수밖에 없는 상태라고 느껴지면 전문가의 도움을 받는 것이 좋다.

대화 부족이 과잉 양육에 빠지게 한다

이혼 절차를 밟고 있는 가정의 모든 가족 구성원은 극심한 스트레스와 죄책감, 혼란, 자기 부정의 감정에 시달리기 마련이다. 결과적으로 부모와 자녀 간의 대화가 가장 절실한 시기이지만, 대화를 거의 나눌 수 없는 상황이 되고 만다. 그런데 참 아이러니한 사실은, 부모와 자녀가 이혼의 과정을 바라보는 시각이 너무나 다르다는 것이다. 여기 한 연구 결과가 그 극명한 견해의 차이를 잘 보여준다.

영국의 한 양육 웹사이트[12]에서 각각 1000명의 부모와 100명의 아동을 대상으로 이혼에 대한 여론조사를 실시한 결과, 39%에 달하는 아이들이 이혼에 대한 자신의 솔직한 감정을 부모에게 숨긴 적이 있다고 밝혔고, 20%는 부모가 자신들의 일에만 너무 몰두하고 있는 나머지 대화를 해봤자 아무 소용이 없었다고 답변했다. 14%의 아이들은 자신이 얼마나 속상한지를 부모에게 말할 수 없었다고 답변했다. 18세 미만의 아이들 중 3분의 1이 부모의 이혼으로 "엄청난 충격에 휩싸였다"라고 말했다. 심지어 13%의 아이들은 부모의 이혼이 자신의 잘못 때문이라며 자책하고 있었다.

이와는 반대로 77%의 부모들은 자녀가 이혼의 과정을 큰 어려움 없이 잘 견디고 있다고 답변해 아이들과 큰 견해차를 보여주었다. 10%의 부모는 아이들이 오히려 안도하고 있다고 밝혔다. 5%의 부모만 아이들이 자책하고 있다는 사실을 인지한 것으로 나타났다. 그리고 단 1%의 부모만 이혼의 고통으로 인해 아이들이 술에 의지하거나 자해나 자살을 염두에 두고 있다는 사실을 인지하고 있었다. 간단히 말해 부모는 아이들이 부모가 이혼하는 과정을 지켜보면서 무슨 생각을 하는지, 어떤 고통을 받는지 정확히 알지 못하고 있다는 얘기다.

이혼의 고통을 겪은 부모는 죄책감 때문에 자녀에게 지나친 보상을 하려는 경향이 있다. 자신이 무슨 짓을 하고 있는지도 모른 채 이런 과잉 양육으로 빠져든다. 앞서 이야기한 통계는 단순히 부모에게 어떤 문제가 있다는 것을 의미한다기보다는 자녀와 충분한 대화를 나누는 것이 얼마나 중요한지를 말해준다고 할 수 있다.

당신은 자녀의 이야기를 주의 깊게 들을 필요가 있다. 물론 당신이 처리해야 할 문제가 산재해 있고 자녀의 하소연까지 듣고 싶지 않을 때도 있겠지만 말이다. 내가 듣고 싶은 말만 골라서 듣지 말고 자녀에게 먼저 묻고 그 이야기를 경청해야 한다. 내가 편한 대로 상황을 축소하거나 은폐하지 말고 아이들이 어떻게 느끼는지 있는 그대로 들어야 한다.

부모의 지나친 욕심이 아이의 행복을 빼앗는다

시카고 콜롬비아대학의 철학과 교수 스티븐 아스마가 2012년에 출간한 책 『편애하는 인간Against Fairness』에는 현대 부모의 도덕적 갈등이 잘 기술되어 있다. "공상 과학 소설에서나 나올 법한 마법사가 나에게 다가와서 '이 버튼을 누르면 당신 아들의 목숨을 구할 수 있지만 (음산한 음악이 깔리며) 낯선 사람 10명이 어디선가 죽게 된다'라고 말하면, 나는 그의 말이 채 끝나기도 전에 그 버튼을 눌렀을 것이다."[13]

부모의 양육 유형을 이야기하면서 느낀 것은 우리 모두 과잉 양육에 빠질 위험이 다분하다는 것이다. 우리는 자녀에게 항상 최고의 것을 주고 싶어 하고, 자녀의 성공에 방해가 되는 것이 있다면 모두 치워버리려 하며, 무슨 일이 생기더라도 그들을 열렬히 응원할 준비가 되어 있다. 다 좋다. 하지만 우리가 보이는 지나친 관심, 보호, 응원이 가져올 결과를 생각한다면 이런 부모의 사랑을 마냥 좋은 것으로 간주할 수 없을 것이다.

지나친 경쟁심을 가지고 있는 부모는 우리가 양육강식의 초경쟁 사회에 살고 있다고 생각한다. 따라서 그들에게 부모로서 해야 할 일은 단 한 가지로 압축된다. 바로 자녀를 경쟁에서 살아남게 하는 것. 작년에 우리와 인터뷰를 진행했던 수지는 뉴욕 브루클린에서 네 자녀를 키우고 있다. 그녀는 뉴욕을 양육강식의 논리가 지배하는 정글이라고 표현했다. "여기는 정글이에요. 지금 우리 애가 좋은 학교에 들어가는 것은 그 아이의 인생을 결정하는 일이에요. 쉽게 얘기해서 우리 아이가 5학년이 돼서 학교 배구 팀의 출전 선수로 뽑히느냐 마느냐는 하버드대냐 전문대냐를 결정하는 중요한 의미를 지닌 일인 거죠."

수지의 의도가 나쁘다고 생각하지는 않지만, 감정적으로 정신적으로, 그리고 경제적으로 너무 많은 에너지를 자녀에게 쏟아붓다 보면 가끔 위험하고 바보 같은 짓을 하게 된다. 이는 부모에게도 자녀에게도 해로운 일이다. 부모로서 우리가 무슨 짓을 하고 있는지 찬찬히 살펴보자.

모든 아이들이 아이비리그에 가야 하는 것은 아니다. 어떤 아이들은 명문 학교가 아닌 학교를 졸업하고도 나름의 역량을 발휘하면서 행복한 삶을 살아간다. 또 자신의 미래에 대해 생각할 시간이 필요한 학생들의 경우 전문대에서 1~2년 공부하면서 자신이 원하는 것이 무엇인지, 무엇이 자신의 적성에 맞는지를 점검하는 것도 현명한 선택일 수 있다. 이는 자녀의 미래를 위해 합리적인 투자를 하고 싶은 부모에게 추천할 만한 대안이다. 경제적으로나 사회적으로 성공을 이루고 가족과 행복한 삶을 영위하는 많은 사람들이 모두 아이비리그 출신은 아니란 이야기다. 평범한 대학이나 전문대학을 졸업하고도 자신의 꿈을 이루는 사람들이 많다는 사실을 잊지 말아야 한다. 아이비리그가 인생의 성공과 행복을 보장하는 티켓이 될 것이라는 맹신은 부모에게도 자녀에게도 위험한 도박이다.

대세를 거스를 수 있는 용기

부모가 자녀에게 최고의 길을 열어주기 위해 가능한 모든 일을 해야 한다고 믿는 사람이라면 대세를 거스르는 것은 정말 어려운 일일 것이다. 지역에서 가장 좋은 학교에 자녀를 등록시키는 일에서부터 끊임없이 문자를 보내서 아이의 상태를 확인하고픈 마음까지 부모에겐 온통 유혹의 지뢰밭이다. 게다가 주변의 과외 학원과 지인들은 좋은 대학에 입학시키려면 반드시 해야 하는 일의 목록을 우리 귀에 속삭인다. 당신의 발길이 닿는 모든 곳에서 자녀의 성공은 부모의 책임이라는 암묵적인 메시지를 전달하는 오늘날의 상황에서 당신도 가끔은 과잉 양육의 행태를 따라갈 수밖에 없을 것이다.

서점에 가면 아이들의 동화책 코너 바로 옆에 육아 관련 서적들이(이 책을 포함해서!) 넘쳐난다. 온라인에서 취할 수 있는 정보의 양은 이보다 훨씬 많다. 어떤 학교에서는 자녀의 성적을 항상 다운로드할 수 있게 하고 부모는 그 성적표를 페이스북에 올리거나 냉장고에 붙여 놓는다. '당신의 가족을 구원하라'라는 제목의 세미나가 도처에서 열리고, 부모로서 어떻게 하는 것이 잘하고 못하는 것인지를 하나하나 짚어주는 육아 정기 간행물들이 쏟아져 나온다. 이런 정보가 시키는 대로 하면 마치 마술처럼 양육이 쉬워질 것 같겠지만, 실제론 그렇지 않다.

이뿐 아니라 신입생 모집처, 시험 문제 회사, 과외 학원들은 여러 가지 구실을 들어 당신의 지갑을 열게 할 것이다. 사립학교에서는 매년 학비를 인상하고 학부모회에서도 암묵적으로 기부를 강요한다. 더구나 과학 이론으로 부모들을 유혹하기도 한다. 주의력결핍 장애 약물을 복용하면 아이들의 성적이 더 향상된다고 부추기면서 말이다. 이쯤 되면 부모들이 두 손 두 발을 다 들어버리는 것이 어쩌면 당연한 일인지도 모른다. 똑똑하고 능력 있는 부모가 자녀에게 100% 헌신하기 위해 직장을 그만두고 나서 깨닫는 사실은, 양육에 대한 사회적 압박 때문에 노이로제에까지 걸리지는 않더라도 부모가 정상적인 판단을 할 수 없게 된다는 것이다. 그리고 이것은 결국 자녀에게도 나쁜 영향을 미친다.

과잉 양육의 모든 책임이 부모에게만 있는 것은 아니다. 청소년기에 또래 친구들과 다른 행동을 하는 것이 쉽지 않은 일이었듯 어른이 되어도 이것은 만만한 일이 아니다. 특히 우리 아이가 또래보다 뒤처져서는 안 된다는 생각을 가진 사람이라면 더욱 그럴 것이다. 이런 과잉 양육의 열풍에 함몰되지 않기 위해서는 대단히 큰 용기와 의지가 필요하다. 어쩌면 부모가 약물 치료 클리닉에서 실시하는 엄격한 정신 훈련을 받고 자녀의 삶을 해방시켜주어야 할지도 모른다. 만약 이런 프로그램을 시행한다면 훈련의 핵심은 아주 간단하다. 자녀를 '그냥 내버려두는 것'을 연습하는 일일 것이다. 그래서 부모는 자신의 삶을 찾고 자녀는 건강하고 독립적인 성인으로 성장할 수 있게 하는 것이다.

부모 적성 검사 답안지

1. 성공적인 양육이란 무엇입니까?

C. 자녀가 성장하는 것을 즐겁게 여기고 자신에 대한 긍정적인 마인드를 갖게 되는 것.

2. 부모가 자녀에게 꼭 해주어야 할 일은 무엇입니까?

D. 위에서 말한 모든 것('검사'는 아주 가끔 보게 하는 것이 훨씬 좋다)

3. 자녀에게 모유수유를 했다면, 이것은 무엇을 의미합니까?

D. 굶주리지 않을 것이다.

4. 사랑한다면 절대 해서는 안 되는 말은 무엇입니까?

D. 답 없음.

5. 초등학교 3학년 자녀가 수학시험을 망쳤다면, 이것은 무엇을 의미합니까?

D. 답 없음.

6. 아들의 축구 코치가 아들을 선발하지 않는다면, 당신은 어떻게 반응하겠습니까?

D. 신경 쓰지 않고 경기를 즐기겠다.

7. 과학경시대회에서 당신의 딸이 수상을 했다면, 당신은 어떻게 하시겠습니까?

A. 딸에게 무척 자랑스럽다고 말해줄 것이다.

8. 자녀가 대학에 꼭 진학해야 할지를 고민하고 있다면, 당신은 어떤 기분이 들 것 같습니까?

D. 왜 그런 생각을 하게 되었는지 궁금할 것 같다.

9. 중학교 2학년 아들이 동급생에게 놀림을 받았습니다. 무엇을 제일 먼저 해야 합니까?

C. 아들에게 무슨 일이 있었는지 묻는다.

10. 5살 아들이 미끄럼틀에서 떨어져 팔이 부러졌다면 당신의 선택은?

D. 답 없음.

4

대리만족의 도구로 전락한 자녀의 특별활동

언젠가부터 켄터키에서 캘리포니아 주에 이르는 미국 대부분의 지역에서 자녀를 운동선수로 만들지 못해 안달 난 부모들을 어렵지 않게 만날 수 있게 되었다. 이들은 농구, 축구, 배구 경기의 관중석에서 다른 선수들은 안중에도 없는 듯 큰 소리로 자녀를 열렬히 응원한다. 이들은 자신의 행동을 그저 단순한 응원이라 여기겠지만, 다른 사람들의 눈살을 찌푸리게 하는 광기어린 행동으로 이어질 때가 많아 운동장에서 쫓겨나는 일이 종종 벌어지기도 한다. 어떤 부모는 자녀가 특출한 기량을 뽐내주기를 기대하며 경기장을 찾는다. 이것이 대학 입학의 지름길이기 때문이다. 이들은 대학에 운동 특기생으로 스카우트될 확률이 높은 학군을 찾아 이곳저곳으로 옮겨 다니기도 한다.

미국 전역에 퍼져 있는 이런 열성적인 사람들 덕분에 자녀를 운동선수로 만들기 위해 부모가 적극적으로 뒷바라지하는 일이 당연한 것으로 여겨지게 되었고, 부모가 느끼는 부담감과 압박은 극에 달했다. 유튜브에 접속하면 겨우 4살 된 아이가 드넓은 운동장에서 혼자 뛰는 장면들로 넘쳐난다. 공을 막을 생각도 없는 골키퍼를 상대로 득점을 위해 힘겹게 공을 몰고 오는 모습을 담은 동영상들이 정말 많다. 4살이면 공원에서 자유롭게 다람쥐를 쫓아다니는 것이 훨씬 재미있을 나이가 아니던가!

이런 부모들은 아이가 하는 짓이 너무 귀여워서 비디오를 찍는 것만은 아니다. 자녀가 대단히 운동을 잘한다고 착각하면서 혹시라도 스카우트될지 모른다는 막연한 기대 때문에 이제 막 기저귀를 뗀 아이의 모습을 비디오에 담는 경우가 많다. 이런 열정은 아이가 크면 더 뜨거워지고, 고등학교를 졸업할 때까지 식지 않는다.

이렇게 초조해하며 스카우트에 목을 매는 부모들의 공통적인 생각은 하나다. 자녀를 운동 특기생으로 특례 입학을 시키고 더불어 장학금까지 받게 하는 것이다. 자녀의 의도나 계획과는 상관없이 이들은 연중 계속되는 토너먼트에 참가하도록 자녀를 밀어붙인다. 개인 코치를 붙여서 따로 훈련까지 받게 하면서 말이다. 드림팀에 발탁되기 위해 아이의 공부는 완전히 뒷전으로 밀린다. 자녀의 의사와 관계없는 이런 지나친 열성이 다른 학부모, 코치, 심지어 자녀에게도 긍정적인 영향을 끼칠 리 없다.

경제적인 형편이 넉넉지 않은 한부모 가정에서는 특기생 장학금이 자녀를 대학에 보낼 수 있는 거의 유일한 방법이라고 생각하기 쉽다. 그래서 이런 부모가 경기를 보러 오는 날이면 지나치게 몰입한 나머지 관중석에서 싸움이 나기도 하며, 이성을 잃은 부모가 코치에게 자녀가 경기에 더 뛸 수 있도록 압력을 행사하다가 보안 담당 직원의 손에 붙들려 경기장에서 쫓겨나는 불상사가 벌어지기도 한다.

리얼리티 프로그램에서나 볼 수 있는 장면이라고 생각하겠지만, 그렇지 않다. TV에서나 나올 법한 일들이 주변에서 워낙 많이 일어나고 있어 이젠 그리 놀랍지도 않다. 〈농구에 꽂힌 엄마 그리고 구박받는 아이들Basketball Moms and the Kids They Humiliate〉이라는 쇼에 나오는 황당한 부모를 보면서 우리가 얼마나 비웃었던가? 하지만 거기 나온 사람들이 바로 우리의 모습일지도 모른다. 공공장소에서 다른 사람들과 막무가내로 싸움을 벌이는 모습을 지켜보는 아이들의 마음이 어떻겠는가? 자신의 친구와 동료 선수들이 다 지켜보고 있는 가운데 부모가 이성을 잃고 흥분한 모습을 보는 것이 얼마나 당황스럽고 창피할까?

많이 양보해서 자녀를 열성적으로 응원하고 가끔 흥분하는 것은 그렇다 치더라도 우리가 반드시 짚고 넘어가야 할 문제가 있다. 이것이 도대체 누구의 꿈인가라는 문제다. 만약 당신의 '유망주', 그러니까 당신의 자녀가 드림팀에 발탁되지 못하면 어떻게 되는 것인가? 그 아이는 오로지 운동에만 열중해왔기 때문에 사실상 보통 아이들이 경험했던 학교생활이나 공부는 전혀 하지 않았을 것이다. 따라서 자녀가 운동을 그만둔다면 입학할 수 있는 학교는 운이 좋아야 전문대학뿐이다. 전문대학을 폄하하는 것이 아니라 그만큼 선택의 폭이 줄어들었다는 이야기를 하는 것이다. 또 이 아이는 청소년 시기에 꼭 경험해야 할 것들을 너무 많이 놓쳐버렸다. 자녀는 나중에 운동을 열심히 시켰던 부모를 고맙게 생각할까? 물론 그런 아이들도 있겠지만, 부모가 억지로 운동을 시켰던 경우라면 아이는 부모에게 적대감을 갖게 될 것이다.

자신이 잃어버린 평범한 시간을 그 어디에서도 보상받을 수 없기 때문이다. 친구들과 어울리거나 한가한 시간을 보냄으로써 사회성을 기르고 독립적인 자아를 형성하는 기회를 이 아이들은 한 번도 가진 적이 없다. 자신이 할 수 있는 것이라곤 오로지 운동밖에 없었던 아이들이 목표를 실현하지 못하면 이를 인생의 실패로 간주한다. 그리고 그 좌절감을 어떻게 극복해야 하는지 전혀 배우지 못한 아이들은 약물이나 알코올의 유혹에 쉽게 빠진다.

좋든 싫든 자녀의 결과를 인정하자

자녀가 미래에 어떤 사람으로 성장할 것인지 쉽게 예측할 수 없듯이 자녀가 운동을 함으로써 우리 삶에 어떤 일이 벌어질 것인지도 정확히 알 수 없다. 물론 운동 팀에서 함께 훈련하며 다른 사람들과 관계 맺는 법을 배우고 서로 돕고 양보하면서 자신감을 배양할 수도 있다. 하지만 요즘 재미로 하는 경기조차 아이들에게 지나친 경쟁심을 부추기고 있어 운동이 이런 좋은 효과를 거둘 수 있을지 의구심이 들 때가 많다. 운동이나 스포츠맨십에 대해 잘 아는 사람이 코치가 될 경우 이들은 부모와 좋은 관계를 유지하며 아이들이 같은 유니폼을 입고 동일한 시간을 경기장에서 함께 뛰는 데 큰 의미를 둔다. 반면 경기의 승패를 아주 중요하게 생각하는 코치들도 있다. 그들은 아이들을 위태롭게 만들 때가 많다. 아이들의 자존감이나 감정은 중요하게 생각하지 않고 오로지 경기에서 이기는 것을 목적으로 삼는다. 아이들이 운동을 통해 자신감을 얻고 사회성을 기르는 데에는 관심이 없다. 어떤 희생을 치르더라도 우승하는 것이 무엇보다 중요하다. 언뜻 보면 팀의 우승을 위한 것처럼 보이겠지만 이는 코치 개인의 영광을 위한 것일 때가 많다.

주변에서 이런 유형의 코치를 어렵지 않게 만날 수 있다. 당신의 학창 시절에 운동장에서 놀고 있는 아이들에게 괜히 시비를 걸고 자신에게 관심을 주지 않았다는 이유로 여학생을 학교 담벼락에 밀어붙였던 아이들을 기억하는가? 그들이 바로 이런 종류의 사람들이다. 이런 코치와 학부모는 우승을 위해 수단과 방법을 가리지 않는다. 모든 선수가 동일한 시간 동안 경기에 임하는 것이 리그의 규칙임에도 갖은 핑계로 가장 뛰어난 선수가 가장 많은 시간을 경기장에서 뛸 수 있도록 조치한다. 심판이 팀에 조금이라도 불리한 판결을 내리면 어린 선수들이 지켜보는 앞에서 심판에게 무례한 말과 행동을 한다. 마치 자신이 아직도 현역 선수인 것처럼 군다. 경기에서 이기기 위해 사람들을 속이고 규칙을 살짝 바꾸는 품위 없는 태도를 사람들 앞에 공공연히 심지어 자랑스럽게 드러내 보이기도 한다. 모든 코치가 그렇다는 이야기는 아니다. 다만 자신의 목적을 위해 가용한 모든 수단을 동원했던 사람들이 과연 어떻게 아이들에게 정정당당한 게임이나 팀워크에 대해 가르칠 수 있을지 의심스럽다는 이야기다.

로스앤젤레스에 있는 조셉슨 인스티튜트 학교의 학생 500명을 대상으로 실시한 연구 결과에 따르면 운동 특기생들이 부정행위를 가장 많이 저지르는 것으로 드러났다고 한다. 또한 72% 이상의 미식축구 선수들이 시험에서 부정행위를 한 적이 있다고 밝혔다. 이런 태도가 어떻게 해서 생겨난 걸까? 이 연구에서는 경기에서 이기는 것만을 목적으로 삼는 코치들로부터 배운 것 같다는 결론을 내렸다.[1] 운동 기량을 높이고 인성을 발달시켜야 할 운동 팀이 이 지경에 이른 것이 가슴 아프다.

오늘날 자녀의 성공을 위해서는 부모의 뒷바라지가 절대적이라는 사회적 인식 때문에 부모는 극도의 긴장감에 시달리고 있다. 그러다 보니 부모는 항상 자녀가 실패하지 않을까 전전긍긍하게 된다(또 부모로서 자신이 실패한 것이 아닐까 염려하게 된다). 그래서 합법적인 방법이라면 무엇이든 자녀를 도와주려고 하는 것이다. 걱정과 불안에 휩싸인 부모들이 자녀에게 도움이 된다 싶은 일은 뭐든 하게 되었다는 이야기다. 우리 전 세대만 하더라도 운동은 어른들의 감독이 필요했던 영역이 아니었다. 적어도 고등학교 이전까지는 말이다. 물론 휴일에 어른들이 경기에 참여하거나 관람하러 오는 경우는 더러 있었다. 또 아주 중요한 경기에는 어른들이 참관했다. 그런 경우를 제외하고는 어른들과 아이들이 함께 즐기는 운동이라고 해봐야 뒤뜰에서 가볍게 즐기는 아주 단순한 게임일 때가 더 많았다.

즐길 줄 아는 아이가 실력도 뛰어나다

뛰어난 경기력을 엿볼 수 있는 장면은 아니지만 아버지와 아들이 뜰에서 공을 주고받는 것만큼 아름다운 모습이 또 어디 있을까 싶다. 이보다 좀 더 가슴 뭉클한 장면은 동네에 있는 조그만 야구장에서 부모가 자녀와 함께 마치 월드게임이라도 출전한 것처럼 진지하게 경기에 임하는 것이다. 어린 자녀를 위해 부모는 마치 짧은 팔을 가진 것처럼 공을 던지고 받는다. 이런 단순한 공놀이가 뭐 그리 대단하냐고 반문하겠지만, 정말 대단한 일이 벌어지고 있다. 공을 던지고 받으며 자녀와 안정감 있는 관계가 형성되고 유대는 더 깊어지는 것이다.

당신이 공을 던질 때마다 아이는 세상에 대한 신뢰를 배우게 된다. 이미 내 손을 떠난 공, 그래서 다시는 나에게 돌아오지 않을 것 같았던 공이 다시 내게 오는 것을 경험하는 것이다. 단순히 공놀이를 하는 것뿐인데 서로 눈빛을 주고받으며 신뢰와 사랑이 점점 쌓여간다. 가끔 당신도 공을 놓칠 것이다. 당신도 완벽하지만은 않다는 것을 보여줌으로써 자녀는 경기의 의미를 알아가게 된다. 이것이야말로 부모와 자녀가 함께 운동을 하는 가장 중요한 목적이다. 이때 부모로서 뿌듯함을 느껴도 좋다. 왜냐면 당신은 공을 어떻게 던져야 하는지 가르쳤을 뿐만 아니라 인생에서 가장 중요한 일을 했기 때문이다.

그렇다면 요즘 부모가 각종 경기장의 관람석이나 집 안의 뒤뜰에서도 아이의 경기력에만 집중하게 된 원인은 뭘까? 어쩌다가 보는 이 모두를 불편하게 만드는 이런 행동 방식이 만들어졌을까? 단순히 자녀가 부모에게는 너무 소중한 존재이기 때문에 그런 행동을 하게 된 것일까? 운동 특기생에게 주어지는 대학 장학금 때문일까? 부모가 잘났으니까 자녀도 반드시 그 정도는 되어야 한다는 생각 때문일까? 이 장 서두에서도 말한 것처럼 결과가 어찌되든 자녀를 밀어붙일 수밖에 없는 경제적 상황에 놓인 부모들도 있다. 하지만 자녀의 대학 학자금을 충분히 지원할 수 있는(또는 적어도 학자금 융자를 갚을 수 있는) 상황임에도 자녀를 강하게 밀어붙이는 부모가 있다. 그 이유는 뭘까? 다른 사람은 아랑곳하지 않고 큰 소리로 열렬히 자녀를 응원하는 이유는 뭘까? 그들은 정말 경기장이나 극장에서 경연을 펼치고 있는 사람은 자녀 혼자밖에 없다는 착각을 하는 걸까? 자녀를 자신의 분신이라 여기는 걸까? 아니면 자신의 완벽하지 못했던 유년 시절의 기억을 자녀를 통해 보상받고 싶은 걸까?

당신의 자녀가 운동, 연극, 춤, 체스를 이제 막 시작했다면 이것은 그들의 선택이었는가? 아니면 당신이 그렇게 하도록 한 것인가? 어떤 부모는 자녀의 의사와는 전혀 상관없이 독단적으로 모든 것을 결정하기도 한다. 이들은 특별활동에서 두각을 나타내면 나중에 자녀가 일류대학에 입학하는 데 훨씬 유리할 것으로 생각한다. 심지어 어떤 부모는 개인 코치를 고용해서 자녀가 식이요법을 통한 다이어트를 하도록 종용한다. 이렇게 해야 다른 아이들보다 훨씬 유리한 고지를 선점할 수 있다는 생각에서다. 이런 극성스러운 부모 덕에 많은 아이들이 혼자서 훈련하고 연습해야 하는 활동에 많은 시간을 할애하고 있다. 예를 들어 피아노 레슨(특히 장시간 혼자 연습해야 하는 레슨)이나 어른들이 감독하는 운동에 참여하는 경우가 그렇다. 코치나 심판, 부모가 매의 눈으로 지켜보며 아이들의 행동 하나하나를 평가하고 감시하는 분위기 속에서 운동을 하게 되는 것이다.

조지아 주의 애틀랜타에 살며 두 자녀를 키우고 있는 캐런은 예체능에 소질이 없는 아이의 재능을 개발하려 하거나 아이를 최고로 만들기 위해 고군분투하는 것은 시간 낭비라고 말한다. "최근에 제가 아는 어떤 학부모가 저에게 과외수업 하나를 소개해줬어요. 경영자가 되기 위한 훈련 수업이었죠. 그 이야기를 듣는 순간 저는 역겨움을 참을 수가 없었어요. 제 아들은 이제 겨우 6살이에요. 회사를 운영할 나이도 아니고 레고를 좋아하는 아이일 뿐인데, 왜 부모는 아이들을 가만히 내버려두지 않는 걸까요? 이제 곧 아이들은 10대가 되고, 대학 진학의 걱정이 시작되겠죠. 어른이 되면 고민거리가 더 많아지잖아요. 아이들이 유년 시절의 여유와 즐거움을 즐길 날도 얼마 남지 않았어요. 저는 아들을 그 과외수업에 보내지 않을 것이라고 단호히 말했죠. 그리고 그녀에게 자녀가 아니라 '그녀의 삶'을 살라고 말해줬어요."

교육학적으로 아이들에겐 마음대로 노는 시간이 꼭 필요하다. 그것이 교육학적으로 바른 선택이라는 것을 말해줄 전문가의 의견이 필요하다면 이 책을 근거로 활용해도 좋다. 놀이는 우리가 매순간 부딪히는 난제에 즐겁게 대처하는 인간의 기본 활동이다. 불행하게도 대부분의 부모가 이 사실을 잊고 산다. 유년 시절을 보낸 지 너무 오래되어서일까? 아이가 어릴 때 노는 법을 배우지 못하면, 즉 어떻게 해야 자신이 즐거운지 알지 못하면 나이가 들어서도 노는 법을 알기란 쉽지 않다. 인간은 본질적으로 이기적인 동물이지만 생물학적으로 다른 사람들과 함께 얽혀 살 수밖에 없는 사회적 동물이기도 하다. 또 반대로 사람들과 협력해서 살아야 하지만 동시에 우리 자신을 스스로 지켜내야 하기도 한다. 아이들은 이런 상호작용을 자유로운 놀이를 통해 배운다. 집에서는 형제자매와 어울리고 학교에서는 친구들과 함께 놀면서 이런 균형을 배운다. 아이들이 아이답게 자라도록 그들에게 놀이를 선물하라.

당신이 부모됨에 대해 정말로 알고 싶다면 앞에 서서 재촉하지 말고 조금만 뒤로 물러서서 자녀 스스로 자신의 일들을 해결해가는 과정을 지켜보라. 1장에서 '선의의 방관'이라는 말을 했던 것을 기억하는가? 만약 자녀가 도움이 필요하다고 느끼면 직접 당신에게 이야기할 것이다. 그때까지 기다려주자.

첨단기술의 저주, 손가락 전쟁

옛날에는 식물을 잘 가꾸고 보살피는 사람을 가리켜 '그린 섬Green thumb'이라 불렀다. 손가락에 초록물이 들 정도로 생명을 잘 보살핀다는 의미에서 그렇게 이름 붙였다. 하지만 요즘에는 이 단어를 잘 사용하지 않는다. 21세 미만의 아이들이 이 말을 듣는다면 그들은 아마 이런 식으로 반응할지도 모르겠다. "손가락이 초록? 정말요? 스마트폰이 초록색인가요? 그래서 문자를 보낼 때마다 폰 안에 들어 있는 초록 물질이 손에 묻어나는 건가요?"

물론 이렇게 말하는 것은 우리 시대에 너무나 익숙한 연역적 사고에 기반을 둔 것일 수도 있다. 몇 가지 전제만 가지고 새로운 결론을 이끌어내는 필자들의 오류일 수도 있다. 하지만 요즘 대부분의 아이들이 일상의 좁은 틀 안에서 새로운 것을 경험해보지 못하고 오로지 스마트폰과 몇 가지 전자기기의 한계 안에서 살아가고 있다는 것은 부정할 수 없다.

오리건 주 포틀랜드에서 네 자녀를 키우는 몰리는 이렇게 말했다. "이건 자유 시간이 있느냐 없느냐의 문제는 아닌 것 같아요. 저희 집 막내를 비롯해서 제가 아는 많은 아이들이 자유 시간이 있는데도 밖에 나가서 놀지 않아요. 현대 문화와 기술의 영향을 배제할 수 없다는 뜻이죠. 요즘 아이들은 바깥에서 뛰어노는 대신 집 안에서 TV나 비디오 게임을 즐겨요. 그런 시간을 줄이려고 친구들을 집에 초대해봤지만, 애들이 집에 놀러오면 컴퓨터 게임을 하고 싶어 할 뿐이에요. 이건 우리 사회가 마주한 큰 문제가 아닐 수 없습니다. 하지만 이것이 학교나 부모의 문제라고만 단정 지을 수는 없어요. 전체 사회가 나아가는 방향이기 때문에 이것을 나 개인의 힘으로 멈추게 할 수는 없다고 생각합니다."

이런 생각을 하는 부모는 몰리 말고도 많을 것이다. 많은 부모들이 청소년기에 접어든 자녀의 요구를 마지못해 수락하며 스마트폰을 사줬던 그날을 후회하고 있을 것이다. 물론 스마트폰이 있으면 편리한 점이 많다. 하지만 이로 인해 우리가 치르는 대가는 실로 엄청나다. 대부분의 부모는 자녀가 전자기기를 만지작거리며 집에만 죽치고 있기보다는 밖에 나가서 다른 사람들과 또 자연과 어울려 야외활동을 하기를 바란다. 그러나 현실은 그렇지 못할 때가 더 많다. 심지어 2~3살 아이들도 스마트폰에 다운받은 게임을 즐기며 집이나 레스토랑에서 밥이 나오기를 기다리고 있으니 말이다.

물론 아이들의 전자기기 사용이 사회성 발달을 저해한다는 생각에 동의하지 않는 사람들도 있다. 버지니아 주 알링턴에서 기술의 미래와 디지털 전략을 연구하고 있는 수잔 쿤은 ≪데저릿 뉴스Deseret News≫의 마이클 드 구르트와의 인터뷰에서 전자기기의 사용을 마냥 경계할 수만은 없다고 말했다.[2] 쿤은 아이들에게 스마트폰과 전자기기를 허용하지 말자는 주장의 이면에는 특별한 논리가 없고 그저 막연한 두려움으로 이런 결론을 내린 것이라고 비판했다. "인류 역사에서 정보 기술만큼 빠르게 발전해온 것도 없을 겁니다. 우리가 주목해야 할 것은 기계 자체가 아니라 그것이 인류의 발전에 어떤 역할을 하고 있는가 하는 것입니다."

새로운 기술의 발전이 매력적인 일이라는 것은 두말할 나위가 없다. 아이들은 웹사이트와 비디오를 뚝딱 만들어낼 수 있고, 시시각각 벌어지는 자신들의 이야기를 나눌 수 있다. 신선하고 재미있는 일이 일어나는 즉시 모두 그 정보를 공유할 수 있다. 학교, 집, 거리 등 장소와 시간을 불문하고 아이들은 정보를 나누고 배움의 기회를 포착할 수 있게 되었다.

쿤은 덧붙여 이렇게 말했다. "아이들이 살아갈 세상은 우리가 자랐던 시대와 완전히 다릅니다. 그들은 즉각적인 커뮤니케이션과 언제 어디서든 접근이 가능한 정보 속에서 살아갈 것입니다. 스마트폰은 미래의 삶에서 뗄 수 없는 아주 중요한 기기가 되었습니다. 아이들은 미래의 필수 도구를 완벽하게 이해하고 잘 활용할 수 있어야 합니다. 자녀가 미래에 잘 적응하도록 돕는 것은 부모로서 당연한 일입니다. 우리에게 잘 납득되지 않는다고 해서 그것을 거부할 수는 없습니다."

쿤의 말에도 일리가 있다. 그러나 자녀에게 기계 문명과 삶의 균형을 잡아가는 방법을 가르치는 일이 더 필요할지도 모른다. 우리가 그 방법을 가르치기엔 너무 늦어버린 것일까? 부모는 자녀에게 전자기기의 사용과 더불어 자연학습 및 신체 활동의 균형을 가르쳐야 한다. 이제 막 부모가 된 사람들에게 이렇게 조언하고 싶다. 걸음마를 시작한 자녀를 위해 야외활동의 매력을 가르치는 데 조금 더 많은 노력을 기울이라고. 가까운 공원이나 뒤뜰에서 벌어지는 놀라운 일들을 몸소 체험해보기 바란다.

스마트폰이 자녀에게 미치는 영향

전자기기는 우리를 어떤 상황에서 잠깐 빠져나올 수 있게 해준다. 특히 슬픔이나 불행의 감정을 피할 수 있는 일종의 도피처다. 인간이 고독과 상실의 감정을 피하지 않고 그 감정에 한동안 빠져 있다 보면 왜 그렇게 느끼게 되었는지를 이해하게 되고, 새롭고 창의적인 방법으로 그 감정을 처리할 방법을 생각해내게 된다. 그런 감정과 솔직하게 마주하면서 얻는 삶의 지혜 또는 생존의 법칙이라 하겠다. 그러나 감정적 어려움에 부딪힐 때마다 전자기기 뒤로 숨어버리거나 마치 그런 감정은 아예 존재하지 않았던 것인 양 치부해버린다면 우리는 결코 그 감정을 넘어서지 못한다.

코미디언 루이스 C. K.는 코넌 오브라이언에게 자신이 왜 스마트폰 문화를 좋아하지 않는지를 설명했다. 그의 말에 따르면 요즘 청소년들의 행동에서는 배려를 찾아볼 수 없는데, 그 이유가 바로 스마트폰의 과도한 사용에 있다는 것이다. 그러면서 그는 자녀에게 절대 스마트폰을 선물하지 않을 것이라고 말했다. "스마트폰은 특히 아이들에게 매우 해로운 물건입니다. 스마트폰을 보는 아이들은 이제 마주 앉은 사람의 얼굴도 제대로 쳐다보지 않아요. 그들은 공감 능력을 발달시킬 기회를 상실하고 있습니다."[3]

현실을 제대로 마주하지도 않은 채 온라인 세상에서 온갖 험한 말을 주고받다 보니 친구들을 집단으로 따돌리는 일에서 크게 죄책감을 느끼지 않고 있다. 스마트폰은 아이에게뿐만 아니라 어른에게도 많은 영향을 주었다. 사람들은 커뮤니케이션 중독에 빠지게 되어 매순간 다른 사람들과 '연결'이 닿지 않는 순간을 견딜 수 없어 한다.

루이스 C. K.는 자신의 경험을 빌려 이렇게 말했다. "우리는 심지어 운전을 할 때도 문자를 보냅니다. 신호 대기 중 주위를 둘러보면 거의 대부분 스마트폰을 쳐다보고 있어요. 사실 이것은 살인 행위나 마찬가지죠. 서로가 서로를 죽이고 있는 것입니다. 자신과 타인의 목숨을 담보로 이렇게 문자를 보내는 이유는 아마도 단 한 순간도 혼자이기 싫어서일 것입니다. 이것이 현대인들에게 가장 극복하기 어려운 문제 중 하나입니다."

그가 문제의 핵심을 정확히 짚었다. 즉각적인 연락을 가능케 하는 모든 기술은 우리를 가만히 내버려두지 않는다. 진정한 평온이나 고독을 느낄 여유를 주지 않는다. 특별한 대안이 없는 아이들에게 이는 더욱 심각한 문제다. 스마트폰을 가진 아이가 그것을 손에서 내려놓은 적이 있던가? 그런 경우를 거의 보지 못했다. 요즘 아이들이 침착하게 자리에 앉아서 아무것도 하지 않은 채 명상을 하며 몇 분이나 버틸 수 있을까? 그런 아이들을 만나기란 매우 어려울 것이다.

이제 아이들에게 고독을 즐길 수 있는 방법을 가르쳐야 하지 않을까? 좋든 싫든 때론 사람은 홀로일 때가 있다는 것을, 그것이 인생이라는 것을 말해주어야 하지 않을까? 그 누구의 방해도 받지 않고 자신의 감정에 충실한 채 혼자만의 시간을 경험하도록 도와주어야 하지 않을까? 끊임없이 친구들과 문자를 주고받는다고 해서 인간의 고독이 해결되지 않는다는 것을 말이다.

루이스 C. K.가 전자기기를 비판한 핵심은 전자기기가 자신의 감정을 솔직히 다루지 못하도록 방해할 뿐 아니라 사람들과의 진정한 소통을 가로막고 있다는 것이었다. 감정, 대화, 관계는 모두 소중하다. 하지만 의사 전달의 도구라고 여겼던 전자기기가 오히려 우리의 관계를 가로막고 있지는 않은지 다시 한 번 생각해봐야 할 때다.

자유 시간이 줄어들면서 생기는 현상

지난 두 세대를 거치면서 아이들만의 자유로운 놀이시간이 급격히 줄어들었다. 이는 놀이를 통해 얻을 수 있는 엄청난 혜택이 사라지고 있음을 뜻하는 것이다. 『미국의 역사를 통해 본 놀이의 중요성Children at Play: An American History』에서 저자 하워드 추다코프는 20세기 전반기를 자유 놀이의 황금기라 불렀다.[4]

산업혁명 초창기가 지난 뒤에는 미성년 노동의 수요가 줄어들었으므로 1900년대 초반에는 아이들에게 물리적으로 많은 시간이 주어졌다. 하지만 아이들이 하루 중 대부분의 시간을 학교에서 보내기 시작하면서 자유 시간은 점점 사라지기 시작했다. 부모들은 아이들끼리 노는 시간을 제한하기 시작했고, 방과 후 프로그램이나 숙제가 없는 날에도 이런 규제는 계속되었다. 아이들끼리 즉흥적으로 만들어서 하는 게임이나 운동이 사라지고 어른들이 규칙을 만들고 감시하는 활동이 늘어나기 시작했다. 방과 후 수업이나 과외가 취미활동을 대체하기 시작한 것이다.

설상가상으로 범죄율이 증가하기 시작하면서 부모는 아이들의 바깥 활동을 더욱 제한하게 되었다. 아이들끼리만 놀게 하는 것은 많은 위험을 감수해야 했으므로 부모의 선택이 잘못되었다고 할 수 없던 상황이었다. 그러나 지금은 미국 대부분 지역의 범죄율이 상당히 낮아지고 있는데도 부모들의 생각에는 변화가 없다는 것이 문제다. 어른들이 주도하는 스포츠 활동과 미술 수업, 그 외의 방과 후 공부방 등은 계속해서 늘어나는 추세다. 미국 역사상 그 어떤 시기보다 아이들에게 허용되는 자유 시간이 적은 형국이다.

자유 시간이 줄어들면서 아이들의 정신장애도 크게 늘어났다. 이는 결코 우연이 아니다. 물론 자유 시간이 많았던 시기에 아동 정신장애가 전혀 없었다는 뜻은 아니다. 문제는 기하급수적으로 늘어나는 수다. 그때는 지금처럼 이렇게 많은 아이들이 정신적 어려움으로 고통받지는 않았다. 1950년대에 우울증과 불안장애를 측정하던 임상 질문지가 현재와 크게 다른 것 아니냐고 반문할지도 모르지만, 그렇지는 않다. 연구 결과에 따르면 수십 년 전부터 청소년의 우울증과 불안장애가 꾸준히 증가하고 있다고 한다. 1950년대보다 5~8배 많은 아이들이 각종 정신 질환으로 고통 받고 있으며, 15~24세에 해당하는 젊은이들의 자살률은 2배로 늘었고 15세 미만 청소년의 자살률은 4배로 늘어났다.[5] 주의력결핍 장애, 아스퍼거 증후군, 조울증도 급증했다. 일상생활에 큰 지장을 주지는 않지만 보통 아이들과 다른 행동 양상을 보이는 정신 질환이 늘어나 특별 프로그램에 참여하거나 치료를 받는 아이들이 많아지고 있는 상황이다.

이는 아이들에게 자유롭게 놀 수 있는 시간이 얼마나 중요한지를 보여주는 하나의 실례다. 부모가 일방적으로 아이들의 스케줄을 빽빽하게 채워 넣는 것이 누구를 위한 선택인지를 장·단기적인 관점에서 다시 한 번 생각해야 한다. 방과 후 공부방, 축구 교실, 입시 준비, 음악과 댄스 수업에 이르는 다양한 교육 프로그램을 제공하는 사설 교육 시장의 규모는 현재 수십억 달러에 육박한다. 이 중 어떤 사설 교육 기관도 아이들의 자유 놀이시간에 중점을 두지 않는다. 프로그램을 확충하고 더 많은 원아를 모집해 최대의 이윤을 창출하는 것이 그들의 목표다. 그렇다면 공공 교육 기관은 어떨까? 공립학교에서도 학생들을 더 오래 학교에 붙잡아두는 프로그램을 앞다퉈 개발하고 있다. 특히 한부모 가정이나 맞벌이 부부를 위한 위탁 서비스가 늘어나고 있는 실정이다.

어느 모로 보나 요즘 아이들이 자유 시간보다 특별 과외활동에 많은 시간을 할애하고 있다는 것은 자명해 보인다. 겉으로는 전반적인 교육 수준이나 공중위생, 건강이 개선된 것처럼 보이지만, 속을 들여다보면 꼭 그렇지만도 않다. 아동 비만이 급증하고 있어 운동 과외를 시키는 가정이 많아졌다. 과체중 때문에 운동을 시킨다는 것 자체가 나쁘지는 않다. 하지만 왜 프로그램화된 운동 과외는 시키면서 아이들이 자유롭게 뛰어노는 시간을 건강관리의 한 측면이라고 생각하지는 못하는 걸까? 물론 아이가 혼자 방에서 컴퓨터 게임 등 각종 전자기기를 가지고 노는 것이 자유 시간은 아니다. 그러나 학교를 다녀와 잠깐 쉬는 시간을 갖거나 혼자만의 공상에 빠지거나 친구들과 함께 뛰어놀 수 있는 자유를 누리는 것만큼 아이들에게 좋은 힐링이 또 있겠는가?

자녀를 다양한 과외활동에 노출시키는 것은 이제 더 이상 극성맞은 엄마들의 특별한 양육이 아닌 오늘날 부모라면 당연히 해야 할 뒷바라지가 되어버렸다. 그렇다면 이제 어느 정도가 자녀에게 적당한가를 이야기해야 할 것 같다. 짐을 너무 많이 실은 배는 가라앉을 수밖에 없듯이, 지나친 과외활동은 아니함만 못한 결과를 가져온다. 과외활동에 지나치게 몰두하다 보면 부모들끼리 묘한 경쟁심에 휩싸여 누가 더 많이 시키고 어떤 걸 시키는지를 두고 서로 의식한다. 또래 아이가 뭔가 더 하고 있으면 불안해하면서 내 아이도 더 시켜야 되지 않을까 스스로에게 질문하게 된다. 자신과 자녀의 판단을 유보하고 특별한 프로그램에 아이를 등록시켜야만 안심이 되는 이상한 소용돌이에 휘말리는 것이다. 이렇게 정신없이 달리다가 정작 자녀에게 꼭 필요한 휴식과 안정을 빼앗는 잘못을 범하면서도 말이다.

집단 따돌림 당하는 자녀를 둔 부모의 역할

학교나 동네에서 아이들끼리 자유롭게 노는 시간을 통해 얻을 수 있는 유익한 점은 무수히 많지만 동시에 자녀가 따돌림이나 폭력에 노출될 확률도 있다. 집단 괴롭힘이 어제오늘 일은 아니지만 그 범위와 정도가 점점 심각해지고 있음은 각종 언론 매체를 통해 알 수 있다. 특히 오늘날 사이버상에서의 괴롭힘이 큰 문제가 되고 있는데, 이메일, 문자 메시지, 소셜 네트워크가 활발하게 활용되면서 사이버 공간 안에서의 언어폭력 수위도 점점 높아지고 있다. 예전에는 학교에서 놀림을 받던 학생도 일단 집으로 귀가하면 잠시나마 그 괴롭힘에서 자유로울 수 있었지만, 전자기기를 한시도 손에서 놓지 않는 요즘 아이들에게는 이 잠깐의 해방도 없어져버린 것이다. 전자기기를 완전히 차단하면 모를까, 이제 아이들에게 완벽하게 안전한 곳은 없다.

사이버상에서 집단 따돌림을 받다가 끝내 스스로 목숨을 끊은 12세 레베카 세드윅의 사건을 맡은 플로리다 주 포크 카운티의 보안관 그레이디 쥬드는 이렇게 말했다. "옛날엔 돌멩이나 나무 막대기 같은 걸로 누군가를 다치게 했죠. 말로 사람을 다치게 하는 일은 불가능하다고 생각했어요. 그러나 오늘날 언어는 정말 무서운 무기가 되었습니다. 사이버상에 기록된 말은 영원히 그 자리에 남아 있으니까요."[6]

학교의 역할도 중요하다. 물론 이런 일들이 주로 방과 후에 일어나기 때문에 학교가 효율적으로 대처하기 어려운 면이 많다는 사실은 알고 있지만, 적어도 학교 내부에서는 언어폭력이나 집단 따돌림 같은 무서운 일들이 일어나지 않도록 적극적인 대책을 마련하는 일이 시급해 보인다. 미시건 랜싱에서 두 아이를 기르고 있는 에이프릴은 이렇게 말했다. "우리 아이들이 다니는 초등학교에서는 최근부터 선생님들이나 직원들이 점심시간을 아이들과 함께하기 시작했어요. 학교 운동장에서 어떤 일이 일어나도 전혀 알지 못하는 환경에서 벗어나기 시작하니까 집단 따돌림도 많이 줄어들었죠. 전체적으로 학교 분위기가 좋아졌어요. 이런 작은 행정적인 변화가 아이들이 맘 놓고 학교생활을 즐기는 데 큰 영향을 주었습니다."

그렇다면 학교 폭력을 근절하기 위해 부모가 해야 할 역할은 무엇일까? 영국 워릭대학교의 발달심리학 교수인 디터 볼케 박사는 부모의 과잉보호가 집단 괴롭힘의 확률을 높이는 요인이라고 주장했다.[7] ≪아동학대와 방치Child Abuse & Neglect≫에 실린 20만 명 이상의 어린이들을 대상으로 한 70여 편의 연구 논문을 분석해보면 이런 결론이 도출된다면서 볼케는 다음과 같이 말했다. "보통 부모의 감독이 학교 폭력 근절에 중요한 역할을 한다고 생각했기 때문에 이 연구 결과는 더욱 놀라울 수밖에 없었습니다. 분명한 것은 부모의 과잉보호가 학교 폭력 근절에 부정적인 역할을 하고 있다는 점이죠. 위험으로부터 아이를 보호하고 고통을 완화시키려 했던 부모의 노력이 오히려 아이들에게 상처를 주는 꼴이 되고 말았다는 것이 이 연구의 주요 골자입니다."

집단 괴롭힘을 근절하기 위해 부모가 해야 할 일은 자녀가 자기 자신을 다스릴 수 있는 능동적인 사람이 되도록 돕는 것이라고 볼케는 말했다. 아이가 콧물을 조금 훌쩍거린다고 바로 항생제를 먹이는 것이 답이 아니듯이, 어느 정도의 어려움과 난관은 자녀 스스로 극복할 수 있도록 만들어야 한다. 스트레스를 극복하는 노하우를 스스로 터득할 기회를 제공해야 하는 것이다. 걷지도 못하는 아이가 갑자기 100m 달리기를 할 수는 없다. 인생의 작은 난관도 경험하지 못했던 아이가 갑

자기 집단 따돌림이라는 인생의 큰 걸림돌을 맞으면 어떻게 될까? 부모로서 우리가 해야 할 일은 아이가 조금 다치더라도 혼자 걷고 뛰는 연습을 할 수 있도록, 그래서 인생의 큰 장애물이 맞닥뜨렸을 때 그 장애물을 극복하려 노력하는 사람이 되도록 격려하는 일이다.

이제 집단 따돌림에서 부모가 해야 할 역할이 무엇인지 구체적으로 생각해보자. 나의 자녀가 따돌림을 당하는 아이든 아니면 따돌림을 주도하는 아이든 상관없이 언제, 어떻게, 얼마큼 부모가 나서서 이 일을 수습해야 하는지 생각해보자. 부모의 역할은 몇 가지로 일반화할 수 없을 정도로 복잡하다. 하지만 한 가지 확실한 것은 부모의 과잉보호는 자녀를 따돌림의 대상이 되게 하는 주요 원인이라는 사실이다. 자녀가 놀림을 받는다고 해서 무조건 집단 따돌림이라고 생각할 수는 없다. 어떤 경우는 위험성이 거의 없는 단순한 놀림일 때도 많기 때문이다. 나이, 환경, 형제의 유무, 출생 순서, 문화의 변화 등을 고려해서 심각한 집단 따돌림으로 봐야 할지 아니면 해프닝으로 웃어넘겨야 할지 판단해야 한다. 집단 따돌림이 생겼다면 부모는 간섭이나 과잉보호가 아닌 조력자로서의 역할을 해야 한다. 다시 말해 문제를 해결할 사람은 당신의 자녀이지, 당신이 아니라는 얘기다.

한 중학생이 친구로부터 계속해서 괴롭힘을 당하고 있었다. 부모도 이 사실을 알고 있었다. 하지만 부모는 학교에 찾아가거나 상대 아이를 혼내지 않았다. 대신에 자녀가 스스로 그 일을 해결하도록 조언했다. 아이의 해결책은 (부모가 시킨 것이 아니다) 자신을 괴롭히던 상대 아이의 복부를 세게 한 대 가격하는 것이었다. 괴롭히던 아이의 덩치가 훨씬 컸지만 그렇게 했고, 그 이후로는 괴롭힘이 종결됐다고 한다. 물론 이들이 친구가 되진 못했지만 말이다. 폭력이 정당화될 수 있다는 이야기가 아니다. 아이 스스로 문제를 해결하려 노력하는 것이 부모가 나서서 일을 더 크게 만들고 나중에는 부모 간의 싸움으로 비화되는 것보다 훨씬 효과적인 방법이라는 것이다. 물론 어른들의 중재가 반드시 필요한 경우도 있다. 하지만 당신의 자녀가 괴롭힘을 당하고 있다면 먼저 아이의 이야기를 세심하게 잘 들어주되, 스스로 그 문제를 해결할 수 있도록 기회를 주는 것이 좋다.

오늘날 우리는 다양한 인종, 종교, 성적 기호의 사람들과 함께 섞여 살고 있다. 따라서 지극히 개인적인 성향을 가지고 상대를 괴롭히는 일이 과거보다는 많이 줄었다. 그러나 여전히 상당수의 사람들이 집단 괴롭힘을 받고 있는 것 또한 우리의 현실이다. 집단 따돌림의 여파는 즉각적으로 드러나지 않고 그 영향이 영구적으로 지속되므로 이 문제를 더욱 심각하게 받아들여야 한다. 존스 홉킨스대학교에 있는 청소년 폭력 예방센터의 부회장을 맡고 있는 캐서린 브래드쇼는 ≪뉴욕타임스≫와의 인터뷰에서 이렇게 말했다. "유년 시절에 경험한 따돌림은 성인이 된 후에도 정신 건강에 큰 영향을 줍니다. 이것은 따돌림을 당한 아이와 따돌림을 주도한 아이 모두에게 해당되는 이야기입니다."[8]

2013년 2월 ≪자마 심리학JAMA Psychiatry≫ 저널에 기재된 「학교 폭력의 장기적인 영향에 대한 연구」에 따르면, 괴롭힘을 받은 피해자와 가해자 모두 성인이 된 후에도 정신장애를 겪을 확률이 높은 것으로 나타났다.[9] 듀크대학교 의과대학에서 심리학 및 행동과학 교수를 맡고 있는 윌리엄 코프랜드 박사는 이렇게 설명했다. "피해 아동은 적어도 10년 또는 그 이후까지 따돌림의 후유증에 시달릴 수 있고 다른 종류의 아동 정신장애도 겪을 수 있다는 것이 지금까지의 연구 결과입니다. 집단 괴롭힘을 당한 아이들에게서 아동 학대를 당한 것과 비슷한 증상이 나타나고 있다는 점에 주목할 필요가 있습니다."

지금까지 제시된 여러 가지 연구 결과만으로도 충분히 위협적인데, 지금 이 순간 우리 아이들이 대면한 현실, 즉 사이버상의 괴롭힘은 우리의 상상을 초월한다. 부모가 도저히 따라갈 수 없는 속도로 여러 가지 다양한 소셜 플랫폼이 속속 등장하고 있기 때문이다. 청소년기의 자녀를 두고 있다면 이 이야기에 더욱 공감할 것이다. 사실 청소년기 아이들은 자신만의 세계를 구축해야 할 나이이고 또 부모는 이를 존중해야 한다. 그렇다면 부모가 언제, 또 어느 정도 개입해야 하는 것일까? 어떻게 부모가 사이버상의 따돌림을 알아챌 수 있을까? 플로리다의 보안관 쥬드는 이렇게 조언했다. "아이들이 온라인 세상에서 무엇을 하고 있는지 세심하게 주의를 기울여야 합니다. 자녀에게 최고의 친구가 되려 하지 말고 최고의 부모가 되십시오. 그것이 가장 중요한 일입니다."

아이 스스로 하도록 내버려두자

브랜도(말런 브랜도와는 관계없는 사람이다)는 교실을 가득 메우고 있는 부모들을 향해 이렇게 말했다. "집단 따돌림이나 폭력의 근원을 분석할 때 제일 먼저 들여다봐야 할 부분이 바로 부모의 행동 양식입니다." 브랜도는 마치 그 교실에 모인 이들이 다른 학부모나 선생님, 코치와 싸우다가 체포된 사람들인 마냥 다소 격앙된 어조로 이야기를 시작했다. "요즘은 선생님을 협박하고 코치들과 싸우는 부모를 어렵지 않게 만날 수 있습니다. 이들은 정신과 상담을 받든지 아니면 양육 관련 수업을 꼭 들어야 할 것입니다."

세미프로 하키 선수였다가 최근까지 6살 아들의 하키 팀 코치를 맡았던 트렌트가 그녀의 말에 대꾸했다. "저도 알죠. 하지만 아이가 정말 실망스러운 모습을 보일 때가 있어요. 물론 그러다가도 아이가 얼음판에서 미끄러지지 않고 골을 넣는다든지 좋은 경기력을 선보이면서 게임에서 이기면 정말이지 너무 행복합니다."

교실에 모인 부모들이 트렌트의 말에 수긍하는 반응을 보이자 언짢아진 브랜도는 뾰로통한 눈빛으로 "바로 그거예요!"라고 소리쳤다. "트렌트 씨, 그리고 여기에 모인 대부분의 부모는 자녀를 둘러싼 모든 것을 쥐고 흔들려고 합니다. 부모인 당신들이 어떻게 생각하는가가 더 중요한 거죠. 자, 여기서 우리가 범하고 있는 실수가 뭔지 한 번 짚어봅시다. 부엌에 있는 식칼만큼 두꺼운 날이 달린 신발을 신고 아이들이 얼음판에서 스케이트를 타고 있어요. 넘어지는 것은 너무나 당연한 일입니다. 엄청난 속도로 스케이트를 타면서 아이스하키 공을 골대로 몰고 오는 것이 얼마나 힘든지 잘 알고 있는 트렌트 씨는 왜 지난주에 있었던 경기 도중에 얼음판으로 뛰어 들어가 당신 아들에게 소리를 지르면서 면박을 주었나요? 네트에 스케이트 날이 걸려서 득점에 실패한 아들에게 할 적절한 행동이었다고 생각합니까? 심판이 상황을 정리하려 하자 그를 밀어버렸죠. 도대체 무슨 생각으로 그런 행동을 하신 거죠?"

트렌트는 대답했다. "당신은 모를 겁니다. 한때 잘나가는 하키 선수였던 제가 저의 분신과도 같은 아들이 얼음판에서 그렇게 헤매고 있는 모습을 보는 것이 얼마나 괴로운 일인지 말이에요. 그것도 많은 사람들이 보고 있는 가운데서요. 그건 정말 망신스러운 일이었죠. 아들이 경기를 잘해내지 못하면 마치 제가 낙오자가 된 것 같은 기분이 들어요!"

"그러니까 지금 당신의 말인즉슨 6살 아이가 다른 선수들과 부딪히지 않으면서 빠른 속도로 얼음판 위를 누비고, 자신의 키보다 더 긴 스틱을 들고 골대에 공을 넣으려고 애쓰는 모습이 창피하다고 얘기하는 건가요? 왕년에 잘나가던 하키 선수로서 그런 아들의 모습을 보면 체면이 구겨진다는 거죠? 맞나요? 제가 당신의 말을 제대로 이해했나요?"

트렌트는 다른 부모들의 동의를 구하며 고개를 끄덕였다. "뭐 대충 그런 뜻이죠. 아시잖아요. 세상은 만만한 곳이 아니에요."

브랜도는 다시 말을 이어갔다. "트렌트 씨, 그게 얼마나 바보 같은 짓인지는 제가 꼭 집어 말할 필요도 없을 것 같군요. 아이가 얼음판에 넘어졌을 때 당신이 보여준 행동 중 가장 괜찮았던 것은 아이가 스스로 일어나도록 내버려둔 것, 딱 하나였습니다. 그것 빼곤 전부 엉망이었습니다. 대실패예요."

트렌트는 대꾸했다. "그러니까 당신은 내 아들이 다른 아이들처럼 경기를 망치고 있는 걸 벤치에 가만히 앉아 지켜보란 말을 하고 있는 겁니까? 그게 정말 진심으로 당신이 하고 싶은 말입니까?"

브랜도는 가장 밝은 표정으로 응대했다. "좋아요. 바로 그겁니다. 이제야 비로소 뭔가 이야기가 통하기 시작했네요. 물론 이해 속도가 느리긴 하지만 어쨌든 좋습니다. 다음 주 같은 시간에 뵙죠. 집으로 돌아가면 제발 아이들을 들들 볶지 말고 좀 쉬게 내버려두세요."

스포츠에 너무 많은 에너지를 쏟아붓는 미국 학생들

당신이 '올해의 부모'상을 받으려 하거나 자녀를 '올해의 선수'로 만들려 하고 있다면 아마도 아이는 엄청난 스트레스를 받고 있을 것이다. 비현실적인 수준의 경기력을 기대하는 많은 부모들 때문에 아이들은 견디기 힘든 정신적 고통을 받고 있다. 물론 경쟁이 심한 스포츠에 참여함으로써 팀워크가 무엇인지를 배우는 등 좋은 점도 있겠지만, 트렌트의 경우처럼 스포츠 정신을 배우기도 전에 경기력 향상만 염두에 두고 아이들을 들들 볶는 부모도 많다. 안타깝게도 자녀가 주인공이 되어야 할 경기장에서 부모들이 더 설치고 있는 꼴이다. 티볼(야구를 변형한 스포츠로, T자형의 막대기 위에 공을 놓고 방망이로 치는 경기 _ 옮긴이)이나 축구에서 아이들은 어른들의 극성 때문에 흥미를 잃고 녹초가 되어버리는 경우가 많다.

왜 이런 일이 생기는 걸까? 평상시 학교에 다닐 때 아이들은 어른들의 지도에 따라 생활하고 배운다. 그래서 부모는 방과 후나 주말에도 어른이 주도하는 배움이나 활동이 효과적일 것이라고 지레 짐작한다. 어른들이 조직적으로 이끌어주지 않고 아이들끼리 어떤 활동을 하면 엉망이 되거나 그저 빈둥거리며 놀 것이라고 생각하는 것이다. 그래서 오늘날 아이들에게는 어른의 감독이나 지도 없이 자기들만의 생각과 도구를 가지고 뭔가를 조직하거나 놀이를 만들 기회가 거의 없다. 놀이의 시간도 아이들이 정할 수 없다. 한마디로 아이들에겐 어떤 자유도 없다! 놀이의 종류, 시간, 친구, 장소, 도구 모두 어른들이 정한 테두리 안에 한정되어 있다. 완벽한 부모가 되어야 한다는 강박은 자녀가 깨어 있는 동안 생산적인 시간으로 채워야 한다는 생각으로 이어진다.

또 아이들이 잘 따라가고 있는지 주변을 맴돌며 감시 아닌 감시를 하게 된다. 부모는 어른들이 중간에서 심판 역할을 해주지 않으면 아이들끼리 싸우게 되고, 결국 제대로 된 활동을 하지 못할 것이라고 생각한다. 또는 아이들끼리 좀 더 과감한 장난이나 놀이를 할까 봐 걱정한다. 아이들끼리 놀다가 뭔가 심상치 않은 분위기가 감지되면 부모가 곧바로 중재에 나선다. 마치 아주 작은 충돌도 자녀에게 큰 해가 될 것처럼 말이다.

버지니아 주 페어팩스에 살고 있는 킴은 이렇게 말했다. "1970년대에 학교를 다닌 저로서는 요즘 상황이 좀 이해가 안 돼요. 저희 때는 봄에 음악 수업이 끝나면 여자 아이들은 소프트볼을 하고 놀고, 남자 아이들은 야구를 했죠. 그때는 운동 팀이나 코치가 없었어요. 매번 아이들이 스스로 규칙을 만들고 게임이 이어지도록 함께 힘을 모아야 했죠. 가끔 귀찮을 때도 있었지만 말이에요. 동네 공터에 아이들이 모이면 나이, 키, 성별이 다 다르지만 함께 팀을 만들어야 했어요. 그래서 가끔 엄청 싸우기도 하고 삐치기도 했죠. 하지만 항상 아이들 스스로 문제를 해결했어요. 그래야 계속 놀 수 있으니까요. 부모님이 아이들 노는 곳에 오거나 이래라 저래라 한 적은 한 번도 없었던 것 같아요. '아빠한테 다 이를 거야'라는 협박이 아이들 사이에서 종종 오고갔지만, 정말로 부모님이 와서 아이들의 일을 정리한 적은 한 번도 없었죠. 아이들이 말싸움에서 좀 밀린다 싶으면 그런 말을 했던 것 같아요. 그리고 정말 그 아이가 이른다 해도 부모가 어떤 말을 했겠어요? 당시 부모님들은 사느라 바빴고, 아이들이 집 밖에서 뭔가를 하고 있다는 것 자체를 기쁘게 생각했으니 말이에요. 모든 아이들이 친하게 지낸 건 아니지만 어른들의 감독 없이도 함께 즐겁게 잘 놀 수 있었죠. 요즘은 어떤가요? 제 생각엔 많이 달라진 것 같아요."

킴의 말이 맞다. 지난 20여 년을 지나면서 아이들을 위한 방과 후 활동과 운동 프로그램이 우후죽순처럼 생겨났다. 이는 자녀를 프로 운동 선수로 키우려는 부모들의 열정에 기름을 부은 꼴이 되었다. 그러나 정작 프로 선수가 되는 사람은 극히 소수에 불과하다. 그렇다고 그만둘 부모가 아니지 않던가? 그들은 더 많은 돈을 운동 프로그램에 투자하고 있다. 아이들이 고학년이 될수록 이런 양상은 더욱 심해진다.

어맨다 리플리는 "고등학교 스포츠 교육에 반론을 제기하다"라는 글에서 미국 고등학교 교육에 관한 문제를 이렇게 요약했다. "미국이 매년 고등학교의 운동 프로그램에 쏟아붓는 세금은 수학 교육을 진흥시키기 위한 예산보다 훨씬 많습니다. 이는 글로벌 추세에 완전히 역행하는 모양새죠. 그러다 보니 미국 아이들의 수학 능력이 다른 나라 아이들보다 훨씬 뒤처질 수밖에 없는 겁니다."[10]

한창 공부할 나이의 아이들에게 수학이나 영어, 사회과학보다 훨씬 더 중요한 것이 운동이라고 말해야 할까? 그렇지 않다. 물론 타고난 재능이 뛰어나서 고등학교를 졸업함과 동시에 대학팀의 1군으로 바로 합류할 특출한 실력을 갖고 있다면 공부를 더 열심히 해야 한다고 말할 수는 없을 것이다. 이런 학생들에게는 운동보다 더 중요한 과목이 없을 테니 말이다. 운동 특기생에게뿐 아니라 보통 학생들에게도 적당량의 운동이 필요한 것은 사실이다. 운동을 함으로써 얻을 수 있는 혜택은 엄청나다. 목표를 위해 뼈를 깎는 노력을 해보고, 동료 선수들과의 긴장 관계를 풀어가는 기술도 배운다. 몸이 건강해지는 것은 말할 것도 없고 겸손, 성실함, 실패를 극복하는 정신적 덕목을 배양할 좋은 기회를 얻을 수 있다. 이런 것은 아이들의 성장에 중요한 요소이자 교실 안에서만 갇혀 지내는 요즘 아이들이 놓치기 쉬운 덕목이다. 하지만 그렇다고 하더라도 이것이 조직적인 운동 팀을 구성해서 지나친 경쟁 구도를 만들면서까지 밀어붙일 일이던가?

언젠가부터 운동 특기를 개발하는 프로그램이 미국의 교육 시스템에 깊숙이 들어와 있다. 특히 고학년일수록 이런 양상은 더욱 심화되고 있다. 다른 나라에서 교환학생으로 온 아이들이 하나같이 증언하는 이야기는, 미국 학생들은 공부보다 운동에 더 많은 시간과 에너지를 쏟고 있다는 것이다.

일본 오사카에서 앨라배마 주의 한 학교로 전학 온 16세 이가라시는 첫 등교 날 이상한 광경을 목격했다고 말했다. 교실이나 복도에 모여 있는 아이들 대부분이 자신이 응원하는 미식축구 팀의 티셔츠를 입고 있었던 것이다. 이가라시가 입고 있던 아인슈타인 티셔츠는 정말이지 그곳에 어울리지 않는 복장이었다. 더 기막힌 것은 대부분의 아이들이 아인슈타인이 누구인지도 몰랐다는 것이다. 반 친구들은 거의 대부분 어떤 미식축구팀을 좋아하는지 물어봤지만 그 누구도 과학이나 수학을 좋아하냐는 질문은 하지 않았다고 한다. 이렇게 말하면 이가라시가 공부만 하고 운동을 싫어하는 학생이라 생각하겠지만, 그렇지 않다. 오사카에서 이가라시는 공부하다가 지칠 때면 친구들과 함께 축구를 하기도 했다. 장소는 대부분 학교 근처의 공터였다. 운동을 즐겼지만 그의 친구들 중 누구도 조직적인 운동 팀이나 여름 특별 훈련 캠프에서 체육 활동을 하지는 않았다.

미국의 아이들은 중학교 3학년 정도가 되면 일본이나 한국에 있는 학생들보다 2배나 많은 시간을 스포츠에 할애한다. 리플리는 2010년 ≪저널 오브 어드밴스드 아카데믹스Journal of Advanced Academics≫에 보고된 연구 결과를 인용하며 핀란드나 독일 같은 나라들이 좀 더 균형 잡힌 교육 시스템을 가지고 있다고 말했다. 이들 나라는 아시아에 비해 공부에 대한 압박이 덜한 편이고, 운동은 학교가 아닌 동네에 있는 동호회를 통해 이뤄진다고 한다.[11]

유럽과 아시아에 있는 대부분의 나라에는 미국처럼 특정 나이에 맞춰 운동 코치, 교통, 보험까지 완비한 조직적인 운동 팀이 없다. 미국만큼 운동하는 아이들을 미화하는 곳도 흔치 않다. 그러다 보니 운동 특기생들은 코치, 친구들, 선생님과 부모로부터 비이성적인 기대와 지지를 받게 되고, 이는 고스란히 그 아이가 감당해야 할 정신적 압박이 되곤 한다.

1961년 사회학자 제임스 콜먼은 미국의 고등학교에 누군가 방문한다면 그 사람은 그곳이 학교가 아니라 운동부 건물이라고 착각할지도 모른다고 꼬집어 말했다. 그도 그럴 것이 학교 복도에 전시된 트로피는 거의 대부분 운동 경기에서 수상한 것이지, 공부와 관련된 트로피는 거의 없기 때문이다.

공부보다 운동을 중시하는 기이한 현상

우리가 어쩌다 이 지경까지 이르게 되었을까? 우선순위가 뒤바뀌기 시작하면서 많은 학생들이 공부보다는 운동장에서 더 많은 시간을 보내게 되었다. 뉴저지 주에서 중산층 백인 자녀들이 많이 다니고 있는 쇼니라는 고등학교에서는 2, 3학년 중 17%의 학생들만 대학 과정 인증 시험인 AP 테스트에 응시했다고 한다. 반대로 스포츠 동아리 활동에

참여하는 학생은 50%가 넘는 것으로 나타났다.[12]

지난날 재미로 하던 동네 야구와 농구가 어쩌다가 첨단 기술이 덧붙여진 조직적인 스포츠로 변신하게 되었을까? 어쩌다가 이렇게 판이 커진 것일까? 1892년 제임스 네이스미스가 처음으로 농구 경기를 고안한 이후 농구 경기는 아이들 사이에서 빠르게 확산되어갔다. 가장 큰 이유는 실내에서 할 수 있는 운동으로 격렬한 몸싸움이 없었기 때문이다. 당시의 농구 경기는 몸싸움과 경쟁이 많은 지금의 농구 형태와는 전혀 달랐다.

대학 운동부에는 우승만 하면 모든 걸 손에 쥘 수 있을 것 같은 분위기가 조성되어 있다. 전국에 생중계되는 대학체육협회 경기에서는 오로지 우승한 학교에만 경제적 지원을 아끼지 않고 있다. 우승을 한다고 해서 반드시 학생들에게 그 혜택이 돌아가리라는 보장도 없지만 말이다. 그럼 스포츠에 대한 이런 맹목적인 열광은 어디서부터 온 것일까?

미식축구를 배경으로 한 드라마로, 텍사스 주에서 처음 방송을 타기 시작한 〈프라이데이 나이트 라이츠Friday Night Lights〉에서부터 이 열광이 시작되었다고 봐야 할 것이다. 1898년 11월에는 댈러스에 있는 윌 스쿨 오브 하니 그로브가 세인트 매튜 그래머 스쿨과의 경기에서 5 대 0으로 완승하는 장면이 TV 전파를 탔다.[13] 텍사스 역사학자의 말에 따르면, 이 경기가 텍사스 주에서 벌어졌던 최초의 고등학교 미식축구 대결이라고 한다. 이 일이 있고 얼마 지나지 않아 여기저기서 운동 팀이 조직되었고, 오랫동안 아이들의 전유물로 여겨졌던 동네 농구나 야구는 사라지기 시작했다. 마침내 학교에서도 이런 스포츠를 조직적으로 운영하기 시작했다. 학교는 운동부 학생들이 시험 시간에 부정행위를 하더라도 너무 지나치게 하지 않기를, 또 운동장에서 머리가 부딪혀 뇌진탕으로 기절하지 않기를 바라며 운동에 많은 시간과 공을 들이기 시작했다. 명문 사립학교가 먼저 이런 방향으로 흘러가기 시작하자 전국의 공립학교도 이런 트렌드를 빠르게 쫓아갔다. 뉴욕 시는 1903년에 공립학교체육리그를 만들었고 해마다 크리스마스 연휴 때면 매디슨 스퀘어 가든에서 1000여 명의 학생들이 모여 육상경기를 펼치는 프로그램을 진행하고 있다.

대체로 교육학자들은 운동을 통해 남학생들은 남성성을 배양할 뿐만 아니라 또래들끼리 몰려다니며 불량한 행동을 하는 것을 어느 정도 예방할 수 있다고 여겼다. 리플리는 이렇게 설명한다. "빅토리아 시대에는 이른바 '튼튼한 정신'이 환영을 받았다. 경제가 발전하고 사회가 급변하던 시기에는 운동이 도덕성을 함양할 수 있는 일종의 예방 접종과도 같다고 믿었던 것이다. 시어도어 루즈벨트는 1900년에 쓴 '아메리칸 보이The American Boy'라는 에세이에서 '미식축구 경기에서처럼 인생의 가장 중요한 원칙은 바로 이것이다. 돌파하라! 반칙을 해서도 안 되지만 물러서는 것은 더더욱 안 된다. 끝까지 돌파하라!'라고 말했다."[14]

많은 지역 공동체에서 운동장과 체육관 건물을 짓고 있으며, 더불어 더 많은 운동 팀을 꾸리려고 노력하고 있다. 이들은 도시와 마을 전체에서 가장 큰 존재감을 드러내고 있다. 조직화된 청소년 운동 팀은 아이들 간의 경쟁심을 부추기고 있으며, 운동에 열정이 넘치는 부모와 코치들을 양산해내고 있다. 이런 바람을 타고 일부 코치는 매일 아이들을 위해 교실에서 구슬땀을 흘리는 선생님들보다 더 많은 수입을 올리고 있다.

이처럼 경쟁적인 스포츠 열기를 비판하는 사람들은 국민의 세금이 왜 이런 식으로 낭비되는지 묻는다. 특히 미식축구와 같은 운동은 뇌진탕이나 다른 심각한 부상으로 인해 아이들의 건강에 큰 위협이 되고 있다는 사실이 자명한데도 스포츠 진흥에만 많은 예산을 쓰고 있는 정부의 정책에 의문을 제기한다.

전국적인 미식축구 열기에 힘입어 고등학교에서는 운동의 비중을 점점 더 높이고 있지만, 이와는 반대로 각종 경기에서 우승하는 것보다는 학교의 본질인 공부를 우선순위에 두어야 한다는 목소리도 있다. 그러나 예산만 보장된다면 미식축구팀을 만들려는 학교가 더 많다. 몇몇 지역의 학교는 운동부를 조직하지 않기로 결정을 내리기도 했는데, 그 배경은 미식축구팀 하나를 꾸리는 데 엄청난 예산이 들어가는 데다 여학생들의 운동 팀에도 미식축구팀과 비슷한 예산을 써야 한다는 부담감 때문인 것으로 드러났다.

부시와 오바마 정부는 학교에서 눈에 보이는 성과를 올리는 경우에만, 예를 들어 학업 성취 점수, 운동부의 성적, 졸업생 비율이 높은 학교만 철저히 골라서 주·연방 정부 예산을 집중적으로 투입하고 있다. 한마디로 정부 지원을 받고 싶으면 무조건 이기라는 것이다. 바라건대 1980년대 전국 미식축구 대회에서 최고 선수로 뽑혔던 덱스터 맨리가 자신은 글도 제대로 깨우치지 못했지만 뛰어난 기량 때문에 고등학교와 대학을 무난히 졸업할 수 있었다며 어깨에 힘을 주고 다니는 상황이 우리 자녀들 세대에서는 벌어지지 않기를,[15] 아이들에게 균형 잡힌 교육을 제공하는 학교가 많아지기를 기대해본다.

모든 아이들이 공격수가 될 수는 없다

운동은 무한 경쟁의 시대를 살아가고 있는 부모가 마주한 딜레마의 한 단면을 보여준다. 치열한 경쟁 속에서 살아남아야 하는 자녀를 위해 부모는 어떤 역할을 해야 하는 걸까? 운동에 조금이라도 소질이 있는 아이들을 무조건 운동장으로 끌고 가서 경쟁적인 운동 경기가 제공하는 혜택을 누리도록 하는 것이 옳은 일일까? 아니면 그런 경험으로 인해 생기는 예측불허의 변화로부터 아이를 보호하기 위해 아이를 방 안에 가둬놔야 하는 걸까? 부모는 어떤 선택을 해야 할까? 한 번도 주요 공격수나 팀을 이끄는 역할을 하지 못했던, 그러니까 운동에 재능이 없는 아이의 부모는 어떤 선택을 내려야 할까?

꼭 이겨야만 한다는 강박감은 아이들에게 스트레스 그 자체일 것이다. 어른들의 망상 때문에 이기고 지는 것에만 지나치게 관심을 가진 아이들은 코치나 부모를 실망시키는 일이 벌어지면 이를 자신의 자존감과 연결시켜버린다.

경기에서 이기고 지는 것으로 또는 주전으로 뛸 수 있는지 여부로 존재감을 인정받는 것이 아님을 당신의 자녀에게 제대로 인식시키는 것이 무엇보다 중요하다.[16] 자녀가 운동을 하는 가장 큰 이유는 바로 그들 자신의 바람 때문이어야 한다. 부모가 원하기 때문이 아니라 자녀에게서 동기가 유발되었기 때문이어야 한다. 실수를 통해 배우고 또 팀의 일원으로서 어떤 역할을 감당할 수 있는지를 깨달아가는 것이 운동 경기에 참여하는 가장 중요한 목표가 되어야 한다. 운동을 시작하기 전에 이 사실을 아이들에게 먼저 이해시켜야 한다. 인생이 그렇듯이 운동을 하다 보면 잘할 때도 있고 못할 때도 있지만, 경기를 위해 열심히 노력했던 경험이 자녀의 인생에 평생 남을 소중한 자산이 된다는 것을 부모가 제대로 짚어줘야 한다.[17]

자녀가 운동을 얼마나 잘하는가 또는 그렇지 않은가가 그리 중요한 문제는 아니다. 모든 운동에는 후보 선수들이 있고, 이들 또한 분명 팀에 기여하는 부분이 있다. 이런 경험은 미래의 건강한 자양분이 된다. 부모의 숙제는 자녀에게 얼마큼 양보할 수 있느냐 하는 것이다. 자녀가 어떤 선수가 되고 싶은지를 스스로 결정할 수 있게 하고 그 결정을 지지하는 것이 부모의 몫이다. 스스로 동기 부여가 되지 않은 상태에서 운동을 계속하다 보면 운동 자체나 최선을 다해 노력하는 것에 관심을 잃기 쉽다. 운동에 대한 중압감을 견디지 못해 불안 증세를 보이다가 분열성 행동장애로 이어져 경기에 불참하는 경우가 잦아지고, 결국엔 지쳐 포기하고 만다.

자녀에게 운동을 시키는 부모가 할 수 있는 가장 최선의 지원은 공부와 운동의 균형을 유지할 수 있도록 돕는 것이다. 자녀가 공부와 운동 모두 최선을 다하도록 돕되, 최종 선택은 자녀의 몫으로 남겨두면 된다. 나이가 들면서 아이들은 자신의 선택에 어떤 결과가 따라오는지 이해하게 될 것이다. 부모는 그저 이런저런 결과가 나올 수 있다는 이야기를 해주기만 하면 된다. 결정은 그들의 몫이다. 부모는 자녀의 열정에 격려해주면 그뿐이다. 운동은 게임이므로 반드시 즐거워야 한다는 사실을 기억하자. 가장 중요한 것은 운동을 통해 긍정적인 자아를 형성하고 자신감을 키우는 일이다. 물론 그렇다고 해서 아이들이 열심히 훈련을 받지 않아도 되고 운동에 적극적으로 참여할 필요가 없다는 이야기는 아니다. 자녀가 원하지 않는 수준을 기대하거나 그들의 한계치를 넘어서는 기량을 기대한다면 아이들의 자존감 또는 자아 형성에 부정적인 영향을 줄 수 있다. 어떤 아이들은 이 때문에 운동을 그만두거나 일찌감치 녹초가 되어 포기해버리기도 한다. 재미있으려고 시작한 일이 실망과 좌절로 끝나는 것이다. 묵묵히 지켜봐주면 아이가 진정으로 재미를 느끼지만, 부모가 들들 볶기 시작하면 잘할 수 있었던 것도 끝까지 해보지 못한 채 커다란 절망을 맛보게 된다. 이런 좌절감은 성인이 되어서도 후유증이 계속 남을 수 있으니 부모가 현명하게 처신해야 한다.

5

과잉 양육이 당신과 자녀의 삶에 미치는 영향

앞서 여러 차례 이야기한 것처럼 오늘날 많은 부모들은 자녀를 성공의 지름길로 인도해야 한다는 심한 압박감에 시달리고 있다. 이런 부모의 생각이 자녀에게는 물론이고 부모의 삶에 어떤 영향을 주는지 살펴봐야 할 때가 된 것 같다. 〈중국, 프랑스, 그리고 미국에 상륙한 과잉 양육 반대 운동From China to France to America, A Backlash against Overprotective Parents〉,[1] 〈과잉 양육: 글로벌 난제Overprotective Parenting: A Growing Worldwide Problem〉,[2] 〈헬리콥터 부모가 아이를 더 쉽게 우울증에 빠지게 한다Children with Controlling 'Helicopter Parents' More Likely to be Depressed〉[3] 등등의 프로그램이 난데없이 등장한 것은 아니다. 이는 이 문제가 더 이상 개인 성향의 차이로 치부할 수 없을 정도로 심각해졌음을 뜻한다.

이 책에서 이야기하는 과잉 양육이란 10대 자녀를 둔 부모가 자녀에게 잔소리를 하고, 불합리한 통금 시간을 정해놓고 엄격히 준수하도록 강요하고, 어디에서 어떤 친구들과 어울려야 하는지 제한을 두는 수준의 통제 그 이상을 의미한다. 과잉 양육의 씨앗은 우리가 생각하는 것보다 훨씬 일찍 싹튼다. 아이 무릎에 살짝 상처가 나기라도 하면 응급 상황으로 여기는 것에서부터 장차 자녀가 다닐 번듯한 직장을 위해 월가에 있는 회사에 로비를 하는 것에 이르기까지 형태도 가지각색이다. 혼자서 아무것도 할 수 없는 의존적인 자녀로 만들 수 있는 수만 가지 방법이 존재한다는 이야기다.

부모가 자녀를 너무 애지중지한 나머지 자녀들은 잘못된 특권의식을 가지거나 삶에 대한 의욕과 자존감을 상실하기도 한다. 누군가 보살펴주지 않으면 아주 사소한 일도 처리할 수 없는 그런 사람이 되고 마는 것이다. 창의성이 결여된 사람이 되어 어떤 결정도 스스로 내릴 수 없어지기도 한다. 이들은 어떤 일에서 실패를 맛보면 사후 처리를 어떻게 해야 하는지 또 그 감정에서 어떻게 빠져나와야 하는지도 알지 못한다.

나이와 상관없이 이들은 무언가를 선택하는 것에 두려움을 느낀다. 일이 실패로 끝났을 때에는 자신의 결점을 인정하지 않고 남 탓을 한다. 훗날 자신의 모든 실패에 대한 책임을 부모에게 돌릴 것이다. 더욱 심각한 것은 어릴 때 생긴 이런 특징이 어른이 되어서도 그대로 남아 있어 인생의 많은 문제를 해결하는 데 방해가 될 것이라는 점이다. 과잉 양육을 받은 아이들은 자신의 잠재력을 발견하지 못하고 부모나 코치, 또는 상담가의 도움 없이는 어떤 것도 스스로 할 수 없다는 것이 가장 큰 문제다.

철두철미한 관리는 문제 해결 능력을 저하시킨다

과잉 양육의 이면에 어떤 심리가 숨어 있는지를 밝힌다면 왜 이런 일들이 벌어지고 있는지 알 수 있을 것이다. 왜 오늘날 많은 부모가 자녀의 성공에 목을 매게 되었을까? 왜 이렇게까지 긴장하며 자녀를 양육하게 된 걸까? 왜 연령과 상관없이 자녀를 혼자서는 아무것도 할 수 없는 연약한 존재로 생각하는 걸까? 자녀를 과잉보호하고 끊임없이 감시하는 이런 현상들은 어쩌다 생긴 걸까? 앞서 3장에서 그 원인에 대해 잠깐 살펴보았지만, 부모의 행동 심리를 좀 더 심층적으로 연구해볼 필요가 있을 것 같다.

삶이라는 넓은 바다에 자녀를 던져놓고 그들 스스로 헤쳐 나올 수 있도록 하는 것이 부모의 역할이다. 그 바다에서 헤엄을 쳐서 나오든 아니면 무언가를 붙들고 나오든 자녀가 조금씩 진짜 세상을 맛보고 배울 수 있도록 조용히 응원하는 것이 부모가 진짜 해야 하는 일이다. 하지만 요즘 부모는 다르다. 세상에서 부딪힐 모든 위험 요소를 필사적으로 제거하고, 자녀를 위해서라면 거의 모든 것을 대신해주는 것이 부모의 역할이라고 생각하게 되었다.

이런 유형의 양육은 자녀에게 무척 해로울 뿐만 아니라 부모 자신에게도 불행한 결과를 가져온다고 많은 연구 결과가 말해주고 있다. 당신이 어떤 유형의 양육 스타일을 가졌든 상관없이 자녀에게 실수를 용납하지 않고 문제를 스스로 해결할 기회를 주지 않는다면 그들은 결국 독립적인 자아를 형성할 수 없게 된다. 이것이 정말 부모로서 우리가 해야 할 일이란 말인가? 부모란 단순히 자녀에게서 성공적인 결과물이 나오도록 유도하는 사람이 아니다. 당신이 자녀의 인생을 대신 살아줄 것이 아니라면 당신이 꼭 해야 하는 일은 자녀가 완벽하지는 않더라도 자신만의 개성을 가진 한 인간으로 성장해가는 모습을 묵묵히 지켜봐주는 것이다.

부모가 너무 철두철미하게 자녀를 관리하다 보면 자녀는 인생에서 부딪치는 다양한 문제를 해결할 능력을 키우지 못하게 된다. 여기서 능력이란 시간 관리, 전략 세우기, 우선순위의 결정, 꼼꼼한 협상 능력 등 인생을 살면서 꼭 가져야 할 기본적인 소양을 말한다. 자녀를 챙기는 일은 아이에게 처음으로 밥을 떠먹여주는 것에서부터 형제자매 또는 또래 친구들과 사소한 다툼을 중재하는 일까지 다양하다. 이처럼 부모의 지나친 간섭을 받아온 아이들은 자유가 주어지면 뭘 해야 할지 모른다. 주도적으로 여가를 즐기지 못한다. 시간의 주인이 되지 못하는 것이다. 또한 이 아이들은 다른 사람들이 느끼는 감정에 별로 신경을 쓰지 않는다. 이렇게 공감 능력을 상실하게 된 이유는 무슨 일을 하든 끊임없이 자신의 일거수일투족을 좇는 시선, 즉 부모의 눈에만 거슬리지 않으면 된다는 생각을 함으로써 부모 외의 다른 사람들의 감정에는 크게 신경 쓰지 않기 때문인지도 모른다. 이런 식의 행동 방식은 자녀의 무한한 잠재력에 한계를 긋는다. 아이들은 자신이 정말 원하는 일이 무엇인지, 또 그것을 어떻게 성취할 수 있는지 혼자 결정내리지 못한다. 그리고 자신이 성취한 일에 대해서도 정확한 평가를 내리지 못한다.

이런 아이들이 자라서 부모로부터 독립할 나이가 되면 어떻게 될까? 그들은 나이가 들어도 여전히 부모의 허락과 승인이 없으면 어쩔 줄 몰라 하며 자신의 선택에 확신을 가지지 못한다. 그런 의미에서 본다면 과잉 양육 부모는 자녀를 일종의 장애아로 만들었다고 해도 과언이 아닐 것이다. 마치 탯줄을 자르지 않은 채 자녀를 키운 것이나 다름없어 보인다. 이메일, 문자와 전화는 마치 잘려나가지 않은 탯줄처럼 자녀와 부모를 계속해서 얽어맨다.

유년기와 청소년 시기에 형성된 이런 나쁜 습관은 결국 자녀가 한 인격체로 성장하는 것을 방해한다. 나이는 먹었지만 성숙이 덜 된 사람이 되는 것이다. 스스로 무언가를 할 때에는 긍정적인 결과를 기대할 수 없기에 그들은 계속해서 부모에게 허락과 승인을 요구하는 나약한 존재가 된다. 어린아이처럼 늘 불안함을 느끼고, 의존적이고 확신이 없는 사람이 되는 것이다.

이런 아이들은 부모에게 영원히 의존할 수 있다는 환상에 사로잡혀 있다. 문제가 생기면 부모 또는 그 일을 책임질 누군가가 짠 하고 나타나 복잡한 모든 상황을 단번에 해결하고 자신들을 구해줄 것이라 믿는다. 그래서일까? 이런 아이들은 잘못된 선택을 하는 경우가 많고, 허둥대며, 일이 잘못되면 무조건 남 탓부터 하는 경향이 있다. 또 알코올이나 약물, 섹스 등으로 자신이 직면해야 할 문제를 회피하려 든다. 불행하게도 뭔가 일이 한참 잘못되고 난 후에야 비로소 자신이 저지른 모든 문제를 부모가 해결해줄 수 없다는 사실을 깨닫는다. 이들은 스스로 인간관계를 만들어본 경험이 없기에 자신의 문제를 함께 해결할 주변의 지원군이나 친구가 없다.

과잉 양육의 원인과 결과

어떤 행동에는 반드시 그에 따른 결과가 따라오기 마련이다. 그러나 오늘날처럼 위태롭고 불투명한 세상에서는 명확한 결과를 예측하기가 쉽지 않다. 우리의 선택이 항상 예측한 대로의 결과를 가져오는 것이 아니기에 부모가 확신을 갖고 어떤 일을 결정하기란 매우 어렵다. 따라서 어떤 결과가 나올지 예측하려고 노력하기보다는 어떤 결과가 주어지든 그 결과에 적절히 대응할 수 있는 힘을 길러야 한다.

세상이 많이 변했다. 전에는 아이들을 마음껏 뛰어놀게 하는 부모는 어딘가 좀 모자라는 사람 취급을 받으며 이웃 주민들의 입방아에 자주 오르내리는 정도에 그쳤다. 그러나 오늘날에는 부모가 아동보호센터로부터 양육권을 빼앗기는 상황으로까지 문제가 비화될 수도 있다. 사우스캐롤라이나 주 콜롬비아에 살고 있는 제이미는 이렇게 말했다. "저는 세 아이를 키우고 있어요. 아이들에게 TV는 아예 보여주지 않고 컴퓨터는 제한된 시간 동안만 사용하게 하고 있죠. 아이들은 주로 자기들끼리 밖에 나가서 놀아요. 중학생이 되면서 농구와 야구를 배우기 시작했죠. 밖에서 자유롭게 노는 아이들이 많이 없어서 애들이 외로워하는 편이에요. 집에 친구를 초대하지 않는 이상 밖에서 아이들을 만나기는 힘들거든요. 그나마 저희 애들이 밖에서 뛰어놀 수 있었던 건 제가 전업주부이고 저희 동네가 저소득층 주민이 많은 곳이라 가능했던 일이에요. 물론 제가 직장에 다니면 더 좋은 동네에서 살 수 있었겠지만 그랬다면 동네 주민들은 아마 우리가 미쳤다고 생각했을 거예요. 아이들이 자유롭게 뛰어노는 것을 부모의 방치라고 간주하는 상황에서 아이를 제대로 양육하기란 쉽지 않은 일이었을 거예요."

부모를 집요하게 따라다니는 질문이 있다. '세상 그 누구도 아닌 나의 분신, 사랑하는 자녀를 위해 나는 제대로 하고 있는 것일까?', '자녀의 성공에 나의 가난이 방해가 되지는 않을까?', '어찌됐든 돈이 많으면 자녀의 성공적인 미래를 보장할 수 있지 않을까?'.

애리조나 주 피닉스에서 중학교 선생님으로 재직 중인 래리는 우리에게 이렇게 털어놓았다. "저는 여러 지역의 학교에서 약물 중독과 범법 행위를 일삼는 아이들을 가르친 적이 있어요. 그 학생들의 부모 중에는 고등교육을 받고 사회에서 성공했다고 칭송 받는 사람들이 많았죠. 제가 교실에서 학생들을 지켜봤을 때 사회·경제적 수준이 낮은 가정의 학생들이 그렇지 않은 아이들보다 훨씬 모범적이고 학업 성적도 뛰어난 경우가 많았어요. 그 이유를 생각해보면 이른바 잘사는 집 아이들은 학교 공부 외에 할 일이 굉장히 많고 바빠요. 각종 레슨과 훈련 때문에 스스로 계획하고 노는 시간이 절대적으로 부족하죠. 다른 아이들과 놀게 되더라도 부모가 정한 친구들과 정해진 공간과 시간에서만 가능하죠. 그에 반해 집안이 덜 유복한 집 아이들은 집에서든 동네에서든 하기 싫고 번거로운 일을 할 수밖에 없어요. 이런 귀찮은 일들을 처리하다 보면 어떤 상황을 정리하고 처리하는 능력이 배양되고, 어느 지점에서 타협점을 찾아야 하는지 자연스럽게 배우게 되죠."

과잉 양육이 자녀에게 전달하는 다양한 메시지 중 거의 대부분은 아이들에게 매우 해로운 것이다. 과잉 양육의 원인을 간단히 설명하자면 이렇다. 부모가 어떤 특정 행동을 취하면 그 반응이 자녀에게서 나타난다. 물론 이 행동과 반응 사이에서 발생하는 현실적인 상황은 더 다양하겠지만 말이다. 여기서 당신이 부모로서 관심을 가져야 할 부분은 개별 사건이 아니다. 외부의 도움을 요청해야 할 정도로 대단히 충격적인 사건은 제외하고 일반적인 경우라면 당신이 가장 신경을 써야 할 것은 당신이 반복적으로 행하고 있는 과잉 집착의 행동 방식이다. 그런 행동 방식이 습관이 되다 보면 당신도 모르는 사이 이러한 행동을 정상적인 양육으로 인식하게 되고 결국은 당신과 자녀에게 부정적인 효과를 끼치게 된다.

모든 상황을 개별적으로 인식해야 한다. 그러나 과잉 양육의 행동 방식이 습관이 되면 이렇게 생각할 수 없게 된다. 자녀는 하루가 다르게 바뀌고 있는데 그들을 대하는 부모는 똑같은 행동 방식으로 대응하고 있는 것이나 마찬가지다. 모든 상황을 하나의 개별적인 사건으로 인식하지 못하면 자녀를 그저 '똑똑한 아이' 또는 '반항아'라는 고정관념으로 섣불리 판단하거나 자녀에게 모든 책임을 전가하는 식으로 행동하게 된다.

부모가 자녀를 어떻게 다뤄야 할지 파악할 때쯤 그들은 이미 훌쩍 자라 어른이 되어 있다는 말은 틀리지 않다. 즉, 자녀의 행동에 특정한 반응을 지속적으로 하는 것, 예를 들어 자녀가 특정 행동을 했을 때 "넌 참 게을러"라는 말을 반복적으로 건네는 것은 자녀에게도 부모에게도 아무런 이득이 되지 못하다는 것이다. 과잉 양육이 부모와 자녀에게 끼칠 영향에 대해 주의 깊게 살펴보기 바란다. 또 하나 중요한 점은 아이들은 모두 다 다르다는 점이다. 심지어 같은 부모 밑에서 태어난 아이들이라 하더라도 말이다. 따라서 각 아이들의 성격과 주변 환경에 맞는 양육법이 무엇인지를 찾아야 하고, 아이가 자라면 부모의 인식과 행동도 달라져야 한다는 점을 명심하기 바란다.

과잉 양육이 왜 위험하며 어떤 결과를 초래하는지에 대해 정확히 이해하기 위해서는 1장에서 다룬 다섯 가지 양육 방식을 다시 한 번 검토해야 할 것 같다. 각각의 유형이 가지고 있는 위험성과 이들 유형이 부모와 자녀에게 끼칠 영향을 자세히 검증해보자. 당신이 어떤 유형에 속하고 어떤 위험성을 가지고 있는지 점검할 수 있는 좋은 기회가 되길 바란다. 각각의 양육 방식이 단기적으로는 별다른 증상으로 나타나지 않을 수도 있지만, 장기적으로는 이러한 양육 방식의 영향을 절대 가볍게 치부해서는 안 된다. 물론 가족에게 큰 위기가 닥칠 경우 거의 대부분의 부모가 자녀에게 어떤 방식으로든 집착하는 경향이 생길 수 있다. 하지만 어떤 시점이 지나서도 계속해서 그 방식을 유지하는 것은 자녀에게도 부모에게도 매우 해롭다.

수호천사형

보호자형 부모

- 위험요소 _ 부모가 자녀를 대신해 거의 모든 일을 한다.
- 자녀에게 끼치는 영향 _ 어떤 일을 주도적으로 진행하거나 실패를 무릅쓰고 도전하는 방식을 전혀 배우지 못한다.
- 부모에게 끼치는 영향 _ 자녀가 정상적이고 독립적인 인격체가 되기 위해서는 부모에게 많은 노력이 요구된다.

과잉보호형 부모

- 위험요소 _ 이런 유형의 부모는 자녀의 또래가 하는 일반적인 활동도 하지 못하게 막는다.
- 자녀에게 끼치는 영향 _ 자신이 소외되었다고 느낀다.
- 부모에게 끼치는 영향 _ 자녀에게 정상적인 사회성을 배양시키기 위해 많은 시간을 할애해야만 한다.

참견쟁이형 부모

- 위험요소 _ 자녀의 의지와 상관없이 모든 일을 부모의 뜻대로 관철시키려 한다.
- 자녀에게 끼치는 영향 _ 자신의 문제를 스스로 해결할 능력이 없다.
- 부모에게 끼치는 영향 _ 자녀의 문제를 해결할 방안을 찾아내야만 한다.

걱정쟁이형 부모

- 위험요소 _ 자녀와 관련된 모든 일을 걱정한다.
- 자녀에게 끼치는 영향 _ 자녀도 모든 일에 불안감을 먼저 가지게 된다.
- 부모에게 끼치는 영향 _ 자녀에게 증가되는 불안감을 해소할 방법을 모색해야 한다.

수호천사형 양육의 특징 ①: 자녀에 대한 신뢰가 결여되어 있다

수호천사형 양육 방식이 자녀에게 보내는 메시지는 "너 혼자서는 제대로 할 수 없어"다. 부모 없이는 어떤 일도 제대로 처리할 수 없다고 주입시키는 것이다. 자녀는 부모가 자신을 신뢰하지 않는다고 느낄 수밖에 없고, 또 그것이 일정 부분 사실인지도 모른다. 왜냐면 자녀가 할 수 있는 일들을 대신한다는 것 자체가 인생의 아주 작은 고비마저도 스스로 넘어갈 수 없음을 부모가 인정하는 꼴이 되기 때문이다. 궁극적으로 이는 간단한 문제를 대단히 어렵게 만드는 양육 방식이며, 자녀의 성장을 가로막는 일이다. 무작정 대신해주는 부모의 양육 태도는 자녀를 게으르고 매사에 의욕 없는 사람으로 만들기 쉽다. 아이는 자신의 행동에 책임을 지지 않고, 스스로에게 만족하지 못하며, 자신감이 결여된 사람이 된다.

이는 또한 아이들이 가져야 할 다른 종류의 신뢰에도 영향을 준다. 부모가 가진 세상에 대한 불신이 그대로 자녀의 세계관에 영향을 줘서 자녀들은 세상에 대해 막연한 불안감을 느끼고 주변에서 일어나는 모든 일에 대해서도 의심을 멈추지 않는다. 도처에 위험이 도사리고 있으며 신뢰할 수 없는 것들로 세상은 가득 차 있다고 생각하게 된다. 이것이 부모가 자녀를 양육하며 물려줘야 할 가치관은 아니지 않은가?

수호천사형 양육의 특징 ②: 살아가는 데 필요한 기술을 전수하지 못한다

부모나 보모가 자녀의 일거수일투족을 간섭하고 챙기다 보면 아이는 신발 끈을 묶거나 목욕 후 몸을 닦고 머리를 빗는 일, 또는 주변을 정리하는 일조차 할 수 없는 지경이 되고 만다. 이것은 정말이지 자녀를 위하는 일이 아니다. 자신이 마땅히 해야 할 일을 하지 못하는 사람으로 만드는 것을 어떻게 양육이라 할 수 있겠는가? 이는 오히려 자녀의 성장을 방해하는 것일 뿐이다. 부모는 그런 허드렛일은 중요하지 않으므로 그 시간에 좀 더 중요한 일, 예를 들어 블록 쌓기나 레고놀이를 하면 똑똑한 아이가 될 수 있다고 착각한다.

초등학교 교사인 루엔이 학교에서 5, 6학년 아이들과 함께 1박으로 견학 학습을 떠났을 때의 이야기를 들려줬다. 그녀는 스스로 옷을 챙겨 입고 침상을 정리하고 식탁을 차리는 것을 돕는 등의 사소한 일조차 스스로 할 수 없는 학생들이 많다는 사실에 상당히 충격을 받았다. 삶을 살아가는 데 아주 기본적인 일조차 할 수 없는 아이들이 도대체 어떤 일을 할 수 있을지, 지금은 초등학생이지만 곧 중학생, 고등학생이 되는 아이들의 미래가 어떻게 될지 걱정하지 않을 수 없었다고 전했다. 그녀는 집에서 아이들이 배우지 못하는 상황이라면 아예 학교에서 기본적인 삶의 기술까지 가르쳐야 하는 것은 아닌지 걱정하고 있었다.

이런 아이들은 과잉 양육의 피해자일까 아니면 태만 양육underparenting이나 방치의 결과일까?

나의 오랜 친구 주디의 가족은 1940~1950년대의 거칠고 힘들었던 도시 뉴욕에서 살았다. 경제적으로 그리 넉넉하지는 않았지만 그녀를 돌보고 집안일을 도와주는 보모가 있었다고 한다. 대학에 진학해서 기숙사 생활을 시작하고 몇 주가 지난 후 아침에 옷을 입으려다 그녀는 깜짝 놀랐단다. 깨끗한 속옷을 찾을 수 없었기 때문이다. 정신을 차리고 방을 둘러보니 입다가 벗어 놓은 옷들이 여기저기 굴러다니고 있었다. 그녀는 한 번도 빨래를 해본 기억이 없었다. 세탁? 그게 뭐지? 보모가 말끔하게 빨고 다리미질까지 마쳐서 서랍에 예쁘게 넣어준 옷을 꺼내 입던 주디는 세탁이라는 단어의 의미를 알지 못했다. 대학에서 부딪친 인생의 가장 큰 난제가 빨래가 될 수밖에 없었던 이유는 바로 여기에 있었다.

대부분의 학생들이 그러는 것처럼 주디는 그날 속옷을 쇼핑하러 갔고, 아르바이트 학생을 고용해서 자신의 빨래를 빨도록 했다. 이런 세태는 아직도 변하지 않았다. 오늘날 많은 학생들이 자기 자신을 돌보는 지극히 기본적인 삶의 기술을 배우지 못한 채 대학에 진학하고 있다. 그래서 일주일에 한 번 세탁 서비스까지 운영하는 대학들이 생겨나고 있는 것이다.

18세 이상의 학생들 중 몇 퍼센트가 전구를 갈아 끼우는 단순한 일을 할 수 있는지 확실한 통계가 있는 건 아니지만, 그런 자료 없이도 그럴 수 있는 아이들이 얼마 되지 않는다는 것은 틀림없어 보인다. 본인의 생존과 관련된 간단한 일도 할 수 없는 아이들이 대학에서 배워야 할 삶의 근본적인 기술을 과연 얼마나 습득할 수 있을까? 대답은 절망적이다. 그렇다면 부모가 자녀를 대신해서 해주는 사소한 허드렛일들이 과연 어떤 의미가 있단 말인가? 이런 식의 양육을 받은 아이들은 커도 자신의 일을 스스로 감당하지 않고 배우자에게 모든 책임을 떠넘긴다. 보모나 도우미를 고용할 경제적 형편이 안 되는 경우 배우자를 보모, 도우미 또는 부모로 간주하고 아주 사소한 일마저도 배우자에게 의존한다.

성취몰두형

과잉성취자형 부모

- 위험요소 _ 부모가 자녀에게 지나치게 높은 기대를 가지고 있다.
- 자녀에게 끼치는 영향 _ 자신은 어떤 사람도 만족시킬 수 없는 사람이라고 인식하게 된다.
- 부모에게 끼치는 영향 _ 훗날 자녀에게 쓸데없는 중압감을 준 것에 대해 매우 후회하게 될 것이다.

통제자형 부모

- 위험요소 _ 자녀들이 해야 할 선택을 부모가 대신한다.
- 자녀에게 끼치는 영향 _ 독립적으로 무언가를 생각할 수 없게 된다.
- 부모에게 끼치는 영향 _ 자녀의 뒤치다꺼리를 하느라 늘 동분서주할 수밖에 없다.

중재자형 부모

- 위험요소 _ 부모는 자녀가 어려운 상황에 빠지는 것 자체를 용납하지 않는다.
- 자녀에게 끼치는 영향 _ 스스로 뭔가 해결하는 능력을 배양하기 어렵다.
- 부모에게 끼치는 영향 _ 늘 자녀 걱정으로 노심초사한다.

매니저형 부모

- 위험요소 _ 자녀의 장래를 위해서라면 극단적인 조치까지 취할 수 있다.
- 자녀에게 끼치는 영향 _ 실수를 두려워해 배움의 기회를 놓치고 만다.
- 부모에게 끼치는 영향 _ 실수를 통해 조금씩 성장하는 자녀를 지켜보는 부모 고유의 특권을 누릴 수 없다.

성취몰두형 양육의 특징 ①: 실패를 두려워하는 아이로 만든다

자녀의 작은 행동이나 활동에 지나치게 보상하는 부모의 심리에는 실패에 대한 두려움이 자리하고 있다. 물론 첫 아이가 태어나면 매 순간이 큰 의미로 다가오는 것은 당연한 일이다. 그러나 아이가 그저 숨 쉬는 것에조차 박수를 치며 격려할 지경에 이르면 자녀는 성취에 대한 잘못된 인식을 갖게 되고 자신만 특별한 존재라는 비정상적인 생각을 하게 된다.

≪보스턴 매거진≫의 캐서린 오즈먼트에 따르면, 『사고방식Mindset』의 저자 캐럴 드웩은 과도한 칭찬과 격려가 오히려 양육의 역효과를 낳을 수 있다고 경고했다고 한다. 드웩은 이렇게 말했다. "우리가 자녀에게 열심히 노력해서 이룬 것을 칭찬하는 대신 영재라고 말하는 것은 아이들에게 실패를 두려워하도록 만드는 것이며, 결국 이것은 배움에

서 필요불가결한 요소인 실패를 무릅쓰는 용기에 재를 뿌리는 결과를 낳습니다." 이는 부모나 선생님의 손에 이끌려 영재 프로그램에 참여하고 있는 아이들이 부모의 기대치를 만족시키기 위해 힘겨워하고 있는 것을 통해 충분히 입증된 사실이다.

또한 드웩은 이렇게 덧붙였다. "열심히 노력했다는 칭찬을 받은 아이들은 어려운 일에 도전하는 것에 두려움을 갖지 않을뿐더러 실수를 통해 많은 것을 배웁니다. 최근 심리학계가 공통적으로 이야기하는 것은 자녀를 향한 지나친 칭찬이 부모가 애초에 의도했던 목적과 다른 결과를 가져온다는 것입니다. 부모의 칭찬 때문에 자존감이 생기고 어떤 일을 성취하는 것이 아닙니다. 열심히 노력하다가 실패를 맛보고 좌절을 딛고 일어나 다시 도전하는 과정 속에서 새로운 것을 성취하게 되는데, 그때서야 비로소 정상적인 자존감이 형성됩니다."[4]

자녀의 작은 행동이나 활동을 너무 과장해서 칭찬하면 아이는 모든 사람들이 자신의 일거수일투족에 난리법석을 떨며 칭찬할 것이라는 기대를 갖게 된다. 알다시피 그런 일은 없다. 그러다 보니 아이들은 세상에 적잖이 실망하게 되고, 문제를 해결하는 능력과 기술을 제대로 습득할 기회를 놓치게 된다. 인내심이 결여되고 조금의 어려움만 생겨도 포기하는 일이 발생한다.

우리 모두가 알고 있듯, 모든 사람에게 문제는 있다. 중요한 것은 문제가 생겼을 때 그 문제에 어떻게 대처하는가다. 이런 아이들은 문제가 발생했을 때 뭘 어떻게 해야 하는지 생각하지 않는다. 그저 짜증을 내거나 쉽게 포기해버린다. 아이가 어리다면 개선의 여지가 있다. 부모, 친구들, 선생님이 모두 함께 아이에게 자신감을 북돋아주어 유리심장을 극복하도록 도울 수 있다. 그러나 아이의 연령이 높아질수록

이 문제는 그리 쉽게 해결되지 않는다. 스스로 의지를 발휘하는 것은 고사하고 특정 문제를 해결하는 방식을 배우는 것조차 힘겨워할 것이기 때문이다.

성취몰두형 양육의 특징 ②: 자녀의 자존감을 저하시킨다

≪오늘의 심리학Psychology Today≫에서 스티브 배스킨은 1969년 너세니얼 브랜던이 쓴 『자존감의 심리학The Psychology of Self-Esteem』이라는 책을 소개했다. 이 책에서 브랜던은 정신분석과 인간의 내면을 들여다보는 방법이 재정립될 필요가 있음을 역설했다. 즉, 지금까지와는 전혀 다른 시각으로 인간의 본성을 검토할 필요가 있다는 것이다. 그의 사상은 획기적이어서 당시의 철학과 근본적으로 다른 패러다임을 제공했다.

배스킨은 『자존감의 심리학』이 인간의 이성과 감정의 상호관계를 재정립한 책으로, 인간의 자유 의지와 자존감이 동기부여, 일의 능률, 인간관계, 성관계, 사랑에까지 지대한 영향을 준다는 내용을 담고 있다고 설명했다.[5] 브랜던에 따르면 "자존감은 인간에게 가장 근본적인 욕구로서, 정상적이고 건강한 자아 발달을 위해 필수적이다. 자존감이란 인간의 믿음과 인식에 기반을 둔 것으로, 생각, 태도, 감정, 행위와 함께 자연스레 형성되는 것이다".[6]

브랜던의 책은 많은 부모에게 자녀의 자존감을 상승시킬 수 있는 방법을 찾아야 한다는 생각을 심어줬다. 인위적으로 자아를 북돋워주어 자존감과 자긍심을 기르는 양육 태도를 가리켜 '양육 기폭제parenting on steroids'라고 부른다. 자, 그러면 자녀가 속한 운동 팀의 성적이 저조해 참가상만 받았을 때, 또는 노력한 흔적이 보이지 않는 성적표를 들고 왔을 때도 자존감을 북돋워주기 위해 아이의 등을 토닥이며 긍정적인 마인드를 가져야 한다고 말해야 하는 걸까? 그렇지 않다. 공허한 칭찬과 사태를 정확히 인식하지 못한 조언은 오히려 자녀가 어떤 목표를 달성하는 데 방해 요소가 될 수 있다. 어중간한 상황과 상태를 그대로 수용하게 만들고 개성 없는 아이로 자라게 한다.

2007년 콜롬비아대에서 내놓은 연구에 주목할 필요가 있다. 이 연구에 따르면 아이의 상황과는 무관하게 똑똑하다는 이야기를 많이 듣고 자란 아이들은 실패에 대한 두려움 때문에 탁월함을 인정받을 수 없는 일에는 아예 도전하지 않는 경향이 강하게 나타난다고 한다.[7] 자존감을 향상시키기 위해 도용된 의미 없는 칭찬은 자녀가 어중간한 결과물을 그대로 수용하게 만들 뿐이다. 또 요즘 젊은이들에게서 나르시스트적 경향이 매우 강하게 나타나고 있는 것도 이러한 세태를 방증하는 것이라 하겠다.[8] 사립, 공립, 부속학교 할 것 없이 이런 학생들을 쉽게 만날 수 있다.

과도한 칭찬과 의미 없는 트로피에 아이들을 함몰시키다가는 제대로 된 성장을 기대할 수 없다. 실패를 통해 배우고 용감하게 앞으로 한 걸음 더 나아가는 것이 부모와 자녀 모두에게 진정한 의미의 성장이다. 자존감은 인간의 생존과 건강한 발전을 위해 가장 필수적인 욕구임에 틀림없다. 그렇기에 더더욱 어릴 때부터 건강한 자존감을 키워가야 한다.

심리학자 에이브러햄 매슬로는 '욕구 계층 이론'을 설명하면서 자존감은 인간의 기본적인 동기 중 하나라고 말했다. 그는 인간은 누구나 타인으로부터 인정받고 싶어 하지만 동시에 자신으로부터의 깊은 존중도 필요하다고 말했다. 이 두 가지는 인간이 하나의 인격체로 성장하고 자아를 실현하는 데 꼭 충족되어야 하는 욕구라고 설명했다.

여기서 짚고 넘어가야 할 점은 자존감을 키우는 것은 자녀를 무작정 기분 좋게 해주고 과장된 자의식을 갖게 하는 작위적인 북돋움에서 시작되는 것이 아니라는 사실이다. 자존감은 자녀가 스스로 주변 상황에 능숙하게 대처하는 방법을 터득하고 이로 인해 자신감이 생기고 성취에 대한 자부심을 느끼면서 자연스럽게 형성되는 것이다. 특히 이는 청소년기 아이들의 교우관계에도 큰 의미를 지닌다. 대체로 자존감이 높은 아이들은 그렇지 않은 아이들과 잘 어울리지 못하는 경향이 있다. 이들은 자신의 한계에 도전하기를 꺼리는 자존감이 낮은 아이들과 깊은 유대를 형성하지 못한다. 청소년기 아이들이 친구들의 나쁜 행동을 눈감아주거나 그 행동을 모방하려 한다는 점을 감안할 때 이는 부모에게 희소식임에 틀림없다. 자녀가 나쁜 친구들과 어울려 다닐까 봐 노심초사하지 않아도 되기 때문이다. 부모로서 우리는 자녀의 자존감 형성에 매우 중요한 역할을 담당하고 있다. 따라서 우리가 정상적인 방법으로 건강한 자존감을 형성하는 데 도움을 주고 있는지 점검하는 것은 매우 중요한 일이다.

친구형

단짝형 부모

- 위험요소 _ 이들은 늘 자녀와 함께 있으려 한다.
- 자녀에게 끼치는 영향 _ 자녀의 사생활이란 존재하지 않고 점점 부모의 소유물이 되어간다.
- 부모에게 끼치는 영향 _ 부모 또한 자신의 삶을 가꾸지 못해 자녀가 성

인이 될 즈음에는 깊은 회의감이 든다.

도우미형 부모

- 위험요소 _ 굳이 도움이 필요 없을 때도 부모는 자녀를 도우려 한다.
- 자녀에게 끼치는 영향 _ 자립하는 방법을 알지 못한다.
- 부모에게 끼치는 영향 _ 자녀를 돌보느라 자기 자신을 돌보지 않는다.

응석받이형 부모

- 위험요소 _ 자녀가 하자는 대로 한다.
- 자녀에게 끼치는 영향 _ 자신이 원하는 것은 언제나 이뤄져야 한다고 믿는다.
- 부모에게 끼치는 영향 _ 양육에 대한 자신만의 소신이 없다.

스토커형 부모

- 위험요소 _ 자녀에게 지나치게 관심을 갖는다.
- 자녀에게 끼치는 영향 _ 독립적인 자아에 대한 인식이 없다.
- 부모에게 끼치는 영향 _ 자녀에게 매여 부모 또한 독립적인 삶을 살아갈 수 없다.

친구형 양육의 특징 ①: 자녀에게 특권의식을 갖게 한다

좋은 집안에서 태어났거나 사회적으로 큰 성공을 거둔 부모는 남들과 다른 특권을 누려야만 한다는 인식이 강하다. 이런 환경에서 자란 아이들이 자신의 행동에 책임을 지거나 실수를 통해 한 단계 성숙하기를 기대하기는 어렵다. 문제가 생기면 부모가 나서서 해결하기 때문에 어떤 일에도 책임감을 느끼지 않으며, 자신의 행동이 타인에게 어떤 의미를 갖는지도 모른다. 자신이 원하는 것은 무엇이든 가질 수 있다는 인식 때문에 아이는 쉽게 규칙을 어기려 든다. 규칙이나 원칙 따위가 자신을 제어할 수 없다고 믿는 것이다. 부모가 좋은 의도로 만들어준 보호막이 자녀의 눈과 귀를 가린 꼴이 되어 쓸데없는 특권의식만 심어주는 것이다. 그 결과 자녀는 다른 사람과 건강한 관계를 맺는 데 큰 어려움을 겪는다.

특권의식이 강한 부모는 자녀가 다니는 학교를 깊이 신뢰하지도, 협조적이거나 긍정적인 태도를 취하지도 않는다. 이런 부모의 태도는 자녀의 학교생활에 큰 방해 요인이다. 학교의 관계자들도 이런 태도를 달가워할 리 없고, 어떤 지점에 이르면 아이는 그저 버릇없는 학생으로 낙인 찍혀 소외되기 십상이다.

특권의식은 전생의 업보와도 같다. 세상의 불평등과 부당함은 어떤 식으로든 심판되기 마련이고, 자기가 베푼 만큼 돌아오는 것이 세상의 이치다. 우리가 행했던 일들은 반드시 우리에게 돌아온다. 지나친 특권의식에 휩싸인 아이는 커서도 그런 어른이 된다. 특권의식이 맺은 쓰디쓴 열매는 우리 후손들이 거둘 수밖에 없다.

친구형 양육의 특징 ②: 아이의 창의성이 결여된다

보스턴대학에서 진화심리학을 연구하고 있는 피터 그레이는 ≪아메리칸 저널 오브 플레이American Journal of Play≫ 2011년 봄호에서 아이들은 비체계적이고 자유로운 놀이를 통해 상상력을 키우고 다른 사람들과 원만한 관계를 맺는 법과 자신의 감정을 조절하는 방법을 배울 수 있다고 설명했다.[9] 즉, 다른 아이들이 함께 놀고 싶어 하는 아이가 된다는 뜻이다.

어쩌다 '아이'와 '놀이'라는 단어가 따로 떨어지게 되었을까? 그레이는 1950년대부터 미국 어린이들의 자유 놀이시간이 지속적으로 줄어들기 시작했다고 말했다. 메릴랜드대학교 샌드라 호퍼스의 연구에 따르면 1981년과 1997년 사이 6~18세 미국 어린이들의 자유 놀이시간은 평균 25% 줄어든 반면, 교실 수업은 18% 늘었다고 했다. 숙제를 하는 시간은 145% 증가했고, 부모와 함께 쇼핑을 하는 시간도 168%나 증가했다. 호퍼스는 2003년에 연구 결과를 다시 수정·보완했는데, 그때도 여전히 아이들의 자유 시간은 줄어들었고 공부 시간은 32%나 더 증가해 있었다.[10] 요즘 아이들이 가지고 있는 물건의 양을 고려하면 쇼핑 시간도 크게 줄어들지 않았을 것 같다.

가정 심리학자들은 지난 25년간 자유 시간의 중요성이 간과되어왔다고 지적했다. 과외수업을 통해 예술, 운동, 공부를 연마하는 데 많은 시간과 물질을 투자하고 있지만, 오히려 이것이 아이들의 창의성을 억누르고 있는지도 모른다고 학자들은 입을 모았다. 꽉 채워진 특별활동 때문에 스스로 읽고 그림을 그리고 상상의 나래를 펼칠 여유가 거의 없어졌기 때문이다.[11]

자유 시간은 아이들이 마음껏 상상하고, 환상의 나래를 펴고, 자신의 삶에 대해 생각하는 아주 중요한 시간이다. 또 아이가 중요하게 생각하는 문제를 해결하려 노력해보고 창의력을 마음껏 발산하는 기회이기도 하다. 부모가 애써 채운 과외활동 때문에 의도치 않게 창의성 개발이 지연되고 문제 해결 능력의 발전이 저해된다. 시행착오를 겪으며 새로운 것을 배우고 이를 통해 자신감을 가질 기회를 박탈당하고 있는 것이다. 어른도 바쁘게 짜인 스케줄대로 살다 보면 다른 일을 시도해볼 여유를 가질 수 없는 것처럼 아이도 마찬가지다.

"노는 것이 곧 공부다"라고 말했던 심리학의 거장 브루노 베텔하임은 자유롭게 놀 여유가 없는 아이는 풍성한 내면세계를 지닐 수 없다고 설명했다.[12] 왜냐면 아이는 놀이를 통해 주변 세계를 인식하고 독립심과 개별성에 대한 감각을 발전시켜나갈 수 있기 때문이다. 따라서 부모의 철두철미한 관리로 전혀 자유 시간을 누릴 수 없는 양육은 사실 아이에게 가장 위험한 일이다.

생산자형

소비자형 부모

- 위험요소 _ 자녀와 관련된 모든 것에 가격표를 붙여 생각한다.
- 자녀에게 끼치는 영향 _ 자신에 대한 비현실적인 망상을 갖게 된다. 학교는 공부를 위한 곳일 뿐, 다른 아이들이나 선생님과의 관계를 형성하는 데에는 아무 관심이 없다.
- 부모에게 끼치는 영향 _ 다른 사람들과 벽을 치고 산다.

비난자형 부모

- 위험요소 _ 이들은 결과의 책임을 다른 사람에게 돌리며 다른 사람들을 비난한다.
- 자녀에게 끼치는 영향 _ 항상 자신의 행동에 정당성을 부여하려 든다. 일이 잘못되어도 자신의 잘못이 아니라고 여긴다.
- 부모에게 끼치는 영향 _ 다른 사람들과 섞이지 못한다.

위탁자형 부모

- 위험요소 _ 자녀를 완성해야 할 큰 프로젝트로 생각한다.
- 자녀에게 끼치는 영향 _ 자신이 사랑받고 있다는 데 확신이 없고 자신의 일에 대해 책임감을 느끼지 않는다.
- 부모에게 끼치는 영향 _ 부모는 자녀를 알아갈 기회를 상실한다.

안하무인형 부모

- 위험요소 _ 어른이 아이의 모든 것을 책임져야 한다는 우월 콤플렉스에 빠져 있다.
- 자녀에게 끼치는 영향 _ 근본적으로 부모는 자녀를 무시하고 인정하지 않는다.
- 부모에게 끼치는 영향 _ 부모는 다른 사람들로부터 고립된 채 살아간다.

생산자형 양육의 특징 ①: 자녀를 무책임한 사람으로 만든다

자녀가 어떤 일을 그르쳤거나 부모가 원하는 결과물이 나오지 않았을 때 왜 다른 사람에게 비난의 화살을 돌리는 걸까? 자녀에게 그리고 어떤 경우에는 부모에게 책임이 있는 것이 자명한 경우에도 말이다.

만약 당신의 자녀가 시험에서 부정행위를 했다고 가정해보자. 그렇다면 당신은 시험 문제를 어렵게 낸 선생님을 원망할 것인가? 아니면 아이가 원래 초점 없는 눈을 가졌는데 그 사실을 제대로 진단하지 못한 안과 의사를 원망할 것인가? 그것도 아니면 애초에 이런 시험 제도를 만들어낸 정부를 비난할 것인가? 이 중 몇 가지는 부모의 고정적인 레퍼토리다. 당신이 계속해서 자녀의 책임을 다른 사람에게 돌릴 궁리를 한다면 당신의 자녀는 어떤 일에도 책임질 필요가 없다고 생각하게 될 것이다. 그리고 책임질 일이 생기면 당신이 했던 행동을 그대로 모방할 것이다. 어떤 문제점이 발견될 때 비난의 화살을 다른 사람들에게 돌렸던 당신처럼 거만하고 무책임한 사람이 될 것이다. 다른 사람들을 비난하는 것은 매우 위험한 발상이다. 이는 벌어진 일에 대해 책임을 질 필요도, 또 그 일을 바로잡기 위해 노력할 필요도 없다는 인식을 자녀에게 심어주기 때문이다.

옳고 그름을 판단하는 것이 쉽지 않은 세상이지만, 확실히 선을 그을 수 있는 명확한 경우가 몇 가지 있다. 어떤 변명을 하더라도 시험에서의 부정행위는 정당화될 수 없다. 판단이 애매한 경우는 있지만, 일단 부정행위인 것이 자명해지면 그것은 범죄이며, 어떤 처벌이 적당한가를 고심해야 한다. 무엇이 옳고 그른지 판단하고 잘못을 저질렀을 때의 대응을 결정하는 것은 부모로서의 당신의 도덕성에 기반을 둔다. 사후 처리를 결정하는 과정은 과잉 반응과는 차원이 다른 문제다. 물론 대단히 복잡한 문제이긴 하지만 사안의 핵심을 놓치거나 다른 사람들을 비난하는 일에 몰두해서는 안 된다. 어떤 사람들에게는 이런 정면 돌파가 그리 쉽지 않은 일일 것이다. 그러나 자녀를 위한다는 미명 아래 다른 사람들을 이용하거나 비난하려 든다면 문제는 훨씬 더 어렵고 복잡해질 것이다.

생산자형 양육의 특징 ②: 부모가 모든 것을 해결해야 한다고 여긴다

미네소타 주 미니애폴리스 주변에 살고 있는 중학생 크리시와 로렌은 방과 후 수업에 함께 참여하고 있었다. 하루는 도서관에서 휴대전화로 동영상을 촬영하다가 실수로 크리시가 로렌을 쳐서 로렌의 입술이 찢어지는 사고가 났다. 고의성이 없는 우연한 사고였다. 둘은 양호실로 뛰어갔고, 곧바로 로렌의 엄마에게 알렸다. 로렌의 엄마는 마치 교문 밖에서 대기하고 있던 사람처럼 즉시 달려와 로렌을 데리고 응급실로 데려갔다.

로렌은 치료를 마치고 집에 도착하자마자 친구 크리시에게 전화를 걸어 안심시켰다. 그녀는 병원에서 만난 잘생긴 의사 얘기를 하며 사뭇 딱딱해질 수 있는 분위기를 풀었다. 그러는 동안 로렌의 엄마는 학교 관계자에게 항의 이메일을 썼다. 이 모든 것이 학교의 관리 소홀 탓이라는 것이었다. 그러고 나서는 크리시의 집에 전화를 걸어 그녀가 다분히 의도를 가지고 로렌을 쳤다고 말하며 사건을 부풀렸다. 그녀는 우연한 사고였다는 로렌의 말을 믿지 않았고 크리시에게서 제대로 된 사과를 받아야 한다고 억지를 부렸다. 이성을 잃고 자녀의 일에 무작정 끼어든 로렌의 엄마는 과잉 양육의 좋은 사례를 보여준다.

부모는 그럴듯한 말로 자녀에게 훈계를 한다. 그러나 그보다 더 중요한 것은 부모의 행동이다. 자녀는 부모의 행동을 보고 배운다. 아이들이 긍정적이고 현실적인 태도를 갖는 데 가장 중요한 역할을 하는 것은 부모의 행동임을 명심해야 한다. 이 이야기에서 가장 안타까웠던 부분은 아이들끼리는 이미 사고임을 인정하고 원만하게 일을 해결하려 했지만 부모가 끼어들면서 문제가 복잡하게 꼬이기 시작했다는 것이다.

생산자형 양육의 특징 ③: 자녀를 미숙한 아이로 성장시킨다

자녀는 커가면서 소소한 일상의 일들, 예를 들면 식빵에 버터를 바르는 일, 빨래를 정리하는 일, 놀고 난 뒤 장난감을 치우는 일, 식탁에 수저를 놓고 그릇을 치우는 일 등을 하게 된다. 아이가 제대로 하지 못한다고 해서, 또는 집안일을 봐주는 도우미가 있다고 해서 이런 허드렛

일을 시키지 않는 것은 결코 자녀에게 득이 되지 않는다. 나이에 맞게 집안일을 거들게 하고 자신의 일은 되도록 혼자서 할 수 있게 해야 한다. 특히 자립에 대해 생각하기 시작하는 청소년기 아이들에게는 이것이 독립적인 인격체로서의 기본적인 욕구를 충족시키는 기회가 될 수 있다.

자녀가 장성해서 집을 떠날 때까지, 그러니까 대학에 진학하거나 취직하거나 군에 입대하기 전까지도 이런 일을 제대로 배우지 못한다면 어디에서도 자신의 삶을 꾸려가는 방법을 배울 수 없다. 자신을 돌보는 일을 배우는 것은 자존감을 확립하고 자긍심과 책임감 있는 사람으로 성장하는 데 큰 도움이 된다. 또 이런 책임감 있는 행동을 함으로써 자신에 대한 긍정적인 생각을 키우게 된다. 따라서 자녀에게 기본적이고 사소한 일을 시키지도 가르치지도 않는 것은 자녀를 나이만 꽉 찬 바보로 만드는 것이나 다름없는 일이다.

6살 아이가 집안일을 거든다고 생각해보라. 그들이 완벽하게 해낼 수 있겠는가? 그럼에도 맡은 일을 계속함으로써 자녀는 자신이 항상 완벽할 수 없다는 사실을 자연스럽게 받아들이게 된다. 심지어 어른들도 설거지를 하면서 그릇을 깬다. 그 모습을 보며 자녀는 부모를 포함한 어느 누구도 완벽할 수 없음을 이해하게 되고 자신의 실수를 용납하게 된다. 또 완벽하지 못하지만 부모를 도우려 노력하는 자신에 대한 긍정적인 마인드가 생기게 된다.

이때 부모가 자녀의 나이에 맞는 현실적인 기대치를 갖는 것도 중요하다. 일이 제대로 마무리되지 않았더라도 마무리한 일에 대해서는 적절한 평가를 내려야 한다. 실수를 하더라도 세상이 끝난 것이 아님을 알려주고 다음에 또 기회가 있음을 이야기할 필요가 있다. 이런 과정

없이 아이가 10대가 될 경우 자신은 무엇도 제대로 할 수 없는, 그리고 누구의 기대치도 만족시킬 수 없는 사람이라고 느끼게 된다.

자녀가 원하는 것을 다 해주면 아이가 성공할 것 같겠지만 그렇지 않다. 응석을 받아주는 것은 결코 자녀에게 이롭지 않다. 이는 자녀가 확신을 가지고 어떤 일을 결정하는 데 방해 요인이 될 뿐이다. 예를 들어 고3 수험생은 진학을 위해 전문가나 진학 상담가의 도움을 바탕으로 자신의 평소 생각을 정리해 어떤 결정을 내릴 것이다. 이런 과정을 통해 학교를 선택했더라도 결과적으로 그 전공이 자신에게 잘 맞지 않을 수도 있다. 그렇다고 해도 세상이 끝난 것은 아니다. 이런 일들은 항상 일어날 수 있고, 또 해결될 수 있는 문제다. 이는 자녀에게 배움의 기회다. 자녀의 선택을 한탄할 필요도, 그렇다고 잘못된 선택이 모두 부모의 책임이라며 죄책감을 가질 필요도 없다. 자녀가 학교생활에 적응하지 못하는 것, 학교를 좋아하지 않는 것, 또는 스스로 의사 결정을 내리지 못하는 것 때문에 괴로워한다고 해서 당신의 잘못이라고 여길 필요는 없다.

걸치레형

치어리더형 부모

- 위험요소 _ 자녀가 하는 모든 행동에 최고라며 엄지를 치켜든다.
- 자녀에게 끼치는 영향 _ 성취에 대한 왜곡된 인식을 갖게 된다.
- 부모에게 끼치는 영향 _ 현실에 대한 왜곡된 인식 속에 살아간다.

동승자형 부모

- 위험요소 _ 선생님과 학교에 대한 근거 없는 소문을 퍼트리고 다닌다.
- 자녀에게 끼치는 영향 _ 부모의 가벼운 입놀림으로 상처를 받는다.
- 부모에게 끼치는 영향 _ 다른 사람들과 진정한 교류를 나누며 지내지 못한다.

수여자형 부모

- 위험요소 _ 모든 일에서 자녀가 최고가 되기를 바란다.
- 자녀에게 끼치는 영향 _ 세상에 대한 현실적인 시각을 키우지 못한다.
- 부모에게 끼치는 영향 _ 부모 자신이 이룬 성취를 평가 절하하는 경향이 있다.

훼방꾼형 부모

- 위험요소 _ 자녀를 늘 어린아이라고 생각한다.
- 자녀에게 끼치는 영향 _ 정신적 · 정서적 성장 발달이 방해를 받는다.
- 부모에게 끼치는 영향 _ 부모 자식 간의 발전된 관계를 도모할 기회를 놓친다.

겉치레형 양육의 특징 ①: 자녀의 불안을 가중시킨다

우리가 자녀의 일에 지나치게 개입하는 것은 상상하는 것보다 훨씬 위험한 일일 뿐만 아니라 자녀에게 엄청난 정신적 압박으로 작용할 수 있다. 자녀는 근본적으로 부모를 기쁘게 하려는 마음을 갖고 있다. 부모를 만족시키기 위해 높은 중압감과 불안감을 가지고 어떤 일에 임하다 보면 자신이 진정 무엇을 원하는지에 대해 생각할 여유가 없어진다. 불안과 중압감이 주는 악영향은 우리가 생각하는 것보다 훨씬 더 심각하다.

컬럼비아대학교의 수니야 루타 교수의 연구에 따르면 아이들에게 부담을 주는 것은 그들의 욕심을 다 채워주는 것만큼이나 나쁘다고 한다. 루타는 이른바 상류층 자제, 그러니까 고등교육을 받고 미국의 동북부에 살고 있는 부모를 둔 자녀들에게서 불안과 우울증이 증가하고 있다고 말했다. 빈틈없이 완벽한 삶을 요구받는 아이들은 어떤 일이 뜻한 만큼의 성과를 내지 못했을 때 이를 인생의 실패로 간주하기 때문이다. 또한 이런 양육 방식은 부모와 자녀의 관계에도 좋지 않은 영향을 준다.

루타는 또한 엄마나 아빠 차를 타고 바쁘게 과외 학원을 오가다 보니 자녀가 부모와 함께 있는 시간은 주로 차 안이며, 이른바 안정적인 가정환경에서 자란 아이가 청소년이 되면 부모와 더 서먹한 관계가 된다고 주장했다.[13] 이들 부모도 비슷한 감정을 느끼고 있으리라 생각된다. 부모가 아니라 아이들의 운전기사가 된 느낌이 아닐까?

미국의 불안 및 우울증 협회의 발표에 따르면 미국 어린이 8명 중 1명은 불안장애가 있다고 한다. 불안장애가 제대로 치료되지 못하면 학교 성적이 떨어지는 것은 말할 것도 없고 그 나이에 꼭 경험해야 할 사회적 관계도 형성할 수 없다. 등교 자체를 거부하는 경우도 많다. 불안장애는 다른 심리 장애, 예를 들면 우울증, 식이장애, 주의력결핍 및 과잉행동장애 등과 함께 나타나기도 한다. 따라서 제대로 된 치료와 지원을 통해 불안장애를 성공적으로 극복해 정상적인 아동기를 보낼 수 있도록 도와야 한다.[14]

정상적으로 양육을 했다면 애초에 불안장애 같은 것은 생기지 않았을지도 모른다. 사실 부모가 조금만 노력하면 자녀는 금방 좋아진다. 한발 물러서서 조금만 여유를 가지고 행복한 삶을 영위하려는 모습을 부모가 먼저 보이기 시작하면 불안장애 증세는 대체로 호전되기 시작한다. 부모의 지나친 걱정과 불안이 자녀의 불안장애를 키운다. 어떤 경우 아이는 주변의 모든 일과 상황에 공포를 느끼는 지경에까지 이르기도 한다.

걸치레형 양육의 특징 ②: 자녀의 회복력을 손상시킨다

부모가 자녀의 기분을 맞춰주려고 무조건 감싸고도는 것은 지금 당장 아이가 조금 마음 아파하는 것을 피하게 하려고 자녀가 반드시 터득해야 할 삶의 기본적인 기술을 배울 기회를 박탈하는 것이나 다름없다. 인생에서 유쾌하지 않은 일과 마주하는 경우는 아주 많다. 그런데 부모가 자녀의 모든 일에 방패막이가 되려 한다면 나중에 아이는 어떻게 이 문제를 감당할 수 있을까? 이보다 더 중요한 문제는 자녀가 뭔가 일을 그르쳤을 때 그 감정과 상황을 어떻게 극복할 것인가다.

부모가 아무 생각 없이 받아준 응석은 아이의 회복력을 손상시키는 결과를 가져올 수 있다. 예를 들어, 콧물을 조금 훌쩍거린다고 아이가 학교에 가지 않으려 한다고 하자. 그리고 당신은 자녀와 아무 문제없는 완벽한 부모가 되려는 마음에 많이 아프지 않은 것을 알면서도 학교에 보내지 않았다고 치자. 이는 아이의 응석을 받아줄 만한 완벽한 상황이다. 아이는 하루 종일 집에서 행복한 시간을 가질 것이고 나중에는 이런 상황을 반복해서 만들려고 할 것이다. 이렇게 응석을 받아주는 것이 처음엔 그다지 나빠 보이지 않을 것이다. 하지만 당신은 부모로서 자녀에게 무엇을 가르쳤을까? 콧물이 조금 나고 살짝만 아파도 자신의 책임을 다하지 않아도 된다는 메시지를 전달한 것이다. 아이는 나중에 아주 작은 이유로 학교 공부나 직장의 일을 그만두게 될지도 모른다.

이런 식으로는 책임감 있는 어른으로 성장할 수 없다. 게다가 당신은 왜 아이가 집에 있고 싶어 했는지 진짜 이유를 밝혀내지도 못했다. 학교에서 어떤 문제가 있었을 수도 있고, 공부가 어려웠을 수도 있고, 놀림을 받거나 집단 따돌림 문제에 연루됐을 수도 있지 않은가? 아이가 아프다고 말하면 우선 따뜻하게 안아줘야겠지만, 학교에 가고 싶지 않은 진짜 이유가 뭔지 살펴야 할 것이다.

어른이 그런 것처럼 아이도 주변 상황에 대처할 준비가 항상 되어 있는 것은 아니다. 그래서 머리가 아프다거나 감기에 걸렸다는 말을 하면서 그 상황을 피하려 한다. 부모는 자녀를 속상하게 하고 싶지 않은 마음에 그런 불편한 상황을 자녀가 굳이 스스로 해결할 필요가 없다고 여기거나, 또는 지금은 너무 빠르다고 생각하면서 자녀의 응석을 받아준다. 이런 식으로 자녀를 보호하는 것이 처음엔 자녀와 아무런 문제가 없는 고상한 부모로 보이게 할지 모르지만 그 결과는 좋지 않을 것이다. 자녀는 자신이 반드시 씨름해야 할 인생의 문제를 어떻게 다루어야 하는지 배울 수 없기 때문이다. 선생님과 문제가 생기거나 누군가가 자신을 괴롭히면 아이는 그저 피하기만 할 뿐이다. 불편한 상황이 생길 때마다 집에서 쉬면서 TV나 보고 자신이 원하는 것을 위해 노력하지도 않은 채 살아가게 된다.

어른 중에도 이런 똑같은 방법으로 불편한 상황을 피해가는 사람들이 있다. 우리 자녀에게 이런 것을 가르쳐선 안 된다. 자녀가 원하는 것을 성취하기 위해 도전하기를 멈추지 않고 실패를 딛고 다시 회복할 수 있는 방법을 가르쳐야 한다. 당신은 자녀의 롤 모델이다. 우리가 자녀를 양육하며 되뇌어야 할 말은 "내가 하는 말이 아닌, 내 행동을 보고 배워라"일 것이다.

과잉 양육이 부모에게도 영향을 줄까

그렇다! 앞서 유형별 과잉 양육을 설명하면서도 이야기했듯이 부모의 양육 태도는 자녀뿐 아니라 부모의 삶에도 지대한 영향을 준다. 어떤 점에서는 부모에게 미치는 장기적 영향이 훨씬 더 크고 나쁘다.

어른으로서 당신은 당신이 일궈낸 성공과 성취, 관계로부터 자긍심과 자존감을 가져야 한다. 자녀의 성공은 당신의 것이 아니다. 물론 자녀의 성취로 인해 당신이 행복과 기쁨을 누리는 것은 당연한 일이지만, 그들의 삶에 완전히 함몰되어 있다면 진정한 의미의 행복을 누릴 수 없다. 당신은 자녀의 성공과 실패에 목을 매고 자녀는 당신의 기대에 부응하기 위해 살아가는 꼴이 되고 만다. 당신의 배우자나 자녀 또는 그 누구도 당신의 희망과 기대치를 만족시킬 수 없다. 만약 자녀의 성공으로 당신의 자존감이나 자긍심이 결정된다면 당신의 가치는 자녀의 성공 여부에 달린 셈이다. 이런 상황에서 만약 자녀가 당신의 기대치에 미치지 못하면 어떻게 될 것인가? 당신은 정말 이런 위태로운 삶을 살고 싶은가?

모든 사람이 그런 것처럼 인생에는 우여곡절이 있기 마련이다. 잘될 때가 있으면 안 될 때도 있다. 하지만 이런 인생의 오르막과 내리막은 당신이 아닌 자녀의 삶이다. 당신이 자녀의 삶을 좌지우지하려 들면 당신은 하나밖에 없는 당신의 인생을 살 수 없게 된다. 자식 걱정이 부모의 유일한 낙이라는 말이 설령 사실이라 할지라도 자녀의 일과는 별개로 부모인 당신의 삶을 가꿀 수 있는 일을 찾아야 한다. 이는 자녀가 성장하면 할수록 더욱 절실한 문제가 될 것이다. 학교 친구들과 교제가 많아지거나 대학 진학을 위해 집을 떠나는 날이 오면 이 문제가 좀 더 현실적으로 다가올 것이다.

우리가 어릴 때 세상을 어떻게 배웠는지 기억해보자. 부모에게서 듣고 배우는 것도 많았지만, 우리 스스로 세상을 터득하고 배우지 않았던가? 부모가 된 우리는 왜 이 사실을 잊어버렸을까? 세상이 완벽하게 안전한 곳은 아니다. 따라서 자녀가 제대로 성장하기 위해서는 부모의 보호가 어느 정도 필요하다. 하지만 하루가 다르게 성장해가는 자녀에게 어릴 때와 똑같은 강도의 보호막을 쳐주는 것은 그들이 세상에 대한 두려움을 극복하지 못하고 영원히 당신에게 의존하기를 바라는 것과 같다. 이는 자녀와 부모 모두 바깥세상과의 소통을 단절하는 것이자, 서로에게 분노하면서도 종속된, 불행한 관계를 지속하는 것이다. 자녀는 세상과 단절된 자신의 삶을 부모 탓으로 돌릴 것이고, 노후 생활을 즐겨야 할 부모는 다 큰 아이를 챙기느라 눈코 뜰 새 없이 바쁘게 살아야 할 것이다. 다년간의 임상 경험에 비춰볼 때 이들이 전문가의 도움을 가장 많이 필요로 하는 사람들이다.

과잉 양육된 자녀의 네 가지 유형

과잉 양육은 처음엔 미미한 영향을 주는 것처럼 보이겠지만, 시간이 흐르면서 부모와 자녀 모두에게 선명한 상처를 남긴다. 물론 슬기롭게 피할 수도 있으니 절망할 일만은 아니다. 무엇보다 아무것도 모르고 세상에 태어난 아이들을 위해서라도 부모가 지혜롭게 자녀를 양육할 필요가 있다. 아이들은 과잉 양육의 유형별로 특징적인 반응을 보이기 시작하는데, 이런 반응은 유치원에 등원할 때쯤 나타나기 시작한다. 육아 전문가들이 이런 아이들을 부르는 별명이 있다. 어른들이 보면 그저 귀여운 행동처럼 보이겠지만 너무 늦어버리기 전에 객관적인 시각으로 자녀를 관찰해야 한다.

부모는 자녀의 단점, 장점, 결점은 물론이고 자신의 약점과 장점까지 인식하고 있어야 한다. 또 우리가 자녀의 버릇을 고치기 위해 사용하는 방법론의 한계와 가치를 명확하게 이해해야 한다. 부모가 방심하지만 않는다면 나이가 들어 고치기 어려워지기 전에 미리 싹을 제거할 수 있다. 귀엽다며 웃고 넘기지 말고 내 자녀가 혹시 과잉 양육의 결과물은 아닌지 철저히 점검하기 바란다.

티컵 키드(teacup kid)

지나치게 여리고 약해서 불편한 상황이나 문제가 생기면 예민하게 반응하는 아이들이다.[15] 마치 깨지기 쉬운 유리알처럼 다른 사람들로부터 비판이나 거절을 당하면 그 상황을 피하려고만 할 뿐 해결하려는 노력을 하지 않는다. 쉽게 성공할 수 없는 일에는 아예 도전도 하지 않는다. 이런 아이들은 고등학교나 대학에서 힘든 공부를 하거나 직장에 취직할 때 어찌할 바를 몰라 하며 힘들어한다. 외부의 도움 없이는 이런 일들을 처리할 수 없다. 나이가 들어서도 부모의 도움에 기댄다. 부모는 한편으로는 자식이 이 지경에까지 이른 데 대한 죄책감 때문에,

또 다른 한편으로는 자녀의 자립을 위해 어떻게 해야 하는지 알지 못하기 때문에 계속해서 아이를 챙기게 된다.

대학의 상담 전문가의 이야기를 들어보면 이런 부류의 아이들이 꽤 많은 것 같다. "식이장애, 두통, 불안장애를 호소하며 약물을 남용하고 학교와 사회생활에 두려움을 느끼며 강박증에 시달리는 학생들이 많아지고 있어요. 이들은 대부분 완벽주의 성향을 가지고 있어 학교 공부를 지나치게 많이 합니다. 더 심각한 것은 자해를 시도하는 학생들이 많아지고 있다는 것인데, 자신의 절망적인 상황에 대한 처절한 몸부림이죠. 학교 내에 있는 정신 상담 서비스만으로는 모두 감당할 수 없을 지경입니다."[16]

이 아이들은 자기 스스로 만든 상황에서 탈출하지 못한다. 문제를 해결하기보다는 더 큰 위기를 만들어 누군가가 – 대개는 부모가 – 이 모든 일을 해결해주기를 기대한다.

크리스피 키드(crispy kid)

어렸을 때부터 과도한 과외 스케줄에 익숙해져 있는 아이들이다. 그래서 스스로 뭔가를 성취해야 할 시기에는 번아웃burn-out, 그러니까 모든 에너지가 완전히 소진된 상태에 놓인다.[17] 부모는 미술, 무술, 테니스, 과외 공부 등등 새로운 방과 후 활동이나 수업이 생기면 어김없이 자녀 손을 붙들고 등록시키고야 만다. 그곳이 어디가 되었든 자동차에 아이를 태우고 풍성한 프로그램을 향해 오늘도 달린다. 아이들은 아주 어린 나이 때부터 과외수업으로 바쁜 나날을 보내왔기 때문에 아무것도 하지 않는 자유 시간을 가진 적이 없고, 충분한 휴식을 취한 적도 없다. 그래서 이들은 10대 중반 무렵이면 더 이상 쏟아낼 에너지가 없는 번아웃 상태가 된다. 정작 이때가 대학 진학을 위해 활발한 활동을 시작하고 자신만의 이력을 만들어갈 시기인데도 말이다.

이렇게 전쟁 같은 과외활동에 시달리다가 고등학교를 졸업하고 나면 아이들은 모든 것이 끝났다고 생각한다. 이런 생각은 대학생활 내내 또 대학을 졸업하고서도 계속된다. 이들이 대학이나 기숙학교를 졸업하고 나면 아무도 감시하거나 방향을 잡아주는 사람이 없기에 파티에 빠져 산다. 항상 부모나 다른 어른들로부터 감시와 감독을 받아왔기 때문에 자신의 시간과 에너지를 어디에, 또 어떻게 사용해야 하는지 알지 못한다.

아무런 지시가 없는 상황이 되면 무엇을 해야 할지 몰라 술이나 약물에 손을 대기 시작한다. 어릴 때부터 항상 지시받은 대로 살아왔기에 이들 대부분은 자신이 어떤 것에 관심이 있는지 또 무엇을 하고 싶어 하는지 깨닫지 못한다. 전공을 정하긴 하지만 관심이 없고, 직업을 정할 때도 마찬가지다. 자신이 계속해서 발전할 수 있는 분야인지에 대한 고민 없이 무심하게 정한다. 그리곤 삶 자체가 자기 자신에게나 부모에게 실패와 절망으로 변질된다.

하버드대 입학사정관은 신입생들 중에는 "방금 훈련소에서 빠져나온 사람처럼 멍해 보이는" 학생들이 있다고 말했다. 학생처장은 이런 세태를 꼬집어 이런 논평을 내놨다. "요즘 신입생들은 지나치게 많은 스케줄에 노출되어 있어요. 그래서 수면 부족과 심한 정신적 압박감을 느끼는 경우가 많죠. 또 이들은 마치 정교하게 조정된 기계처럼 행동합니다. 그래서 아무것도 혼자 할 수 없는 것처럼 보일 때가 많아요. 심지어 신발이 없어져도 혼자선 못 찾을 것 같아요."[18]

게으름뱅이(turtle)

특권을 누리는 것이 당연하다는 집안 분위기 속에서 자랐기 때문에 현실의 문제를 한 번도 제대로 직시해본 적이 없다. 이런 아이들은 자신의 삶을 둘러싼 모든 것에 항상 아무 문제가 없다고 생각한다. 따라서 뭔가를 이루기 위해 열심히 노력하거나 힘을 써야 할 이유가 없으며, 어떤 일에도 스트레스를 느낄 필요가 없다. 이렇게 삶의 긴장이 전혀 없는 상황은 이들에게 기회를 잡기 위해 애쓰거나 잠재력을 개발하기 위해 노력할 필요가 없다는 인식을 심어준다. 그것이 학업이든 운동이든 예술이든 상관없이 치열한 노력이나 도전의 필요성을 전혀 느끼지 않는다.

이들에게 삶이란 땀을 흘리지 않고 헤어스타일을 망가뜨리지 않으면서 아주 천천히 스케이트를 타는 것과 같다. 그래서 매사에 고분고분하지만 게으르고, 어떤 것에도 관심이나 열정을 가지지 않는 사람이 된다.[19] 이런 아이들에게 "기다리는 자에게는 좋은 일이 생기지만 행동하는 자에게는 최고의 것이 주어진다"는 격언을 말해주고 싶다.

동북부 지역의 유명 인문대학에서 입학사정 상담을 담당하는 사람이 이런 이야기를 들려줬다. "학교에 입학한 아이들은 좋은 환경에서 특별한 대우를 받고 자랐기 때문에 대학에 와서 많이 힘들어해요. 무엇보다 자신의 일을 어떻게 처리해야 할지 모르죠. 사소한 빨래에서부터 전공을 정하기 위해 꼭 들어야 할 필수 과목의 수강 신청까지 자신이 할 수 있는 일이 없어요."

이것이 부모가 자녀의 성공을 위해 열심히 뒷바라지한 결과라고 하기엔 너무 억울하지 않은가?

독불장군(tyrant)

그 누구보다 자신은 특별하고, 자신은 어떤 잘못도 하지 않으며, 심지어 대변에서도 생일 케이크 향기가 난다는 이야기를 항상 들어온 아이들이다. 이런 아이들은 최고의 대접을 받는 것을 당연히 여기고 원하는 것은 언제든 가질 수 있다고 여긴다. 자신이 원하는 무엇이든 가질 권리가 있다고 믿는 것이다. 또한 모든 포커스가 항상 자신에게 맞춰져 있어야 하기 때문에 튀는 행동을 해서라도 사람들의 관심을 받고 싶어 한다.

중서부 지역에서 대학을 다녔던 어떤 이는 이렇게 말했다. "관심의 대상이 되고 싶어 하는 학생들을 많이 봐왔어요. 그런 애들 중에는 고등학교 때 운동으로 꽤 유명했고, 아버지가 변호사나 금융 계통 회사의 간부인 경우가 많았죠. 그들은 세상을 만만하게 생각해요. 그러나 막상 대학에 와보면 자신처럼 한때 이름을 날린 학생들이 아주 많다는 것을 알게 되죠. 자신이 가진 기량이 그리 내세울 만한 것이 아님을 깨달으면 현실을 제대로 받아들이지 못하고 자신을 학대하거나 자멸하는 것으로 끝나는 경우를 많이 봤어요."

이것은 일종의 나르시스트적 경향이다. 특권의식을 가지고 있는 아이들은 자신이 원하는 것은 무엇이든 손에 넣어야 한다고 생각하지만, 이를 위해 노력하지는 않는다. 엄마나 아빠의 배경을 이용해 지름길로 가는 것이 그들에게는 너무나 당연한 일이기 때문이다.

당신의 자녀에게서 이런 성향이 나타날지도 모른다. 많은 아이들이 잠시나마 이런 캐릭터를 드러내는 경우가 있는데, 감기처럼 잠깐 스쳐 지나가는 것이라면 별 문제가 없겠지만 이런 방식이 성격으로 굳어지는 것은 경계해야 한다. 나이가 어릴수록 잘못된 행동을 바로잡기가 쉽다. 하지만 너무 오랜 시간 길들여진 경우라면 이야기는 달라진다. 더 나이가 들기 전에 객관적인 시각으로 아이를 관찰해서 이런 성향이 성격으로 굳어지지 않도록 조치를 취해야 한다. 더 늦기 전에 바로잡지 않으면 자녀와 당신 모두 힘들어질 수밖에 없다.

6

선의의 방관이 인재를 만든다

최근 들어 자녀를 더 면밀히 감시·관리할 수 있는 전자제품들이 쉴 새 없이 쏟아져 나오고 있어 그 유혹을 견디기란 여간 힘든 일이 아니다. 신제품에는 자녀에게 들키지 않고 자녀의 사생활을 속속들이 모니터할 수 있는 기능이 장착되어 있다. 아동심리학자들은 이런 기계와 장비들이 부모와 자녀의 관계를 악화시키는 역효과를 가져올 수 있다고 경고한다.

자신을 믿지 못해 철저히 감시하는 부모 때문에 자녀는 분노와 증오, 그리고 반항심을 갖게 된다는 것이 전문가들의 공통된 견해다. 통계를 놓고 보면 요즘 아이들은 미국 역사상 가장 안전하게 거리를 활보할 수 있는 시대를 살고 있다. 그럼에도 우리는 안도하기는커녕 자녀에게 전자 목줄을 매달아 그들의 일거수일투족을 더 꼼꼼히 모니터

하려 한다.[1]

자녀에게 자유를 주는 것이 말처럼 쉽지 않아 보인다.

기술 발전의 덫

경찰 정도의 수준은 아니더라도 강도 높은 부모의 감시와 통제가 자녀의 사생활 자유까지 침해하고 있다는 것이 비단 미국만의 이야기는 아니다. 과잉 양육의 방식은 전 세계의 공통적인 현상이다. ≪호주 상담 저널Australian Journal of Guidance and Counseling≫은 부모의 과잉 양육 때문에 학교가 몸살을 앓고 있다고 보고했다. 부모가 자녀의 뒤꽁무니를 좇는 것도 모자라 이젠 학교가 자녀를 완벽하게 모니터하고 훈련시키는 것은 물론이고 학생과 관련된 모든 문제를 책임지고 해결하기를 바라고 있다고 한다.

호주 브리즈번 퀸즐랜드대학교 공과대에서 연구원으로 일하고 있는 임상심리학자 주디스 로크 박사는 이렇게 표현했다. "이제 학교는 학생들의 완벽한 인생을 설계할 모든 책임과 부담을 안게 됐습니다. 이는 학교 기능에 엄청난 변화가 생겼음을 말해줍니다. 학생을 가르쳐야 할 뿐만 아니라 부모의 과잉 기대치까지 만족시켜야 하는 거죠."[2]

남부 유타대학교에 다니는 니키타 라첸코는 과잉 양육의 방식이 러시아에서도 비슷하게 나타나고 있다고 말했다. "러시아에서는 한때 아이들이 원하는 것은 무엇이든 다 가지게 해줬어요. 이 아이들을 가리켜 '황금 세대'라고 불렀죠."[3]

2010년에 열린 세계경제포럼의 양성평등에 관한 보고서에 따르면,

이탈리아에서 태어난 남자아이의 경우 '마모미스mammomis'로 불리는 아이들이 많다고 한다. 마마보이 성향을 가진 이 아이들은 심지어 30대가 될 때까지도 부모와 함께 동거하며 모든 것을 부모에게 의존하는 라이프스타일을 고수한다고 한다.[4]

홍콩에서 사립탐정으로 일하고 있는 필릭 만 힌남은 자녀를 미행하고 관련 정보를 수집해달라는 부모의 의뢰가 급증하고 있다고 했다. 자녀가 마약이나 성매매 등에 관련될까 두려워서 부모가 사립탐정을 고용하는 것이다.

이러한 부모의 걱정과 불안이 잘못되었다고 말할 수만은 없다. 사립학교에서 수준 높은 교육을 받은 중산층 자제들이 요트 파티에서 마약을 하는 경우도 있고, 경제적 형편이 좋지 않은 13세 쌍둥이 자매가 유명 메이커 옷을 사고 싶어 돈을 받고 데이트를 즐기는 데이트 아르바이트까지 하는 지경이니 말이다.

홍콩 정부는 청소년 마약 사용과 데이트 아르바이트가 줄어들고 있다고 말했지만, 사립탐정 만 힌남의 조사에 따르면 이는 사실과 다르다고 한다. 그녀의 회사는 2011년에 총 298건의 의뢰를 받아 처리했는데, 이는 2010년의 177건에 비해 무려 68%나 증가한 수치라고 했다. 2011년 의뢰된 사건 중 고작 23건만 부모의 단순한 오해였던 것으로 밝혀져 청소년의 탈선과 범죄가 줄어들지 않고 있다고 그는 말했다. "아이들은 점점 더 치밀해지고 있어요. 사람들이 쉽게 의심할 수 없는 가정집이나 자취방 같은 곳에서 마약이나 성매매를 합니다. 경찰들이 수사하기 어려운 곳에서 이런 일들이 벌어지는 것이죠."

의뢰인들은 대부분 자녀에 대한 걱정이 많지만 아이들과 대화하기 어려워하는 사람들이라 사립탐정에게 사건을 맡긴다. 대부분의 경우 아이들은 자신이 미행당한다는 사실을 끝까지 알지 못하며, 어떤 경위를 통해 자신의 사생활이 발각되었는지 비밀에 부쳐진다고 한다. 범죄 예방 및 재발방지회에서 일하는 사회복지사 람 영추는 자녀와 부모의 관계를 생각해서 이 모든 일을 사회복지사나 학교의 상담교사가 진행한 것이라고 아이들에게 말한다고 했다. 그러면서 그는 자녀의 탈선을 막을 수 있는 가장 좋은 방법은 부모가 먼저 대화를 시도하는 것이고, 그것이 여의치 않을 때라야 전문 상담가나 제3자에게 도움을 요청하는 것이 바람직하다는 조언을 빠뜨리지 않았다. "부모가 사설탐정을 고용하기 전에 부모 스스로 자녀의 문제를 개선할 수 있는 길이 없는지 깊이 숙고할 필요가 있습니다."[5]

싱가포르에서도 비슷한 일들이 벌어지고 있다. 자녀와의 대화에 실패한 부모들이 탐정을 고용하는 방법을 선택하고 있는 것이다. 10명 중 8명의 탐정이 자녀를 모니터해달라는 부모의 의뢰가 급증하고 있다고 증언했다.

사설탐정 회사인 디피 퀘스트의 소장 데이비드 응은 가출한 자녀, 심지어 외국으로 가버린 자녀에 대한 정보를 요구하는 부모가 매년 20%씩 증가하고 있다고 말했다.[6] 그는 부모가 자녀에게 미행을 붙이는 동기는 아주 간단하다고 얘기한다. "자녀의 행동에 어떤 변화가 생기면 그때부터 부모는 걱정하기 시작합니다. 예를 들어 몸에 문신을 새기거나 집에 늦게 들어오기 시작하면 말입니다."

사립탐정은 일주일에 3~5일 정도 아이들의 뒤를 밟으며 그들의 행동 방식을 관찰한다. 아침 일찍 학교에 가는 순간부터 미행은 시작되는데, 대개 부모의 의심이 사실로 드러날 때가 많다고 했다. 마약이나 도박 같은 범법 행위에 연관되어 있는 경우가 대부분이고 어떤 경우는 인터넷 도박에 빠져 있기도 했다. 사립탐정은 비디오나 사진 증거를 채집해서 부모에게 보고한다.

수사기관에서 일하고 있는 조 코는 대개 맞벌이 부모가 자녀를 모니터할 시간이 부족해 사립탐정에게 사건을 의뢰한다고 했다. 또 자녀를 해외로 유학 보낸 경우 아이들이 어떻게 지내는지 알고 싶어 의뢰하기도 한다.

사립탐정 에스 엠 제건은 "유학 간 자녀가 돈을 어디에 쓰고 있는지, 또 어떤 인간관계를 맺고 있는지 알고 싶어서 사립탐정을 해외에까지 파견한다"라고 말했다. 싱가포르청소년서비스센터의 연구소장 캐럴 밸헤체는 "부모의 가장 큰 두려움은 자녀의 안위에 관한 문제입니다. 하지만 부모와 자녀 사이에 시작된 불신은 그들의 관계를 망치는 가장 주요한 원인입니다"라고 경고했다.[7]

영국에 있는 사설탐정들도 청소년을 미행하는 일로 바쁜 나날을 보내고 있다고 한다. 알 앤드 엘 사립탐정 회사에서 일하고 있는 벨린다 롤슨은 "자녀의 뒤를 밟아달라는 부모의 수가 급격히 늘고 있다"라고 증언했다. 이들 부모의 가장 큰 관심은 자녀가 나이트클럽에서 폭력 상황에 휘말리지 않게 하는 것이다. 롤슨은 이렇게 말했다. "사춘기 반항과 술 문제가 감당할 수 없는 수준이 되면 부모는 우리에게 전화를 합니다. 자녀가 더 심각한 상황에 빠지길 원치 않기 때문에 우리에게 자녀의 안전 문제를 부탁하는 것이죠. 일단 우리에게 일을 맡긴 부모가 있으면 학부모들 사이에 소문이 퍼져 더 많은 의뢰가 들어오곤 합니다."[8]

러시아 부모들은 스스로를 '과잉보호자'라 칭하면서도 그렇게 할 수밖에 없는 많은 이유가 있다고 항변한다. 첫 번째로 정치적 불안을 꼽는다. 오늘날 대부분의 러시아 부모는 1990년대의 강력한 국가 권력, 즉 소련의 몰락과 여기에 동반된 사회적 혼란 및 정치적 갈등을 목격했다.

모스크바에 있는 사회학연구소의 가족사회학 연구 소장인 타티아나 구르코는 이렇게 분석했다. "어린이 실종이나 소아성애와 관련된 사건들이 매일 TV 뉴스를 채우고 있어 부모의 불안이 증가하고 있습니다. 지나치게 자녀를 보호하려는 경향이 사회 전체에 만연해 있죠. 심지어 청소년이 하루 중 일정 시간 동안 집에 머물도록 하는 법을 만들려는 움직임도 있습니다."[9]

러시아 아이들에게는 많은 자유가 주어지지 않는다. 적어도 12살까지는 대부분의 부모가 자녀를 직접 등·하교시킨다. 절대로 길에서 놀지 못하게 하며 대중교통도 이용하지 못하게 한다. 또 자녀가 어떤 친구들과 노는지 깊이 관여한다. 모스크바 중부 지역에서 혼자서 자녀를 키우는 나탈랴는 ≪크리스천 사이언스 모니터≫와의 인터뷰에서 이렇게 말했다. "제 딸 크세니야가 12살이 되었을 때 혼자 등교하겠다고 선언했어요. 좀 더 독립적인 생활을 원한다면서요. 학교는 아주 가까웠어요. 하지만 학교에 가려면 큰길을 건너야 하는데, 처음엔 걱정이 많이 됐죠. 그런데 차츰 마음이 놓이기 시작했어요. 나중에는 어디에서 노는지 정확히 알려주는 조건으로 저녁에 친구들과 함께 어울리는 것도 허락했죠."

러시아에서는 조부모를 모시고 함께 사는 경우가 많다. 소비에트 시절 주택 공급이 원활하지 못해 생겨난 풍습이다. 그런데 이런 문화가 의도치 않게 자녀를 지나치게 규제하고 보호하는 태도를 강화시키는 결과를 낳았다. 한마디로 말해 자녀를 감시하는 어른들의 눈이 늘어난 것이다.

토치카 프시심리학센터 소장 마리나 비타노바는 이런 분석을 내놓았다. “러시아 사람들은 자녀를 보호하고 감싸는 부모가 좋은 부모라고 생각합니다. 그 이면에는 깊은 두려움이 자리하고 있어요. 사람들은 이를 엄격한 훈육이라고 여기죠. 그래서 자녀를 지나치게 감시하기도 하는데, 이것이 보통 러시아 사람들의 교육 방식입니다. 러시아 부모는 자녀가 삶의 불확실성과 세상의 위험에 제대로 대처하지 못하게 될까 봐 늘 걱정합니다.”[10]

우리가 살펴본 것처럼 호주, 홍콩, 싱가포르, 영국, 러시아 할 것 없이 자녀를 지나치게 통제·감시하려는 경향이 강하게 나타나고 있다. 사립탐정을 고용해서 뒤를 밟으면 자녀에게 닥칠 위험을 막고 자녀를 완벽하게 성장시킬 수 있는 안전한 환경이 만들어질까? 또 이로 인해 자녀와 부모의 관계가 더 좋아질까? 안타깝게도 그 결과가 긍정적일 확률은 거의 제로에 가깝다. 과잉 양육의 가장 큰 위험은 자녀와 부모 사이의 신뢰에 큰 상처가 생긴다는 점이다. 약물 과다 복용, 성 중독과 같은 심각한 문제가 있거나, 나쁜 친구들과 어울려 다니는 등의 문제가 발견된다면 부모가 당연히 개입해야 한다. 하지만 보통 10대 청소년의 반항 정도라면 감시하는 장치를 준비할 것이 아니라 자녀와 허심탄회한 대화를 시도하는 것이 훨씬 좋다. 신뢰가 바탕이 된 관계가 형성되도록 노력하는 것이 그 어떤 장치나 기계보다 좋은 결과를 가져다 줄 것이기 때문이다.

여기서의 신뢰란 쌍방 간의 신뢰다. 자녀의 신뢰를 일방적으로 요구하기만 할 뿐 부모가 자녀를 신뢰하지 않는다면 좋은 관계가 형성될 수 없다. 부모가 자녀를 믿으면 자녀는 스스로에게 좋은 선택을 하려고 노력하게 되고 또 자신의 선택에 책임질 줄 아는 자립심이 강한 아이가 된다. 신뢰만이 당신에게 진정한 마음의 평화를 찾게 해줄 것이다. 자녀를 감시하던 각종 전자제품을 이제 그만 거둬들이기 바란다.

동양과 서양의 양육 방식의 차이

2011년 예일대학교 법학과 교수 에이미 추아는 ≪월스트리트 저널Wallstreet Journal≫에 "왜 중국 엄마들이 자녀 양육에 더 월등할 수밖에 없나"라는 글을 기고했다. 이 기사는 양육법에 관한 논쟁에 불을 붙였다. 그녀는 서양의 느슨한 스타일과 정반대인 중국의 엄격한 양육법의 장점에 대해 설명했다. 자녀를 풀어주기만 하는 서양의 양육법은 정신상태를 해이하게 만들고 인생을 성공적으로 이끄는 데 많은 어려움이 있다는 것이다. 몇몇 전문가들은 여전히 추아의 양육법에 박수를 보내고 있긴 하지만, 다른 한편에서는 많은 사람들이 그녀의 교육 철학이 자녀의 삶을 위험에 빠뜨리고 있다며 경고한다.

수많은 연구가 말해주듯dl 이는 단순히 동·서양의 문제는 아니다. 각 가정의 독특한 가풍과 문화가 양육 태도를 결정짓기 때문이다. 추아는 자신의 엄격한 양육을 '호랑이 양육법tiger parenting'이라고 불렀다. 서양의 교육이 자존감과 독립심을 키우는 것을 강조한다면, 그녀의 양육법은 노력보다는 결과물을 우선시한다. 이 두 가지 방법론에는 상당한 문화 차이가 반영되어 있지만, 이 둘이 만들어내는 결과는 비슷하다.[11]

2013년 성격과 사회심리학회의 연례포럼에서 스탠퍼드대학교에서 심리학 박사과정에 다니고 있는 알리사 푸는 동서양 양육법에 대한 논문을 발표해 "두 양육법 모두 자녀가 성공하기를 바라는 부모의 마음에서 선택된 방법"이라고 밝혔다. 다만 다른 점이 있다면 아시아계 고등학생들은 유럽계 미국 고등학생들보다 엄마와 자신의 정체성을 더욱 밀접하게 연관시키고 있다는 것이라고 말했다.

푸는 이 논문에서 "아시아계 학생들은 자신의 존재가 어떤 식으로든 엄마와 깊이 연관되어 있다고 생각한다. 단순히 연결된 정도가 아니라 엄마가 자신의 삶의 일부라고 생각하는 듯하다"라고 분석했다. 예를 들어 아시아계 학생들은 엄마를 묘사할 때 주로 숙제를 도와주거나 자신들의 성공을 위해 열심히 뒷바라지해주는 사람이라고 이야기하는 반면, 유럽계 학생들은 엄마를 한 인격체로 묘사하고 엄마의 얼굴이나 취미생활 등을 이야기하는 비율이 훨씬 높았다고 한다. 유럽계 학생들은 엄마로부터 받는 지원이나 압력을 부정적으로 생각하는 반면 아시아계 학생들은 부모의 지원과 압력을 구분해야 한다는 의견이 대다수였다는 것이다.

푸는 연구 내용을 이렇게 정리했다. "만약 아시아계 학생들과 유럽계 학생들이 비슷한 정도의 도움을 받는다면 유럽계 학생들은 이를 압력으로 받아들이는 반면, 아시아계 학생들은 지원으로 생각할 것이다. 유럽계 학생들의 부모는 자녀에게 혼자서도 날 수 있는 날개를 달아주고 싶어 하지만, 아시아계 부모는 바람이 되고 싶어 한다. 자녀의 주변을 맴돌면서 힘들어할 때 도움이 되어주고 힘찬 바람으로 아이들을 높이 날아오르게 할 수 있기 때문이다."[12]

당신이 어떤 양육법을 택하든 반드시 짚고 넘어가야 할 문제가 있다. 자녀와 거의 한 몸이 되어 엄격하게 훈육을 함으로써 학업에서 월등한 성과를 내게 한다고 가정해보자. 이 아이는 나중에 스스로 그런 결과를 만들어내고 독립적인 삶을 일구어갈 수 있을까? 반대로 학업에서는 자유방임적 태도를 취하면서 독립심을 키우는 데 초점을 맞춰 나중에 아이 스스로 학업 성취도의 중요성을 깨닫게 되기만을 기다려야 하는 걸까? 이것은 부모가 언젠가는 반드시 결정을 내려야 할 문제다. 누군가가, 그것이 전문가라 하더라도, 함부로 이래라저래라 할 수 있는 문제가 아니다. 가정의 문화와 환경, 자녀의 성격을 고려해서 어떤 양육법이 적절한지 신중하게 판단해야 한다.

개인 입시 상담가를 고용할 때 주의할 점

양육의 가장 큰 목표 중 하나는 자녀의 대학 입학일 것이다. 좋은 대학을 선택하는 것이 가장 큰 문제다. 이를 위해 부모가 개인 입시 상담가를 고용하는 경우가 늘고 있다. 자녀의 선택이 아닌 부모의 선택으로 고른 대학에 자녀를 입학시키기 위해서는 전략이 필요하기 때문이다. 대학을 선택하는 것이 얼마나 어려운 일인지를 나도 여러 번 경험해보았기에 입시의 전체 과정에서 부모가 견뎌야 할 정신적 고통에 대해 충분히 공감하고 이해한다. 하지만 자녀에게 특별한 조치가 필요하다고 예단하고 무조건 개인 입시 상담가를 고용하는 것은 쉽게 납득이 가지 않는 대목이다.

학교의 입시 관계자들에게 자문해본 결과 학생들은 특별한 조치나 면담 없이도 대학 입학이 가능한 경우가 거의 대부분이라고 답했다. 다시 말해 부모의 치맛바람이 입시 과외 산업을 확대시키는 데 크게 기여하고 있지만, 자녀에게 꼭 필요한 조치는 아니었다는 이야기다. 지금 사립학교나 차터스쿨은 말할 것도 없고 공립학교에도 전문 입시 상담 선생님이 배치되어 있다. 또 학교 행정가들과 선생님들은 학생의 특성과 적성에 맞는 정확한 입시 지도를 위해 지원을 아끼지 않고 있다. 대학 입학처에 접수되는 추천서는 학교에 재직하는 선생님이 쓴 것이다. 당신이 별도로 고용한 과외 선생님은 추천서를 쓸 수 없다. 미국 거의 대부분의 대학에서는 개인 입시 상담가의 추천서, 전화, 이메일을 일체 받지 않는다. 이는 오히려 학생에 대한 좋지 않은 인식을 심어줄 뿐이라는 것이 입학처 직원의 증언이다.

"그렇지만 우리 딸이 개인 상담가의 조언을 받아 결국 자신이 원하는 대학의 입학 허가서를 받아낼 가능성도 충분히 있지 않습니까?"라고 되묻는 학부모도 있을 것이다. 맞다. 그럴 수도 있다. 하지만 최근 대학의 입학처에서는 고등학생이 작성했다고는 믿을 수 없을 만큼 화려한 지원서는 따로 골라내서 세밀하게 다시 검토한다. 즉, 유리한 고지를 점령하기 위해 썼던 전략이 오히려 독이 될 수도 있다는 것이다. 학생이 스스로 작성했다면 매우 훌륭한 지원서였겠지만 누군가의 도움으로 화려하게 장식한 원서는 대기자 명단 또는 불합격 명단으로 빠르게 분류된다. 대학의 입학처 행정관들은 개인 상담가와 함께 작성한 지원서에 대해 호의를 베풀지 않는다. 더 정확히 말해 이런 원서는 입시 과정에서 부정적인 결과를 가져올 가능성이 훨씬 더 높다.

대학은 학생의 목소리를 듣기를 원한다. 학생이 스스로 생각한 목표와 동기, 평소의 주관과 신념, 그리고 캠퍼스 생활에 대한 이상이나 기대 등을 듣고 싶어 한다. 그러나 부모가 수정하고 개인 입시 상담가가 코치해준 지원서에서는 아이들의 목소리를 찾기 어렵다. 이 지원서를 읽게 될 대학 입시 행정가는 도대체 이걸 누가 썼을까 하며 고개를 갸우뚱거릴 수밖에 없을 것이다. 학생이 특정 대학에 어떻게 관심을 갖게 되었는지 또 왜 이 학교에 다니고 싶은지에 대한 이유를 발견할 수 없기 때문이다.

부모는 과외 교사의 전략적 조언을 듣기보다 차라리 자녀가 가고 싶어 하는 대학의 졸업생에게서 학교에 대한 일반적인 이야기를 듣는 것이 훨씬 낫다. 자녀가 특정 대학에 입학하는 이유는 그들 자신의 노력과 성취 때문이어야 한다. 자녀에 대해 잘 알지도 못하는 이른바 전문가들의 전략만 믿고 그들에게 모든 것을 맡겼다가는 정작 중요한 아이의 목소리를 빼앗는 꼴이 되고 만다. 이는 자녀에게서 성공에 대한 경험을 빼앗는 것이나 다름없다. 자신이 노력한 결과로 얻어낸 성취를 부모가 축소·소멸시켜버린 꼴이 되기 때문이다.

개인 입시 상담이 언제부터 생겨났는지 아는 것이 이 문제를 이해하는 데 조금 도움이 될 것 같다. 입시 상담 산업이 생겨난 가장 큰 이유는 공립 고등학교에서 제대로 된 입시 상담을 지원하지 못했기 때문이다. 학생과 부모는 대학에 대한 정확한 정보를 얻고 싶어 하지만 이를 충족시키지 못했기에 외부에 도움을 요청할 수밖에 없었던 것이다. 몇몇 입시 상담 학원에서는 부유한 가정은 자녀를 위해 큰돈을 투자한다는 점을 악용하기도 했다. 부모로서의 책임감, 죄책감, 사회적 압박에 대한 이야기를 살짝만 흘려도 넘어오는 사람들이 많았기에 이 산업은 엄청나게 성장할 수 있었다.

주로 다음과 같은 이야기로 부모를 설득한다. "한 사람에게 받는 입시 상담이 이렇게 좋은데, 두 사람에게 받으면 얼마나 더 좋겠습니까!", "입시 상담에 돈을 투자하지 않는다면 당신은 진정한 의미에서 자녀를 지원한다고 볼 수 없습니다", "당신의 이웃은 벌써 개인 상담가를 고용했습니다. 무엇을 망설이고 계십니까?", "매일 뉴스에서 접하는 소식을 들어보십시오. 요즘 개인 상담가 없이 대학에 들어가는 것은 거의 불가능한 일입니다", "당신은 대학 입시 과정에 대해 전혀 아는 것이 없습니다. 당신에겐 전문가의 도움이 필요합니다".

예전과 달리 요즘 사립학교에서는 학생들 개개인의 특성에 맞춘 전문 입시 상담을 제공하고 있다. 부모가 내는 비싼 학비에 이런 전문 서비스가 포함되어 있는 것이다. 재학생 수가 많은 공립학교에 다니고 있다면 사립학교와 비슷한 수준까지는 아니겠지만 입학하는 순간부터 졸업할 때까지 다각적인 면에서 아이의 특성에 맞는 지원을 받을 수 있다.

당신이 외부에서 고용한 상담가는 학교에서 일하는 상담 선생님과 비교해볼 때 할 수 있는 일이 그리 많지 않다. 학교에서 일하는 입시 상담 선생님은 담임선생님, 코치들과 자유롭게 연락을 주고받으며 학생에 대한 문제를 논의할 수 있다. 대학 입학처는 지원자에 대해 궁금한 사항이 있을 때 학교 입시 상담가에게 바로 전화를 한다. 대부분의 대학에서 요구하는 추천서는 바로 이 상담가들이 써주는 것이다. 가장 중요한 점은 그들이 학생을 가장 정확히 파악하고 있는 사람이라는 것이다.

물론 부모가 개인 입시 상담가를 고용할 수밖에 없는 경우도 몇 가지 있을 수 있다. 학교 상담가 한 명이 담당하고 있는 학생 수가 지나치게 많거나, 아예 입시 상담가가 없는 학교일 경우 또는 학생에게 맞는 대학을 찾을 수 있는 프로그램이나 자료가 없는 경우다. 학교의 수준 또는 학생 개개인의 배움의 정도가 크게 차이나는 경우, 또는 대학의 운동 팀으로 스카우트되는 경우라면 별도의 가이드라인이 필요할 것이다. 또 학생이나 부모가 입시 과정의 준비 서류나 과정 등을 조직적으로 관리하기가 거의 불가능한 경우에도 외부의 도움이 필요할 것이다.

어떤 선택을 하든 그 선택이 자녀가 세운 목표, 학교 입시 상담가의 수준, 당신의 경제적 상황을 고려한 선택이기를 바란다. 부모가 명심해야 할 점은 자녀가 학교의 입시 상담가와 개인 상담가의 조언 사이에서 혼란스러워하지 않도록 도와줘야 한다는 것이다. 개인 상담가가 자녀의 에세이나 다른 준비 서류를 돕게 하되 그 속에서 아이의 목소리가 사라지지 않도록 당신이 상담가에게 정확한 방향을 제시할 필요가 있다. 이 과정에서 개인 상담가의 도움을 받은 사실을 다른 사람에게 비밀로 하라는 부담감을 자녀에게 주는 것은 정말 최악의 시나리오다. 만약 꼭 개인 상담가를 고용해야 한다면 이를 학교에 공개하고, 학교의 입시 상담 선생님과 함께 대화할 수 있는 채널을 만들어야 한다. 학교 상담 선생님과 개인 상담가가 협력해서 입학 문제를 논의할 수 있도록 하는 것이 자녀를 위해 좋다.

대학 입학 과정은 콘테스트에 나가서 반드시 우승을 해야 하는 경쟁도 아니고, 물건을 구입하는 쇼핑도 아니다. 입학을 준비하는 전 과정이 자녀에게는 삶의 지혜를 배울 수 있는 귀중한 교육의 기회다. 학교 상담 선생님을 통해서든 개인 상담가를 통해서든 자녀는 자신에게 맞는 학교를 찾고 또 선택하는 방법을 배우게 된다. 이것은 전 생애를 통해 우리가 습득해야 할 중요한 배움이다. 자녀는 자신이 직접 선택한 학교로부터 입학 통지서를 받고 그 학교에 진학함으로써 큰 성취감을 얻게 될 것이다.

여기서 한 가지 덧붙이자면 부모와 개인 상담가가 함께 도와줘야 할 부분은, 자녀가 같은 과에 지원한 다른 학생들과 결정적인 차별성이 드러날 수 있는 고리를 찾는 일이다. 그것이 운동이 되었든, 음악, 연극, 또는 집안 살림에 보탬이 되는 경제활동이 되었든 상관없이 말이다. 자녀가 지닌 독특성과 연결된 고리를 찾는 것이 대학 입학의 중요한 관건이다. 추천서를 써주는 상담 선생님도 이 사실을 잘 숙지하고 있어야 한다.

대학 진학 후 처음 자유를 가진 아이들의 다양한 반응

『아들 심리학Raising Cain』의 공동저자이자 『향수병 그리고 행복Homesick and Happy』의 저자 마이클 톰슨은 양육에 대한 연구를 하면서 흥미로운 사실 하나를 발견했다고 한다. 지난 세대에 비해 야영캠프 참가자가 엄청나게 줄어들었다는 사실이다. 반면 야영캠프 대신 특정 주제를 배우는 데일리 캠프의 선호도는 크게 늘었다. 야영캠프에 보내지 않는 이유는 자녀와 한동안 떨어져 지내는 것을 부모가 상당히 힘들어하기 때문이라고 한다. 예전에는 야영캠프에 간 자녀가 매주 부모에게 엽서를 보내왔으나, 요즘은 자녀 없이는 한시도 견딜 수 없는 부모를 위해 온라인으로 자녀의 활동사진을 캠프 기간 내내 실시간으로 제공하는 곳도 있다고 한다.

야영캠프에도 보내지 못하고 혹여 보낸다 하더라도 모든 상황을 계속해서 확인하기를 원하는 부모는 나중에 자녀가 커서 대학에 가면 어떻게 될까? 홀로 남겨진 부모에 대한 죄책감 때문에 자녀는 원하는 대학에 진학하지 않고 집에서 가까운 전문대학을 다녀야 하나? 자녀가 원하는 대학에 진학하기 위해 다른 지역으로 이사를 갔다면 부모는 대학 근처에 월세 방을 얻어 숙제를 도와주고 빨래와 밥을 대신해주며 자녀를 도와야 하는 걸까? 제발 이런 상황까지 가지 않았으면 한다. 운 좋게도 당신이 지혜로운 자녀를 두었다면 자녀에게 자신만의 삶이 존재한다는 사실을 기분 나쁘지 않게 상기시키면 되지만, 그렇지 않으면 자녀와 이 문제로 매일 싸울 수밖에 없다. 자녀를 졸졸 따라다니는 이상한 행동을 하지 않으면서도 자녀에 대한 그리움을 달래줄 방법이 있다. 자녀의 졸업사진을 냉장고 문에 붙여두거나 컴퓨터의 스크린 세이버를 사용해보라.

오랫동안 부모로부터 숨 막힐 정도로 철저한 관리를 받던 아이가 대학 캠퍼스에 발을 들여놓으면 아이들은 어떻게 변할까? 그들은 정신줄을 놓게 된다. 난생 처음 자신만의 자유 시간을 갖기 때문이다. 그들은 시간을 어떻게 사용해야 하는지에 대한 훈련이 전혀 되어 있지 않다. 따라서 마치 어른들이 없는 사탕 가게 안에 있는 어린이나 군대 훈련을 마치고 첫 휴가를 나온 청년과 비슷한 행동 방식을 보인다. 한마디로 눈이 뒤집힐 것이다.

버지니아대학교의 한 교수는 이렇게 말했다. "매년 새 학기가 시작되면 부모님들이 말끔하게 차려입은 신입생들을 데려다 놓습니다. 그들은 2~3일이 채 지나지 않아 위험할 정도로 많은 양의 술을 마시고 자신을 위험에 빠뜨리는 일들을 서슴지 않습니다. 오랜 기간 동안 관리를 당하던 학생들이 통제 불능이 되는 순간이죠."

때로는 자녀가 대학에 진학하고 나서도 부모의 보살핌이 계속되기도 한다. 부모는 과외 교사를 고용해서 대학 공부를 도와주기도 하고,

더 심한 경우 리포트를 대신 써준 사람에게 직접 비용을 지불하기도 한다. 자녀가 부모 몰래 리포트를 써줄 사람들을 구하기도 하는데, 이들 대부분은 부모의 신용카드를 사용한다. 자녀에게 한도 없는 신용카드를 건네고 나서 사용 내역을 확인조차 하지 않기에 가능한 일이다. 이 두 경우 모두 확실히 부모가 실수를 범하고 있는 것이다. 이런 실수가 가져올 파급 효과는 뭘까? 이렇게 다른 사람들의 도움으로 대학을 졸업하고 학위를 받는 행위가 자녀에게 어떤 영향을 미칠까? 자녀는 앞으로 남은 인생에서 어떤 도덕적 잣대를 가지고 살아가게 될까?

이런 이야기를 도저히 믿을 수 없는 사람들도 있을 것이다. 그렇다면 크레이그리스트Craigslist라는 웹사이트를 방문해서 '교육'이라는 단어로 검색해보라. 리포트를 대신 써주는 이런 불법 산업이 얼마나 창궐해 있는지 두 눈으로 확인할 수 있을 것이다. 홍보 문구에는 '대학, 대학원, 또는 박사 학생들의 리포트를 대신 써줄 선생님, 작가, 교육가를 모집합니다'라고 되어 있다. 이렇게나 의존적인 아이들이 부모 외에 제3자의 기대치를 만족시켜야 하는 실제 삶의 현장에서 제대로 역량을 발휘할 수 있을지 강한 의구심이 드는 대목이다.

최근 금융 산업계의 비도덕적인 행태도 바로 이런 행동의 연장선상에 있다는 생각이 든다. 최근 하버드대 졸업생이 제명되는 사건이 있었다. 자신의 성적을 조작해서 경영 대학에 진학했고 금융 계통에서 일하다가 회사 내부 정보를 불법적으로 사용한 정황이 드러나면서 그의 모든 실체가 벗겨졌다. 이 청년도 과잉 양육의 희생자는 아닐까?

과잉 양육이 대학 졸업 이후의 삶에 미치는 영향

2008년의 경기 불황은 최근 대학을 졸업한 청년들과 그들의 가족에게 계속해서 영향을 주고 있다. 대학을 졸업한 청년들이 자신의 고향으로 돌아가 부모에게 얹혀 지내는 경우가 많아지고 있는 것이다. 미국에서는 자녀가 집을 떠나 독립하는 것이 어른이 되는 하나의 통과의례임을 생각할 때 이는 매우 놀라운 일이 아닐 수 없다. 더 이상한 것은 자녀가 다시 집으로 돌아오는 현상에 대해 부모가 그리 껄끄러워하지 않는다는 사실이다. 물론 경제 상황이 많이 나빠진 것이 사실이지만 이렇게 부모가 쉽게 자녀를 받아들이면 궁극적으로 독립해야 하는 자녀의 성장을 방해하게 된다.

경제적 이유 때문에 부모의 집으로 다시 돌아오는 자녀, 즉 '부메랑 아이들'이 미국에만 300만 명이 넘는다. 이들은 단기간 거주하는 것이 아니라 그 기간이 계속해서 연장되고 있다. 이런 현상을 어떻게 받아들여야 할까? 이 또한 과잉 양육의 폐해일까?

부메랑 아이들에 대한 전문가들의 호불호가 갈리고 있지만, 통계를 보면 장기간 부모에게 의존하는 청년들이 꾸준히 증가하고 있는 것만은 명확한 사실인 것 같다. 2011년 여론조사에 따르면 46~56세 여성의 50%가 성년이 된 자녀를 경제적으로 지원하고 있다고 답했다. 이들 중 85%의 여성은 자신은 25세가 되던 해에 부모로부터 경제적으로 독립했다고 말했다.[13]

유럽에서 태어나 자라고 현재 미국 오하이오 주 셰이커 하이츠에 살고 있는 한 엄마는 이렇게 말했다. "부모의 경제적 여건이 가능하다면 자녀가 부모 집에 얹혀 지내도 나쁠 것이 없다고 생각해요. 부모가 도와주면 자녀가 학교를 졸업하기가 훨씬 쉬우니까요. 저 또한 제 아들 뒷바라지를 다시 하게 된 것이 즐거워요."

이것이 진정 당신이 원하는 25세 청년의 삶인가? 성인이 된 자녀에게 부모의 보살핌은 어떤 식으로 영향을 미칠까? 양육 과정에서 자녀가 직접 해야 할 일까지 모두 도맡아온 부모는 자녀가 20~30대가 되어도 계속 뒷바라지를 한다. 심지어 직장의 면접장에도 따라가고, 이후의 과정에도 지나치게 간섭하려 든다. 한 로펌회사에서 직원 채용의 책임을 맡은 한 변호사는 자신이 뽑으려는 사람을 이렇게 묘사했다. "사무실에서 일어나는 일상적인 일들을 무리 없이 처리할 수 있는 사람이 좋습니다. 물론 출신 학교와 성적도 좋아야겠죠. 하지만 성적만큼 중요한 것은 성격이 원만해서 다른 동료들과 문제없이 지내는 것입니다. 스스로 결단을 내릴 수 있고 어려움을 딛고 일어날 수 있는 강인한 사람이 필요합니다." 이 로펌에서 어떤 인재를 뽑을지 모르겠지만 분명한 것은 엄마와 함께 면접장에 오는 사람을 환영하지는 않을 것이라는 사실이다.

엄마와 함께 면접장에 오는 자녀가 혹시 과잉 양육의 결과물은 아닐까? 과잉 양육을 받고 자란 아이는 직장이나 인간관계에서 큰 성공을 이루기 힘들어 보인다. 그들이 자신의 인생을 찾는 데에는 많은 시간이 걸릴 것이다. 왜냐면 과잉 양육은 어른으로 성장하는 가장 중요한 과정의 방해 요소가 되기 때문이다. 이는 단순히 그들의 직업이나 사회생활에 국한된 문제가 아니다.

과잉 양육은 그 자체가 많은 문제를 내포하고 있다. 과잉 양육으로 얽혀 있는 부모와 자녀의 관계는 두려움이 전제되어 있고 솔직한 대화가 없어서 자존감을 형성하기에 역부족이다. 실패에 대한 두려움이 낳은 과잉 양육은 헌신과 책임을 우선시하는 건강한 관계를 발전시키는 데 전혀 도움이 되지 않는다.

과잉 양육이 부모에게 미치는 영향

과잉 양육은 자녀, 선생님, 코치에게만 영향을 주는 것이 아니라, 부모인 당신에게 가장 큰 상처를 남긴다. 자녀에게 과도하게 시간을 쏟아부은 부모는 정작 자신의 삶을 가꾸지 못한다. 더 불행한 일은 장성한 자녀가 부모의 도움 없이는 아무것도 할 수 없다는 사실 때문에 부모는 불안과 죄책감을 계속 떠안는다는 것이다. 또는 이런 현실을 부정하고 싶은 심리 작용에 따라 자녀와 자신의 삶이 제대로 돌아가고 있다는 착각(자기기만적 안정감) 속에 살아가게 된다. 만약 자녀가 독립할 시기에 당신이 이런 불안감, 죄책감, 의심의 롤러코스터에 내던져진다면 인생의 전성기를 맞이한 자녀에게 부모가 어떤 의미여야 하는지를 생각할 여유가 있겠는가?

자녀의 나이가 어리다면 과잉 양육이 그나마 먹힐지도 모른다. 하지만 자녀가 성인이 된 후에는 자녀와 당신의 관계를 심각하게 손상시킬 수 있다. 자녀가 도저히 스스로 장만할 수 없는 비싼 차와 집을 선물하면서 근근이 관계를 유지할지도 모르지만, 어른이 된 자녀는 당신의 선물을 고마워하지 않을뿐더러 오히려 당신에게 적대감과 분노를 갖게 될 것이다. 큰 말썽이 나지 않도록 간신히 관계를 유지하는 정도가 될 것이다. 무엇보다 부모는 양육의 기본을 놓치게 된다.

다음의 이야기는 과잉 양육의 허점이 무엇인지를 잘 묘사하고 있다.

오클라호마 주 오클라호마시티에 살고 있는 폴은 이렇게 말했다. "이것은 인생의 많은 아이러니 중 하나인 것 같아요. 우리가 정말 원하는 것을 가졌을 때 이미 우리는 다른 것에 관심이 생기기 시작하죠. 제 아들 잭은 청소년기에 정말 말썽꾸러기였죠. 아이의 중·고등학교 시절에는 정말이지 시간은 느리게 흘러갔죠. 마치 출소 날짜를 손꼽아 기다리는 죄수의 심정이랄까요? 그러다 잭이 대학에 가기 위해 집을 떠나기 전 아이와 일주일을 함께 보내게 되었는데, 그때 너무 좋은 경험을 했어요. 중·고등학교 때 제가 아들의 곁에서 그를 지켜봐주었던 시간이 아들에게도 저에게도 큰 의미라는 것을 그때서야 깨닫게 되었죠. 물론 잭은 그런 내색을 하지 않았지만요. 자녀를 묵묵히 지켜봐주는 것, 그 자체가 얼마나 긍정적인 영향을 끼치는지 가끔 잊고 사는 것 같아요. 부모의 간섭 없이도 아이들은 잘할 수 있는데……. 그동안 우리가 쓸데없이 열성을 냈는지도 몰라요. 부모는 그저 아이의 곁을 지키면 되는데 말이죠."

두려움을 극복하고 대안을 찾자

점점 더 많은 부모들이 과잉 양육을 경계하기 시작했고, 어릴 때부터 자녀의 자주성을 확립시키기 위해 노력하고 있다. 이들이 이런 양육법을 택하는 의미를 '자녀가 나무에서 떨어져 팔다리가 부러지는 것도 걱정하지 않는다'라는 식으로 생각한다면 오산이다. 이들도 자녀를 걱정하고 사랑한다. 하지만 부모의 걱정 때문에 자녀가 자유롭게 세상을 탐구하는 것을 막아선 안 된다고 생각하는 것이다. 약간의 위험 때문에 도전함으로써 세상을 배우는 기회를 차단하는 것이 얼마나 어리석은 일인지 이들은 알고 있다.

앞서 여러 번 얘기한 사실이지만, 약간의 위험을 감수하고 어떤 도전을 할 때 그에 상응하는 보상을 받는다. 어른들의 감독 없이 바깥에서 자유롭게 놀거나 학교나 친구 집에 혼자 걸어가본 아이들은 책임감, 자존감, 자부심을 키울 수 있다. 또한 새로운 창의성을 발현하고 신체를 단련할 기회를 얻는다. 무엇보다 어른의 손을 거치지 않고 새로운 것들을 스스로 배우는 과정을 통해 독립심을 키울 수 있다. 이런 기회를 제공하는 부모는 태만하거나 무모하거나 무신경한 사람들이 아니다. 많은 경우 그들은 자녀를 성장시키는 가장 이상적인 환경을 만들기 위해 새로운 길을 선택한 사람들이자 두려움을 극복한 사람들이다. 자녀가 처음으로 독립심을 형성하는 과정에서 갖게 되는 불안감을 극복하고 그들이 성장하는 모습을 지켜보며 이것이 바른 방향임을 확신하게 된 것이다. 이는 자녀가 성장해도 계속해서 부모에게 의존하게 함으로써 자녀의 삶을 조정하려는 양육법과는 확연히 다르다. 이런 종속이 처음엔 마치 당신이 자녀에게 가장 중요한 존재가 된 것처럼 느끼게 해줄지 모르지만, 실제로는 자녀에게 치명적인 상처를 주는 일이다.

많은 사람들이 관심을 가지기 시작한 '방목 양육Free-Range Kids'이라는 운동을 처음으로 펼친 사람은 작가이자 칼럼니스트인 리노어 스커네이지다. 스커네이지가 처음으로 대중의 시선을 끈 것은 2008년 10살 된 그녀의 아들이 뉴욕의 지하철을 혼자 타고 집으로 돌아온 경험에 대한 글을 쓰면서부터다.

"제가 그렇게 했던 이유는 아들이 먼저 그렇게 하기를 원했기 때문이에요. 아이가 지도를 볼 줄 알았고 무엇보다 혼자 집으로 돌아올 수 있다는 확신이 있었기 때문에 말리지 않았어요. 아들이 제 눈앞에서 사라지는 것을 보는 건 정말 미칠 것같이 힘든 일이었어요. 왜 아들을 몰래 따라가지 않았는지, 휴대전화로 아이의 위치를 계속해서 추적하지 않았는지, 또는 왜 아이가 좀 더 클 때까지(34살쯤!) 또는 머리가 벗겨질 나이가 될 때까지 기다리지 않았는지 의아해하는 사람들도 있었지만, 제 속은 오죽했겠어요?"

우리 사회 전체가 과잉 양육에 더 가까이 다가서고 있다는 사실을 증명이라도 하듯 대중의 날선 비판은 쏟아졌다. NBC 방송국에서는 스커네이지가 그녀의 아들에게 했던 일을 똑같이 선택하겠냐는 설문조사를 진행했다. 응답자의 51%는 부정적인 대답을 했고, 20%는 결정을 내리지 못하겠다고 했고, 나머지 3분의 1에 해당하는 응답자만 그녀의 손을 들어주었다.

한 세대 전만 하더라도 아이가 혼자 자전거를 타거나 지하철에 탑승하는 것은 위험한 일로 여겨지지 않았다. 2011년 ≪콩그레셔널 쿼털리Congressional Quarterly≫의 보고에 따르면 미국에서 인구 50만 명 이상의 대도시 가운데 범죄율이 3번째로 낮은 도시가 바로 뉴욕이다. 스커네이지의 아들이 뉴욕에서 혼자 지하철을 탄 2008년은 뉴욕 시의 범죄율이 136위로 뽑힌 해였다.[14]

그녀는 말했다. "사실 내 아들이 한 일은 다른 도시의 아이들에게는 일상입니다. 그 아이들의 부모는 현명하게도 이런 일을 신문에 기고하지 않았을 뿐이죠. 믿을지 모르지만 나는 안전에 대해 광적으로 집착하는 경향이 있는 사람입니다. 헬멧이나 안전벨트에 관한 한 나처럼 극성인 사람도 없을 것입니다."

아이들이 언제 어디서나 헬멧과 안전벨트를 착용할 수는 없다. 당신이 스커네이지에게 동의하든 동의하지 않든 상관없이 자녀에게 행하는 다양한 제재를 다시 한 번 점검해야 한다. 어떤 시점에 이르면 반드시 아이들이 획득해야 할 자율성이 있다는 사실을 명심하길 바란다. 우리가 한때 그러했던 것처럼 말이다.

7

그냥 내버려두기

부모가 자녀를 올바른 길로 인도하는 것이 당연한 일이라고 하자. 그렇다면 그 부모를 이끌어줄 사람은 누구인가? 이른바 자유의 땅, 용자勇者의 고향이라고 불리는 미국에서는 자기계발이라는 개념이 대중들에게 폭넓은 지지를 받고 있다. 양육 관련 블로그에서는 자신의 양육 노하우를 공유하고 있으며, 아침 방송에서는 여러 가지 교육 학설이 회자되고 있다. 도덕적 권위로 무장한 종교지도자들도 나름의 양육 방법에 대해 설파하며, 이른바 전문가들은 과학적 근거를 제시하며 그럴듯해 보이는 해법을 제시하기도 한다. 이런 조언과 해법을 모두 종합해보면 완벽까지는 아니더라도 부모와 자녀 모두에게 가장 적합하고 확실한 길을 찾아야 하는 숙제가 남는다.

그렇다면 우리의 실상은 어떤가? 남들에게는 양육에 대해 항상 확신에 찬 모습을 보여주지만, 어림짐작으로 또는 똑같이 헤매고 있는 또래 부모의 충고를 듣고 나서 충동적으로 중요한 일들을 결정할 때가 많다. 어떻게 양육해야 할지 명확히 알 수 없다는 두려움에서 해방되기 위해 책을 읽기도 하고, 양육 웹사이트를 방문해서 또래 부모들에게서 위로와 공감을 얻기도 하며, 더 나아가 교육 전문가나 정신과 의사와 상담을 하기도 한다. 이 모든 여정을 통해 여러 가지 상반된 의견과 권고 사항을 구분해 현재 상황에 맞는 길을 선택하고 나면 부모는 자신이 전문가라는 생각을 하게 된다. 그 후부터는 확신을 가지고 모든 일을 일사천리로 처리한다. 그리고 자신의 성공담을 다른 부모에게도 들려준다. 물론 실수와 오류는 이야기하지 않은 채 말이다.

여러분이 선택한 이 책도 육아 코너의 한 자리를 차지하고 있었겠지만, 아이러니하게도 이 책은 이런 식의 육아 전문가를 만들기 위한 조언서가 아니다. 오히려 부모가 가진 양육에 관한 잘못된 확신과 신념을 치료하기 위한 책이라고 할 수 있다.

자, 이제 시니컬한 농담은 걷어치우고 진지하게 한번 생각해보자. 그 누구도 부모로서 우리가 무슨 짓을 하고 있는지 정확히 알고 있는 사람은 없다. 솔직해지자! 안다고 생각할 뿐 우리는 모른다. 우리는 자녀가 행복하고 성공적인 또 다른 나의 모습이라고 상상한다. 그것이 정말 우리가 자녀에게 기대해야 하는 것일까? 우리가 자녀를 정확히 알고 있기는 한 걸까? 우리는 아이가 자신의 정체성을 발견하고 성장하도록 도와주고 있는 걸까, 아니면 우리가 원하는 모양대로 자녀를 조형하고 있는 걸까? 아이가 넘어지고 실패하면서 자아를 발견해가는 과정에서 부모인 우리도 함께 많은 것을 배울 수 있다. 우리는 자녀에게 넘어질 자유를 주고 있는가?

현대 사회는 우리가 무엇을 갈망해야 하고 어떤 사람이 되어야 하는지, 심지어 삶의 목표가 무엇이어야 하는지까지 끊임없이 세뇌하고 있다. 이런 사회적 압박과 시선에서 벗어나 삶에서 가장 중요한 가치가 무엇인지를 고민해본 적이 있는가? 인생에서 큰 고비를 맞았을 때를 제외하고 평소에 그런 생각을 해봤다면 그 고민을 자녀와 공유해본 적이 있는가? 자녀에게 무엇이 최선의 길인지를 부모라고 어떻게 정확히 알 수 있단 말인가? 부모는 완벽할 수도 없고 그럴 필요도 없다. 인정하든 그렇지 않든 간에 양육의 길로 들어서면 우리는 부모로서 조금씩 발전해가기 마련이다. 그러니 자신을 너무 닦달하지 말고 자녀에게도 숨 쉴 여유를 좀 주길 바란다.

도대체 누구를 위한 성공인가

이제 우리는 자녀를 위해 또 우리 자신을 위해서라도 진지하게 고민해봐야 한다. 우리가 왜 이렇게까지 열심히 자녀 교육에 몰두하게 되었는지, 이 성공은 누구를 위한 것인지, 또 이 성공을 이루기 위해 어떤 대가를 치러야 하는지를 말이다.

퀸즐랜드대학교 공과대의 연구에서 보여주듯이 호주의 교육 심리학자들은 많은 부모가 과잉 양육을 하고 있고 이는 삶에 큰 위기가 닥쳤을 때 문제를 제대로 해결할 수 없는 아이로 만든다며 우려를 나타냈다.[1] 호주 전역의 육아 전문가 130여 명을 설문조사한 바에 따르면 27%가 과잉보호가 넓게 편재되어 있다고 응답했고, 65%의 전문가들은 다소 그런 경향이 있다고 밝혔다. 단 8%의 정신상담가와 심리학자들만 과잉 양육의 사례를 발견한 적이 없다고 응답했다.

단기간의 과잉 양육 방식이 나쁘다고 말하기는 어렵지만, 다양한 연구 결과가 말해주듯 과잉보호로 양육된 아이들은 실패 또는 익숙하지 않은 환경에 대처하는 능력이 현저히 떨어진다. 퀸즐랜드대학교 공과대의 임상심리학자 로크 박사는 이렇게 말했다. "보통 부모가 자녀를 위해 쏟는 모든 노력은 사랑에서 비롯된 것입니다. 하지만 열심을 낸다고 해서 반드시 좋은 결과를 가져오는 것은 아니죠. 어떤 때는 이런 열심이 위험한 상황을 만들기도 합니다. 육아 전문가들은 과잉 양육이 실패를 딛고 회복하는 능력과 융통성의 발달을 저해하는 요인이 된다고 진단했습니다. 그도 그럴 것이 과잉보호를 받은 아이들은 인생의 어려움을 직접 대면해본 적이 없습니다. 그래서 잘못된 특권의식을 가지게 되죠. 자신의 삶을 위해 누군가가 항상 옆에서 도와주었던 것처럼 주변의 모든 사람들이 자신의 삶을 완벽하게 만들기 위해 애쓰는 것은 너무나 당연하다고 생각하는 것입니다."[2]

문제덩어리인 과잉 양육에도 좋은 요소가 아예 없는 것은 아니다. 우선 이들 부모는 부지런하고, 항상 자녀에게 주의를 기울이고, 늘 자녀를 배려한다. 너무 도가 지나쳐서 문제이지만 말이다. 적정선을 찾는 것이 말처럼 쉽지는 않지만 객관성을 가지려는 노력이 필요하다.

모든 부모가 처음 아이를 낳아 기르다 보면 오만가지 걱정으로 노심초사하기 마련이지만, 경험이 쌓이면서 점점 확신을 갖게 되고 부모가 된다는 것이 얼마나 큰 축복인지를 알게 된다. 보통 첫째나 둘째 이후부터는 이런 여유가 생긴다. 이런 여유를 갖기 위해선 우선 자녀를 있는 그대로 받아들이고 사랑해야 한다. 당신이 바라는 모습이 아니라 자녀의 본성을 들여다보자. 학교에서, 공연에서, 또는 경기장에서 당신의 자녀가 월등히 뛰어날 수 있는 방법을 알고 있다고 하자. 왜 그런 것이 당신에게 중요한 의미가 되었는지 근본적인 질문을 던져볼 필요가 있다. 기대치를 조금만 낮추고 자녀의 모습을 있는 그대로 사랑하자.

아이가 정말 원하는 것을 함께 즐기다 보면 당신과 자녀 모두 불필요한 걱정과 근심에서 해방될 수 있다. 이는 당신을 좋은 부모의 길로 들어서게 만드는 견고한 디딤돌이 된다. 자녀가 좌절과 실패, 혼돈을 경험할 기회를 갖도록 하는 것은 결코 나쁜 것이 아니다. 당신의 자녀가 결핍을 경험한다고 해서 당신이 뭔가 잘못하고 있는 것이 아니다. 오히려 한발 물러나 자녀에게 자신만의 방법으로 학교나 주변에서 일어나는 문제를 해결하도록 지켜봐주는 것이 매우 바람직하다. 당신과 자녀에게 좋은 배움의 기회라고 생각하라.

당신 아들이 실망스러운 성적표를 가져와도 선생님에게 이메일을 보내지 않고 참을 수 있겠는가? 당신의 딸이 축구팀에서 스타트 포지션으로 뽑히지 않더라도 코치나 다른 학부모들에게 불만을 토로하지 않을 수 있겠는가? 『두려움 없는 임신Fearless Pregnancy』[3]의 저자 빅토리아 클레이턴은 NBC 방송국과의 인터뷰에서 이렇게 말했다. "이것만은 꼭 기억하세요. 당신의 자녀가 프랑스어 시험에서 낙제했다고 세상이 끝난 게 아니에요."[4] 그렇다. 시험 하나 망친다고 해서 자녀의 경력에 큰 흠집이 생기는 것은 아니다. 자녀의 잠재력이나 독특한 기질이 끝장나는 것은 더더욱 아니다. 조금만 여유를 가지자. 자녀가 조금 잘하거나 못하는 것 때문에 일희일비하지 않기를 바란다.

조지 글래스의 육아 이야기

40년 전 나는 처음 아빠가 되었고, 그 후 재혼을 통해 두 아이를 더 얻었다. 25년 전 또 다른 2명의 아이를 입양하면서 순탄치만은 않은, 그러나 경이로운 양육의 길에 들어서게 되었다. 아이 문제로 고민하는 많은 부모들을 상담하면서 양육에 대해 많이 배웠을 것이라고 생각할지 모르겠지만, 실은 내가 직접 경험한 실수(아이들은 내 실수를 언급하는 것을 너무 좋아한다)를 통해 더 많은 것을 깨달았다.

내가 경험한 바에 따르면 이렇다. 우리 모두는 자녀가 모든 면에서 큰 성공을 일궈내길 바란다. 학교 운동장에 있는 나무를 올라타며 놀고 있는 5살짜리 사내아이든, 맞춤법 대회에 출전한 7살짜리 여자아이든, 야구 경기에서 공을 던지는 10살짜리 아이든 상관없이 그 아이가 그 장소에서 가장 빛나는 사람이 되기를 바라는 부모의 마음은 똑같을 것이다. 그래서 즐거움과 재충전의 기회가 되어야 할 이런 활동에 가끔 지나치게 자녀를 압박한다.

조금 찔리지 않는가? 학교 운동장에 있는 나무에 성공적으로 올라가도록 하기 위해 연습 또 연습을 시켜본 적이 있는가? 겨우 초등학교 2학년인 아이를 맞춤법 대회에서 우승하게 하려고 과외 선생님을 붙여주는 부모가 우리 주변에 있지는 않은가?

불행하게도 아주 많은 부모들이 이런 불필요한 열심을 내고 있다. 우리는 바쁜 발걸음을 멈추고 허심탄회하게 자신에게 물어봐야 한다. 왜 우리가 이렇게까지 자녀를 압박하고 있는지 말이다. 도대체 이것이 누구를 위한 성공인가? 또 그 성공을 위해 부모와 자녀는 어떤 대가를 치르고 있는가? 자녀가 공연에서 대사를 잊어버리고, 맞춤법 대회에서

철자를 틀리고, 야구 경기에서 폭투를 던졌다고 치자. 이런 실수가 당신에게 어떤 영향을 미치는가? 누구의 자존감에 더 깊은 상처가 날 상황인가? 당신인가, 아니면 자녀인가? 자녀가 공연을 망치면 다른 사람들이 당신을 나쁘고 무책임한 부모라고 질책할까 봐 겁이 나는가? 전문의로서의 경험에 따르면 아이들은 자신이 좋아하는 과외활동을 통해 자신에 대한 긍정적인 마음이 생겨나 자존감 형성에 좋은 영향을 끼친다. 아이들은 상을 타거나 어떤 일에 대단한 성공을 이룰 때가 아니라 자신이 노력한 것 자체의 경험 때문에 자신을 특별한 존재라고 인식하게 된다. 그러니 1등을 만들려고 코치나 과외 선생님을 고용하는 것은 자녀의 자존감과는 아무런 상관이 없는 일이다. 아이는 자신이 좋아하는 것을 즐기면서 자긍심이 높아지는 것이다. 이는 학교생활은 물론 삶의 모든 영역에 긍정적인 영향을 끼친다. 무엇보다 약물 중독으로 빠질 확률을 상당히 낮추는 효과가 있다. 자녀의 자긍심을 위해 자녀를 스타로 만들어야 한다고 생각하지 말라. 아이가 무엇을 선택하든 당신이 그 선택을 묵묵히 지켜봐주고 지원해준다는 사실을 자녀에게 알려줄 필요는 있다. 구체적인 이유도 없이 자녀가 원하는 활동에 얼굴을 내비치지 않는 일이 반복되다 보면 자녀는 부모가 자신에게는 물론이고 자신이 하고 있는 활동에 전혀 관심이 없다고 생각하게 된다. 자신의 존재보다 부모의 일이 훨씬 중요하다고 여기게 되는 것이다.

자녀가 당신에게 무언가 말하려고 할 때 부모로서 당신이 해야 하는 일은 그들의 생각을 바꾸려고 들거나 판단하려는 의도 없이 자녀의 이야기를 듣고 대화하고 응원하고 든든한 지원자가 되어주는 것이다. 아이가 다른 사람의 의견을 수용할 만한 준비가 되었을 때 당신의 의견을 말하는 것이 좋다. 섣불리 뛰어들어 아는 체했다가는 역효과가 나기 십상이기 때문이다. 어려운 문제에 맞닥뜨렸을 때 자녀에게 필요한 것은 당신의 손쉬운 해결이 아니라 자신만의 방식을 찾아 대처하는 방법을 배우는 것이다. 자녀의 곁에서 그들의 이야기를 먼저 듣는 것이 가장 중요하다. 듣는 것 자체가 바로 해결이다. 자녀와 대화를 할 때마다 당신이 뭔가 새로운 교훈을 가르쳐야 한다는 강박관념을 버려라. 당신은 아주 당연하다고 생각하겠지만 자녀는 아직 준비가 안 됐을 수도 있다. 또 새로운 교훈을 꼭 당신에게서 배울 필요는 없다. 이런 깨달음은 부모로서 받아들이기 어려워서 쓰디쓴 약을 삼키는 것과도 같다. 자녀를 위한다는 미명 아래 모든 일에 책임지려 하지 말고 자녀를 믿고 자녀가 자신만의 방법으로 문제를 해결하도록 맡겨라. 당신이 곁에 있는 것만으로도 아이에게는 큰 힘이 된다. 해결사가 되려 하지 말고 뒤에서 묵묵히 지켜봐주는 사람이 되라. 그렇게 하다 보면 문제가 생겼을 때 자녀가 먼저 당신에게 대화를 시도할 것이다. 그럴 때 비로소 자녀는 부모의 조언을 잔소리로 생각하지 않고 귀를 기울이거나 부모의 조언을 따를 확률이 높아진다.

모든 아이들에게 비교적 효과적인 방법이라 하더라도 그 방법이 반드시 내 자녀에게도 적용되지는 않는다. 모든 상황에 알맞은 간단한 기술이나 규칙이 존재하는 것도 아니다. 주변 환경은 매우 빠르게 변하고 있고 의사소통의 범위 또한 매우 다양해졌다. 같은 방법을 사용하더라도 자녀의 오늘과 내일의 반응이 다를 수 있다. 간단히 말해 우리는 늘 시행착오를 겪을 수밖에 없다는 뜻이다. 어떤 실수는 밤에 자다가도 벌떡 일어날 만큼 끔찍할 수도 있고, 시간을 되돌리고 싶을 만큼 안타까운 일도 있을 것이다.

그런데 이런 실수는 대부분 부모의 열성을 조금만 줄여도 많은 부분 피할 수 있다. 당신이 자녀의 모든 일에 끼어들어 해결해주지 않아도 된다. 갖은 노력으로 자녀가 당신을 좋아할 수밖에 없게 만드는 '만능 부모'가 되지 않아도 좋다. 지금까지 자녀를 기르면서 행했던 적절치 못한 행동과 시간을 모두 벌충하지 않더라도 당신이 자녀를 사랑하고 있다는 것을 그들도 잘 알고 있다. 자녀의 곁에 있는 것만으로 충분하다. 다만 적절한 시기에 자녀의 일에 관여하는 것이 중요하다.

양육의 세 가지 비밀무기는 시간, 헌신, 그리고 일관성이다.

건강한 양육을 위한 처방전

당신의 첫 아이가 세상에 나오면 하나부터 열까지 모두 당신의 선택을 기다리는 일들뿐이다. 게다가 어떤 선택이 자녀에게 가장 최고일지 아는 것은 고사하고 제대로 된 양육의 길을 가고 있는지조차 가늠하기가 매우 어렵다. 왜냐면 당신도 하루하루 자녀를 알아가는 입장이기 때문이다. 여기 당신의 선택에 도움을 줄 수 있는 가장 기본적인 가이드라인이 있다.

1. 당신 자녀의 일이라면 돈보다 시간을 써라.
2. 당신의 바람을 이야기하기 전에 자녀가 원하는 것이 무엇인지를 먼저 들어라. 당신이 원하는 것이 아닌 그들의 관심사를 지원하라. 처음에는 관심 있는 일이었으나 나중에 싫증을 느끼게 됐다면 추후 어떻게 할 것인지 자녀의 결정에 맡겨라.

3. 자녀의 실패를 두려워하지 말라. 처음으로 놀이터에서 놀면서 넘어지는 일에서부터 크고 작은 실패를 자녀가 직접 경험하도록 내버려두라. 삶에는 크고 작은 어려움과 아픔이 있다는 것을 아주 어릴 때부터 배우는 것이 좋다. 그래야 어려서부터 어려움을 극복하는 기술을 연마할 수 있게 된다. 자녀의 나이가 어리면 문제 해결은 비교적 쉽지만, 나이가 들수록 문제를 해결하기가 더 어려워진다는 사실을 기억하라.

4. 시행착오를 통해 성장할 수 있도록 자녀와 함께 노력하라. 대부분의 경우 실수는 기회다. 실수를 통해 문제 해결의 기술을 배울 수 있기 때문이다.

5. 자녀가 직접 만들어낸 성과에 자부심을 느끼게 하라. 물론 부모로서 당신은 좀 더 잘할 수 있었다고 말하고 싶겠지만 말이다. 냉정하게 말해 그 성과는 당신의 것이 아니라 자녀의 것이다.

6. 아주 특별한 상황을 제외하고는 자녀가 사귀는 친구에 대해 간섭하지 말라. 자녀는 스스로 선택한 친구를 사귀는 과정에서 감수성과 사회적 인식을 확립해간다.

7. 자녀와 선생님 간의 문제는 되도록 그들이 직접 대처하도록 격려하라. 협의와 절충은 당신의 자녀가 개발해야 할 가장 필수적인 삶의 기술이기 때문이다.

8. 자녀에게 무리한 과외 스케줄을 강요하지 말라. 아이들에게는 사고할 시간이 필요하다. 당신은 간과하고 있는지 모르지만 아이들에게도 시간은 빨리 흐르고 있다.

9. 특별한 활동이 정해져 있지 않은 자유 시간을 함께 누려라. 이때야말로 다른 누구의 방해도 받지 않고 부모와 자녀로서 허심탄회한

대화를 할 수 있는 절호의 기회다.

10. 지나치게 열심을 내지 말고 그냥 내버려두라.

데이비드 타바츠키의 육아 이야기

4살 때 나는 내가 슈퍼맨이라 믿고 계단에서 날다가 굴러 떨어져 쇄골이 부러진 적이 있다(지금도 비만 오면 욱신거린다). 만약 당신의 자녀가 나와 같은 경우라면 어떻게 하겠는가? 내 부모님은 그런 사고를 막기 위해 어떤 장치를 했어야 할까? 나의 상상력을 멈추게 하기 위해 무엇을 했어야 할까? 내 방에 있는 라디에이터에 나를 묶어놨어야 할까? 굳이 잘못을 짚자면 내가 TV로 슈퍼맨을 시청하게 만든 부모님의 실수일 것이다. 또 내 어깨에 행주로 만든 슈퍼맨 망토를 달아준 어머니를 원망해야 할 것이다. 나는 아무것도 모르는 어린아이였을 뿐이니까. 두 분이 내가 하고 싶은 대로 내버려뒀기 때문에 내가 그런 어리석은 시도에 노출될 수밖에 없었던 것이다. 아이들을 그렇게 내버려두면 안 되지 않는가? 내 부모님은 무슨 문제가 있었던 걸까? 그분들은 세상이 얼마나 험한지 알지 못해서 집 안에서의 위험조차 감지할 수 없었던 걸까? 육아 전문가인 조지 글래스의 도움을 받아야 하는 게 아닐까? 어린 시절 부모님과 나 사이에 도대체 무슨 문제가 있었는지 알아봐야 할 것 같다. 아니면 문제는 내 누나에게 있었는지도 모른다. 계단에서 밀면 어떻게 되는지 알고 싶어서 그녀가 날 뒤에서 밀었는지도 모를 일이다.

전부 농담이다. 정확히 어떤 일이 있었는지 제대로 말하자면, 나는 그 일을 통해 비로소 위험이 무엇인지 알게 됐다. 위험은 아픔과 즐거움을 동반한다는 것, 그리고 무엇보다 우리가 살아간다는 것은 어느 정도의 위험을 감수해야 한다는 것을 배웠다. 나는 이런 기회를 제공해준 부모님께 정말 감사드린다. 나는 남은 인생 동안 그 교훈을 마음에 품고 살아갈 것이다. 그리고 다음에 슈퍼맨 티셔츠를 사서 입고 누나와 함께 스카이다이빙을 해볼 생각이다.

집에 있는 아빠의 양육 효과

현재 미국에서 서서히 증가 추세를 보이고 있는 아빠들의 육아휴직이 지금보다 좀 더 보편화되어 집에 있는 아빠Stay-at-Home Dads가 늘어난다면 과잉 양육이 조금은 줄어들지 않을까 추측해본다. 이런 예상을 하는 이유는 아빠가 육아휴가를 내거나 재택근무를 선택할 경우 다음 3가지 일이 일어날 확률이 매우 높기 때문이다.

1. 아빠들이 육아와 집안일에 더욱 적극적으로 참여하게 된다. 스포츠나 경제 관련 활동이 아닌 집에서 가족과 함께 하는 취미활동을 계발하게 된다.
2. 그렇게 되면 엄마가 커리어를 개발할 시간을 확보할 수 있다. 아빠가 집안일을 돕거나 아이들을 돌봐주면 엄마에게 자기계발의 여지가 생긴다는 사실을 우리 모두 잘 알고 있다. 엄마들이 완전히 다른 인생을 살아야 한다고 말하는 것은 아니다. 다만 엄마도 자신의 삶을 개선할 기회를 가져야 한다는 것이다.
3. 자녀는 엄마 아빠 모두에게서 좋은 영향을 받을 수 있다. 부모가

함께 집안일과 양육을 담당하면 두 사람 모두 여유를 갖게 되고 날카롭게 부딪힐 일도 줄어든다. 새로워진 집안 분위기에 서로가 고마움을 느끼고 자녀는 정서적으로 안정을 찾을 것이다.

한마디로 모두에게 좋은 선택이다. 그러나 모든 사람이 육아휴직의 혜택을 누릴 수 있는 상황은 아니다. '가족 및 의료 휴직 법'이라는 제도가 오래전부터 시행되어 중소기업 또는 대기업에 근무하는 부모는 아이를 출산했을 때 12주까지 무·유급 휴가를 가질 수 있다. 2002년부터 캘리포니아 주에서는 6주의 유급 육아휴직을 보장하고 있다. 로드아일랜드 주와 뉴저지 주에서도 이와 비슷한 제도가 실행되고 있다. 실리콘 밸리에 있는 기업들 중에는 좀 더 파격적인 제안을 하는 곳도 있다. 구글과 야후는 각각 7주와 8주의 유급 휴가를 지원하고 있으며, 레딧과 페이스북은 17주까지 지원을 확대한 것으로 알려져 있다.[5]

아빠가 집에서 자녀와 함께 시간을 보내고 엄마가 자기계발할 시간을 갖게 되면 경제도 더 좋아질 수밖에 없다. 통계에 따르면 산업 현장이나 회사에서 여성의 기능이 훨씬 더 효율적인 것으로 나타났으며, 전문가들은 이런 추세가 앞으로도 지속될 것으로 전망하고 있다. 이밖에도 오리건대학교의 사회학 교수 스콧 콜트래인에 따르면 남성이 매일 반복되는 집안의 허드렛일을 함께 해줄 때 여성은 사회로부터 공정한 대우를 받고 있다고 여기고 집안일로부터 오는 우울감을 덜 느끼게 된다고 한다.[6]

이렇게 되면 아빠 엄마 모두 스트레스를 덜 받게 되고 걱정이나 불안감도 줄어들게 된다. 더 나은 부모가 되어야 한다는 막연한 압박감이나 죄책감에서 벗어나는 것이다. 그러면 부모 자신에게 또는 자녀에게 걸었던 과도한 기대치를 걷어내면서 서서히 부정적인 감정의 고리를 끊어내어 자녀에게 과한 보상을 해주지 않게 되고 지나친 간섭도 줄어들게 된다. 한마디로 과잉 양육에서 조금씩 멀어지는 것이다. 이로써 자녀와 집안일에만 집착하지 않고 부모 자신의 삶을 가지게 된다.

자녀가 부모에게 정말 바라는 것

초등학교에 다니는 보통의 아이들에게 부모에게 바라는 것이 무엇이냐고 물어보면 뭐라고 대답할까? 당신은 아이들의 답변에 적잖이 놀랄 것이다.[7] 요즘처럼 무엇 하나 부족함 없는 시대를 살고 있는 아이들이 부모에게 원하는 것은 아이패드 게임이나 최신 유행 신발이나 옷이 아니다. 그들은 부모가 함께 있어 주고 자신에게 관심을 가져주고 도움을 요청했을 때 응해주기를 원하고 있었다. 중학생 정도가 될 때까지 대부분의 아이들은 책가방이나 도시락에 부모가 몰래 넣어둔 쪽지를 보고 즐거워한다. 10대가 된 아이에게 이런 식으로 사랑을 표현하는 것이 너무 오글거린다고 생각할지 모르지만, 이런 방식은 아이들에게 안정감을 주고 사랑받고 있다는 느낌을 전해준다. 이는 인간의 가장 기본적인 3대 욕구를 충족시켜주는 일이다. 그리고 세월이 가도 영원히 변치 않을 원칙일 것이다.

선물을 싫어하는 사람은 없다. 아이들도 마찬가지다. 그러나 대개의 경우가 그렇듯 생일이나 특별한 기념일에 선물을 주고받는 것만으로도 충분하다. 특별한 날 아이들은 평소에 갖기 어려웠던 선물을 받고 싶어 하고, 좋아하는 음식을 먹고 싶어 하고, 원했던 장소에도 가고 싶어 한다. 하지만 말 그대로 이 모든 것을 다 가지고 난 후에도 아이들에게 가장 갖고 싶은 것이 무엇이냐고 묻는다면 자신들과 기꺼이 함께 시간을 보내줄 부모라고 답할 것이다. 아이들과 함께 보내는 시간을 즐거워하는 부모야말로 자녀에게 가장 큰 선물이다.

그런데 자녀와 놀아주고 이런저런 활동을 함께 즐기는 부모들이 왜 불안해하는지 이유를 모르겠다. 이들은 자녀의 성장에서 중요한 요소라도 빠트리고 있는 양 염려하는데, 그럴 이유가 없다. 어린아이들은 엄마나 아빠가 침대에 함께 누워서 책을 읽어주거나 이야기를 들려주는 것을 가장 좋아한다. 불을 끄고 꿈에 대해 이야기하거나, 가장 무서워하는 것이 무엇인지를 서로 이야기하는 것도 정말 좋아한다. 자녀와 친밀한 시간을 갖는 것이 어떤 교육용 비디오나 TV 프로그램보다 훨씬 좋은 교육이다. 자녀가 많다면 각각의 아이들과 개별적으로 이런 양질의 시간을 보내는 것이 아이들에게 가장 값진 선물이다.

아이들의 요구를 그대로 수용하지 않으면 관계가 나빠질까 봐 걱정하는 부모들이 있는데, 모든 연령대의 아이들은(미운 3살을 제외하고) 어떤 한계를 두는 데 반감을 가지지 않는다. 부모가 어떤 규칙을 정하고 그 규칙을 공정하게 적용하는 것이 자녀에게 진정한 사랑과 헌신을 보여주는 일이다. 아이들은 특정한 규칙이나 별도의 한계가 없으면 스스로 한계를 설정하는데, 이때 아이들은 어른보다 훨씬 더 엄격한, 그래서 거의 지킬 수 없는 수준의 규칙을 만들기도 한다. 저녁 식사 자리에서의 대화는 부모와 자녀 관계의 중요한 초석이다. 대화를 통해 서로의 한계를 인정하고 수용하는 계기를 마련한다면 관계는 더욱 좋아질 수밖에 없다.

우리는 가끔 자녀가 얼마나 똑똑한지를 잊어버린다. 부모의 도움 없이도 또는 부모의 방해에도 그들은 날마다 더 현명해진다. 부모인 우리가 먼저 자녀에게 다가가 그들에게서 배울 것이 없는지 살피는 것이 마땅한 도리다. 그들에게 대화를 시도했다면 기꺼이 그들의 이야기를 경청해야 한다. 통제의 끈을 느슨하게 풀어주고 밖에서 혼자 보낼 시간을 줘야 한다.

옛날 속담에 '아이들이 어른을 젊게 만든다'라는 말이 있다. 이는 어른이 젊은이를 쫓아가려 노력하기 때문만이 아니라, 아이들은 항상 새로운 발상을 해내고 어른들이 한 번도 상상하지 못했던 대안을 마련하기 때문일 것이다. 어른들은 정해진 결론으로만 세상을 바라보려 한다. 그래서 우리는 잊고 있었는지도 모른다. 완전히 다른 삶을 살 수도 있다는 사실을 말이다.

양육의 딜레마

캘리포니아신학교를 졸업하고 워싱턴 주 레드먼드에 있는 오버레이크 크리스천 교회의 담임 목사로 일한 밥 무어헤드 박사는 인류가 높은 건물을 쌓아 올리고 더 빠른 비행기를 개발하고 생활의 편리함을 위해 많은 것을 만들어냈지만 정작 한 인간으로서 인생을 즐기지는 못하고 있다고 말했다.

내 자녀를 세상에서 가장 잘나가는 사람으로 만들어줄 것 같은 수많은 과외활동의 소용돌이에서 빠져나오지 못하는 사람들이 많다. 그 대가로 우리는 어떤 것을 희생하고 있는가? 자녀에게 생계를 꾸려갈 채비는 마련해주면서 정작 어떤 인생을 살아야 하는지 가르치고 있는가?

또 사랑이 넘치는 풍성한 인생을 살아갈 준비를 시키고 있는가? 달에는 사람의 발자국을 남겼지만 지구에 살고 있는 우리는 정신적 욕구를 충족시키며 살아가고 있는가? 아주 빠르게 변하고 있는 세상에서 우리는 자녀에게 무엇을 가르치고 있는가? 빠른 걸음을 멈추고 바로 옆에 있는 생명에 감사할 줄 알아야 한다는 것을 가르치고 있는가? 패스트푸드는 간편하지만 집에서 사랑과 정성을 들여 만든 집밥만 한 것이 또 있겠는가? 바쁘게 일만 좇으며 살아가다 보니 친구와 가족에게 이메일이나 문자가 아닌 전화로 안부를 묻거나 직접 찾아가 만나기가 힘들어졌다. 무엇보다 빠르게 돌아가는 경주 같은 인생을 살아가다 보니 시행착오를 통해 자연스럽게 성장하도록 자녀를 내버려두는 것이 가장 어려운 일이 되었다. 그렇다면 이 양육의 딜레마를 어떻게 극복해야 할까? 1918년 D. H. 로런스는 아주 유명한 격언을 남겼다. "어떻게 아이를 양육할 것인가? 첫째, 그냥 내버려둬라. 둘째, 그냥 내버려둬라. 셋째, 그냥 내버려둬라. 이것이 양육의 시작이다."[8]

마지막으로 〈스타워즈〉의 루크 스카이워커의 명대사를 곱씹으며 이 책을 마무리하고 싶다. "포스가 당신과 함께하기를."

감사의 말

이 책이 출판되도록 격려를 아끼지 않았던 프란신 에델먼, 자료 수집과 행정적인 부분에 도움을 준 제임스 라셰프의 노고에 감사드린다.

일선에서 일하고 있는 선생님, 행정 직원들과 교장선생님의 통찰력과 지혜가 이 책을 완성하는 데 중요한 역할을 담당했다. 미국 전 지역에서 아이들을 교육하며 구슬땀을 흘리고 있는 모든 분들에게 깊은 감사의 인사를 드린다. 이 분들의 수고 덕에 자녀 양육의 지혜를 얻게 되었다.

특히 텍사스 주 휴스턴에 있는 여러 전문가들이 이 책에 많은 공헌을 했다. 상급학교의 교장 루 비숍 박사, 에머리 위너 스쿨에서 진학상담 소장으로 일하는 린 슬로터, 학생처장 일레인 아이첼버거, 교장 데보라 웨일런, 학생 지도 관장 데비 스켈리, 세인트 아그네스 학교의 교무처장 킴 스코빌, 61년 동안 푸 코너 유치원의 원장으로 일한 헬렌 비토르에게 깊은 감사를 드린다.

비공식 인터뷰에 이름을 밝히지 않은 많은 교육가, 아동 발달 전문가 및 부모님들에게도 고마움을 전한다. 그분들의 참신한 견해와 생각이 이 책에 상당한 도움을 주었다.

이름을 밝힌 분들, 샘, 앨리시아와 대니, 모와 벳, 댄과 에인절, 조앤, 미미와 신디, 다이앤, 제인, 서맨사, 실비아, 크리스, 잉그리드, 노리스, 사이먼과 디, 멜로디와 빌, 벤지, 신시아, 모건, 벤, 타비타, 레이, 브라이언, 클라우디아, 케빈, 멕, 로버트, 비키, 제시카와 크리스탈, 리투, 산지, 프리티, 앨리슨, 수지, 캐런, 몰리, 브랜도, 트렌트, 킴, 이가라시, 제이미, 래리, 루앤, 로렌과 크리시, 폴에게는 이 자리를 빌려 특별히 감사의 말을 전한다.

조지 글래스가 전하는 인사

내 인생의 동반자 도나 글래스가 많은 배려를 해준 덕에 이 책을 탈고할 수 있었다. 상담일을 하면서 책을 써야 했기에 가족과 아내의 지지가 없었다면 불가능할 일이었을 것이다. 다섯 명의 자녀와 네 명의 손주에게도 감사를 전하고 싶다. 헬리콥터 아빠였던 지난날의 나의 과오에 대해 아직도 잔소리를 하고 있지만, 대화를 멈추지 않았던 그들에게 고마울 따름이다. 특히 내 딸 레베카 로빈슨과 그녀의 고등학교 동창인 그레이스 에보에게서 누군가의 자녀이자 동시에 부모로서 느끼는 심정, 또 그들만의 특별한 경험을 들을 수 있었던 것은 뜻깊은 시간이었다.

마지막으로 가족만큼이나 저에게 귀중한 분들, 조앤 앤더슨 박사, 장 구에즈 박사, 머턴 카츠 박사, 밀턴 알트슐러 박사에게 감사를 표하고 싶다. 이들은 나와 함께 심리학을 공부했던 사람들로, 나에게 항상 새로운 정보를 제공하고 격려를 아끼지 않았다.

데이비드 타바츠키가 전하는 인사

나에게 용기와 격려를 아끼지 않으며 뜨거운 동지애를 느끼게 해준 조지 글래스 박사와 나를 항상 따뜻하게 맞아준 도나 글래스 여사에게 깊은 감사의 인사를 전하고 싶다. 『현명한 이혼The Intelligent Divorce』의 공동 저자인 마크 밴시크의 조언과 캘훈학교의 선생님들 및 학부모들의 적극적인 지원이 이 책을 완성하는 데 많은 도움이 되었다. 마지막으로 사랑하는 나의 자녀들, 맥스와 스텔라에게 고마움을 전한다. 그들은 과잉 양육이 어떤 일까지 만들어낼 수 있는지를 아주 상세하게 알려주었다.

자료 출처

여는 말

1 Jennifer Finney Boylan, "The Risk Pool," *The New York Times,* August 27, 2013.

1장

1 Madaline Levine, "Raising Successful Children," *The New York Times,* August 5, 2012.

2장

1 Susan Guibert, "Research shows child rearing practices of distant ancestors foster morality and compassion in kids," University of Notre Dame, *Notre Dame News*, September 17, 2010, http://www.news.nd.edu/news/168.

2 Robert Francis Harper(ed.), "Some Babylonian Laws," *Assyrian and Bablonian Literature*, William Muss-Arnolt(tran.)(New York: D. Appleton and Company, 1904).

3 J. B. Watson, *Psychological Care of Infant and Child*(New York: W.W. Norton & Co., 1928).

4 A. S. Neil, *Summerhill: A Radical Approach to Child Rearing*(New York: Hart Publishing Company, 1960).

5 같은 책.

6 Diana Baumrind, "Effects of Authoritarian Parental Control on Child Behavior," *Child Development,* No. 37(1968), pp. 887~907.

7 Suzanne M. Bianchi, John Robinson and Melissa A. Milke, *The Changing Rhythms of American Family Life*(New York: Russell Sage Foundation, 2006).

8 Diana Baumrind, "Effects of Authoritarian Parental Control on Child Behavior," *Child Development*, No. 37(1968), pp. 887~907.

9 "N. Y. School bans balls at recess, cracks down on tag games over safety fears," Ryan Jaslow, *CBS News*, October 8, 2013.

10 Nancy Gibbs, "The Growing Backlash Against Overparenting," *Time*, November 30, 2009, http://www.time.com/time/nation/article/0,8599,1940395,00.html.

3장

1 Cristen Conger, "5 Signs of Overparenting," howstuffworks.com, June 21, 2014, http://www.howstuffworks.com/5-signs-of-overparenting2.htm.

2 Larry Magid, "Is Taser Guilty of Over-Parenting?" *CBS News*, January 13, 2010(April 17, 2012), http://www.cbsnews.com/2100-500163_162-6091550.htm.

3 Brett Singer, "Apps for Paranoid Parents," Parents.com, January 20, 2012(April 17, 2012), http://shine.yahoo.com/parenting/apps-paranoid-parents-145600007.html.

4 Nick Gillespie, "Stop Panicking About Bullies," *Wall Street Journal*, April 2, 2012.

5 Ata Johnson, "The Professional Kid: Too Bing To Fail?" *The Rockmomblog*, therockmom.com, January 16, 2013, http://www.therockmom.com/2013/01.

6 Carl Honoré, *Under Pressure: Rescuing Our Children from the Culture of Hyper-Parenting*(New York: HarperOne Reprint Edition, 2009).

7 Dylan Matthews, "The key to evaluating teachers: Ask kids what they think," *wonkblog*, washingtonpost.com, February 23, 2013, http://www.washingtonpost.com/blogs/wonkblog/wp/2013/02/23/the-key-to-evaluating-teachers-ask-kids-what-they-think.

8 George Carlin, *You Are All Diseased,* Atlantic Records, May 18, 1999.

9 "Drawbacks of Overprotective Parents," IndiaParenting.com, http://www.indiaparenting.com/raising-children/128_913/draw-backs-of-overprotective-parents.html.

10 Ata Johnson, "The Professional Kid: Too Bing To Fail?".

11 P. Solomon Banda, "Aggressive Parents Force Colorado Egg Hunt Cancellation," Huffingtonpost.com, March 26, 2012, http://www.huffingtonpost.com/2012/03/26/colorado-egg-hunt_n_1379226.html.

12 "Get families talking about separating," netmums.com, http://www.netmums.com/home/netmums-campaigns/get-families-talking-about-separating.

13 Stephen T. Asma, *Against Fairness*(Chicago, IL: University of Chicago Press, 2012).

4장

1 "Survey of high school athletes: 2006," Josephson Institute Center for Sports Ethics(2006), http://josephsoninstitute.org/sports/programs/survey.

2 Michael De Groot, "Gotta have: Are smartphones a need for or just a want?"

Deseret News, National Edition, October 15, 2013, http://national.deseretnews.com/articles/472/Gotta-have-Are-smartphones-a-need-or-just-a-want.html.

3 Louis C. K., "Conan," TBS, September 23, 2013.

4 Howard P. Chudacoff, *Children at Play: An American History*(New York and London: New York University Press, 2007).

5 Peter Gray, "The Play Deficit: Children today are cossetted and pressured in equal measure. Without the freedom to play they will never grow up," *Aeon Magazine*, September 18, 2013, http://aeon.com/magazine/being-human/children-today-are-suffering-a-severe-deficit-of-play.

6 Lizette Alvarez, "Felony Counts for 2 in Suicide of Bullied 12-Year-Old," *The New York Times,* October 16, 2013.

7 "Poor parenting – including overprotection – increase bullying risk, study of 200,000 children shows," *Warwick News and Events*, http://www2.warwick.ac.uk/newsandevents/pressreleases/poor_parenting_150.

8 Catherine Saint Louis, "Effects of Bullying Last into Adulthood, Study Finds," *The New York Times*, February 21, 2013, A15.

9 William E. Copeland et al., "Adult Psychiatric Outcomes of Bullying and Being Bullied by Peers in Childhood and Adolescence," *JAMA Psychiatry*, http://archpsyc.jamanetwork.com/articles.aspx?articled=1654.

10 Amanda Ripley, "The Case Against High School Sports," *The Atlantic*, October, 2013.

11 같은 글.

12 같은 글.

13 *Honey Grove Preservation League,* http://www.honeygrovepreservation.org/wall-school.html.

14 Amanda Ripley, "The Case Against High School Sports".

15 Diana Nyad, "Views of Sport: How Illiteracy Makes Athletes Run," *The New York Times,* May 28, 1989.

16 "Is Your Child Ready for Sports?(Care of the Young Athletes)," *American Academy of Pediatrics, Patient Education Online*, http://patiented.app.org/content2.aspx?aid=7354.

17 Amanda Williams, "Pressure on Kids in Sports," *Live, Strong Foundation*, Livestrong.com(updated October 21, 2013), http://www.livestrong.com/article/78818-pressure-kids-sports.

5장

1 Doan Bui, "From China to France to America, a Backlash Against Overparenting," Worldcrunch.com, January 24, 2013, http://www.worldcrunch.com/culture-society/from-china-to-france-to-america-a-blacklash-againist-overprotective-parents/parenting-children-overparenting-helicopter-chua-druckerman/c3c10713.

2 Jakob Asplund, "Overprotective parenting a growing worldwide problem," *Hard News Café*(Logan Library), December 12, 2010, http://www.hardnewscafe.usu.edu/?p=3509.

3 같은 글.

4 Katherine Ozment, "Welcome to the Age of Overparenting," *Boston Magazine*, December, 2011.

5 Steve Baskin, "The Gift of Failure," *Psychology Today*, December 31, 2011.

6 Nathaniel Branden, *The Psychology of Self-Esteem: A Revolutionary Approach to Self-Understanding that Launched a New Era in Modern Psychology*(New York: Tarcher, 1969).

7 Cristen Conger, "5 Signs of Overparenting."

8 Lori Gottleib, "How to Land Your Kid in Therapy," *The Atlantic*, July, 2011.

9 Peter Gray, "The Decline of Play and the Rise of Psychopathology in Children and Adolescents," *American Journal of Play,* Vol. 3, No. 4, Spring(2011).

10 Sandra L. Hofferth, "Changes in American children's time—1997 to 2003," PubMed Central(PMC), *Electronic International Journal of Time Use Research*, January 1, 2009, 6(1), pp. 26~47.

11 Jamie Hale, "Interview with Margarita Tartakovsky," *World of Psychology Blog*, PsychCentral.com, February 8, 2012, http://psychcentral.com/blog/archives/2012/02/08/interview-with-margarita-tartakovsky.

12 Bruno Bettelheim, "The Importance of Play," *The Atlantic Monthly*, March 1987.

13 Katherine Ozment, "Welcome to the Age of Overparenting."

14 "Anxiety Disorders in Children," ADAA.org, http://www.adaa.org/sites/default/files/Anxiety%20Disorders%20in%20Children.pdf.

15 Vanessa van Petten, "10 Qualities of Teacup Parenting: Is Your Kid Too Fragile?" *Radical Parenting*, June 19, 2008, http://www.radicalparenting.com/2008/06/19/10-qualities-of-teacup-parenting-is-your-kid-too-fragile.

16 Wendy Mogel, "The Dark Side of Parental Devotion: How Camp Can Let the Sun Shine," *Camping Magazine*, January/February, 2006.

17 Vanessa van Petten, "10 Qualities of Teacup Parenting: Is Your Kid Too Fragile?"

18 Wendy Mogel, "The Dark Side of Parenting Devotion: How Camp Can Let the Sun Shine."

19 같은 글.

6장

1 Nick Gillespie, "Stop Panicking About Bullies," *Wall Street Journal*, April 2, 2012(April 17, 2012), http://online.wsj.com/article/SB10001424052702303404704577311664105746848.html.

2 Jakob Asplund, "Overprotective parenting a growing worldwide problem."

3 같은 글.

4 같은 글.

5 Simon Cheung, "Wary parents hire private eye for kids," *South China Morning Post*, June 11, 2012.

6 같은 글.

7 Jalelah Abu Bakar, "More parents hiring private eyes to check on their kids," *The Straits Times,* October 16, 2013.

8 Sean Thompson, "Sleuths track rowdy teens—parents keep an eye on schoolies," *The Daily Telegraph,* November 30, 2013.

9 Fred Weir, "Russian parents make no apologies for being 'hyper-protective'," *The Christian Science Monitor*, May 22, 2013.

10 같은 글.

11 Stephanie Pappas, "'Tiger Mom' & Her Critics Both Right, Study Finds," *Livescience,* January 22, 2013, http://www.livescience.com/26465-tiger-parenting-cultural-style.html.

12 같은 글.

13 Barbra Liston, "Many U.S. baby boomer mums support grown kids—poll," *Reuters, Edition UK*, April 15, 2011, http://uk.reuters.com/article/2011/04/15/oukoe-uk-boomers-mothers-idUKTRE73E4U120110415.

14 Lenore Skenazy, "Why I'm Raising Free-Range Kids," the Blog, *Huffington Post*(New York), U.S. Edition, June 24, 2009.

7장

1 "Overparenting trend worries psychologists," Queensland University of Technology, *Medical Xpress*, January 15, 2013, http://medicalxpress.com/

news/2013-01-overparenting -trend-psychologists.html.

2 Pilar Onatra, "Overparenting: When caring too much becomes harmful," *BC Council for Families,* February 14, 2014.

3 Victoria Clayton, Stuart Fischbein and Joyce Weckl, *Fearless Pregnancy: Wisdom and Reassurance from a Doctor, a Midwife and a Mom*(Beverly, MA: Fair Winds Press, 2004).

4 Victoria Clayton, "Overparenting: When good intentions go too far, kids can suffer," *nbcnews.com*, December 7, 2004, http://www.nbcnews.com/id/6620793/ns/health-childrens_health/t/overparenting/#.U6n8Tj3YImk.

5 Liza Mundy, "Daddy Track: The Case for Paternity Leave," *The Atlantic,* January/February, 2014.

6 같은 글.

7 Erin Kurt, "The Top 10 Things Children Really Want Their Parent To Do With Them," *Lifehack*, lifehack.org, http://www.lifehack.org/articles/lifestyle/the-top-10-things-children-really-want-their-parents-to-do-with-them.html.

8 D. H. Lawrence, "Education of the People," *Times Educational Supplement* (circa 1918).

지은이

조지 글래스(George S. Glass)

다섯 자녀의 아버지이자 네 손주의 할아버지로, 30년 이상 정신과 의사로 일했다. 스워스모어 대학에서 심리학을 전공했고 시카고에 있는 노스웨스턴대학교에서 의과대학을 졸업한 후 예일대학교에서 정신과 레지던트를 마쳤다. 배일러대학 의대에서 정신과 부교수로 일했으며, 텍사스대학교와 코넬 웨일 의대에서도 학생들을 가르쳤다.

연방항공국, 민간항공조종사협회, 해리스의료협회, 텍사스변호사협회, 포천 500에서 의료평가 자문위원을 맡아 일했다. 이 밖에도 연방법원, 주법원, 지역법원과 변호사들에게 필요한 의료평가 자문일을 꾸준히 담당했다. 조지 글래스에 대해 더 궁금한 점이 있다면 www.GeorgeSGlassMDPA.com을 방문하길 바란다.

데이비드 타바츠키(David Tabatsky)

두 아이를 기르고 있는 한부모 가정의 가장이다. 큰아이는 대학교 2학년이고 둘째는 이제 곧 독립할 나이가 됐다. 작가이자 편집자이며, 대학교에서 강의를 하기도 한다. 공연 단체를 이끌어가는 책임자이자 공연 예술을 하는 사람이다. 이렇게 다양한 일을 하는 와중에도 그가 가장 집중해서 하는 일은 아들과 딸을 돌보는 일이다. 방송통신과로 대학을 졸업한 후 아델피대학교에서 공연예술 교육학으로 석사학위를 받았으며, 『삶을 위한 글쓰기(Write for Life)』(2013)를 썼고, 『암 환자들을 위한 책(The Cancer Book)』(2009)을 공동으로 집필했다.

타바츠키는 런던국제학교, 빅애플 서커스 학교, 유엔 국제학교, 세인트 존 더 디바인 대성당에서 학생들을 가르쳤고, 아델피대학교, 쿠퍼 유니언에서 공연 예술을 강의했다. 헨리 스트릿 세틀먼트에서는 특수 교육에 중점을 두고 가르쳤다. 미국에서 유일하게 소아암 환자와 가족들을 위한 캠프를 운영하는 선라이즈 데이캠프에서 서커스 예술을 강의하기도 했다. 그에 관한 더 많은 정보를 알고 싶다면 www.tabatsky.com 또는 www.writeforlife.info를 방문하길 바란다.

옮긴이

김윤희

프린스턴신학교에서 종교와 사회로 박사학위를 받았다. 시애틀 근교에 있는 트리니티 루터대학에서 강의했고, 현재 캘리포니아 주 어바인에 거주하고 있다. 번역서로는 『슬로처치(Slow Church)』(2015), 『먹거리 혁명(Voices of the Food Revolution)』(2015)이 있다.

한울아카데미 1887

아이의 자존감을 키우는 따뜻한 방관

지은이 조지 글래스 · 데이비드 타바츠키
옮긴이 김윤희
펴낸이 김종수
펴낸곳 한울엠플러스(주)
책임편집 신순남

초판 1쇄 인쇄 2016년 4월 5일
초판 1쇄 발행 2016년 4월 15일

주소 10881 경기도 파주시 광인사길 153 한울시소빌딩 3층
전화 031-955-0655
팩스 031-955-0656
홈페이지 www.hanulmplus.kr
등록번호 제406-2015-000143호

Printed in Korea.
ISBN 978-89-460-5887-3 03370(양장)
978-89-460-6160-6 03370(반양장)

※ 책값은 겉표지에 표시되어 있습니다.